KB182657

젠더크라임

天童 荒太

ジェンダー・クライム

옮긴이 **이규원**

한국외국어대학교에서 일본어를 전공했다. 문학, 인문, 역사, 과학 등 여러 분야의 책을 기획하고 번역했으며 현재 전문 번역가로 활동중이다. 옮긴 책으로 미야베 미유키의 『이유』, 『얼간이』, 『하루살이』, 『미인』, 『진상』, 『피리술사』, 『괴수전』, 『신이 없는 달』, 『기타기타 사건부』, 『인내상자』, 『아기를 부르는 그림』, 『구름에 달 가리운 방금 전까지 인간이었다』, 덴도 아라타의 『가족 사냥』, 마쓰모토 세이초의 『마쓰모토 세이초 걸작 단편 컬렉션』, 『10만 분의 1의 우연』, 『범죄자의 탄생』, 『현란한 유리』, 우부카타 도우의 『천지명찰』, 구마가이 다쓰야의 『어느 포수 이야기』, 모리 히로시의 『작가의 수지』, 하세 사토시의 『당신을 위한 소설』, 가지야마 도시유키의 『고서 수집가의 기이한 책 이야기』, 도바시 아키히로의 『굴하지 말고 달려라』, 사이조 나카의 『오늘은 뭘 만들까 과자점』, 『마음을 조종하는 고양이』, 하타케나카 메구미의 『요괴를 빌려드립니다』, 아사이 마카테의 『야채에 미쳐서』, 『연가』, 미나미 교코의 『사일런트 브레스』, 오타니 아키라의 『바바야가의 밤』, 미치오 슈스케의 『N』, 아라키 아카네의 『세상 끝의 살인』 등이 있다.

덴도 아라타

天童 荒太

젠더 크라임

ジェンダー・クライム

이규원 옮김

북스비

차
례

눈에는 눈

1

온몸의 힘을 빼며 앞으로 구른다. 낙하하는 느낌에 몸을 싣는다.

죽여! 때려죽여!

머리를 재빨리 가랑이 쪽으로 숙이며 다다미를 박차서 몸을 굴리고 원심력과 온몸의 힘을 왼손 하나에 모아 다다미를 힘껏 내려친다.

"기필코 죽여 버린다."

분노는 뜨거운 숨과 함께 새어나왔다. 바닥을 때리는 반동으로 일어났다가 재빨리 상체를 숙이며 몸을 굴리고 땀자국 있는 다다미를 왼손으로 때린다.

죽여, 밟아버려, 를 앙다문 이 안쪽에서 신음처럼 되뇌며 내처 앞으로 회전하고 왼손으로 다다미를 치며 일어서는 일련의 동작을 큰 원을 그리며 반복해나간다.

땀의 결정이 섞인 미세한 먼지가 다다미 결 틈새에서 날아오른다.

드르륵, 미닫이문 열리는 소리가 났다. 다다미가 가득 깔린 도장 안에 복도의 조명이 비껴든다.

"역시 여기 있었군. 구라 선배, 구라 선배. 안 들리나보네…… 구라오카 경부보님!"

듣고는 있었다. 하지만 흥분의 불길이 바로 가라앉지 않아서 동작을 두 번 더 반복하고 나서야 구라오카 나오야는 출입문 쪽을 돌아다보았다.

"십 분 뒤, 아니, 칠 분 뒤에 출동합니다."

여덟 살 연하인 후배 시노자키 료헤이 순사부장이 초조하게 말한다. "출동 직전에 무슨 낙법 훈련을 합니까."

"어떤 놈들을 잡으러 출동하는지 잘 알잖아."

구라오카는 짧게 친 머리카락 사이로 흘러내리는 땀을 유도복 소매로 훔쳤다.

"이렇게 살기를 빼놓지 않으면 형사 노릇도 못하게 될 거다."

"오늘 우리 강력계는 생활안전과를 지원하는 역할일 뿐이라는 거, 잊지 말아주세요."

시노자키는 오금 박듯이 말했다.

"그리고, 땀내 풍기면 아마 싫어할 텐데요."

"뭐? 누가 땀내 따위에 신경 쓴다고."

구라오카는 유도복 상의를 벗고 조금 전 탈의실을 놔둔 채 도장 구석에서 갈아입은 내의 셔츠로 손을 뻗었다.

"생활안전과의 요다 과장이 구라 선배와 같은 차를 탈 겁니다, 그 철벽녀요."

"이런! 왜 그렇게 됐지?"

"철벽녀가 직접 지명한 겁니다. 데이트나 하자는 거 아닐까요?"

"그 여자 앞에서 그따위 농담을 했다가는 자네 뺨이 호빵으로 변할 거다."

구라오카는 땀에 젖은 몸통을 도복으로 닦다가 말했다.

"잠깐 닦고 와야겠군."

"그럴 시간 없어요. 굳이 말씀드리자면 땀도 싫어하고 지각도 싫어할 겁니다."

구라오카는 씁쓸하게 입맛을 다시고 두툼한 유도복 하의도 벗었다. 와이셔츠로 탄탄한 가슴을 감싸고 굵은 다리를 힘겹게 바짓가랑이에 집어넣고 수갑이 매달린 벨트를 단단히 체결한다.

"구라 선배, 여기 방검조끼요. 필요 없다는 건 알지만."

시노자키가 각종 흉기로부터 몸통을 보호하는 특수 소재로 제작된 조끼를 던져준다.

"이 빌어먹을 무더위에……."

구라오카는 투덜거리며 셔츠 위에 방검조끼를 입었다.

"유도복은 정리하라고 말해둘게요."

시노자키가 말하자 구라오카는 유도복을 구석에 던져놓은 후에 재킷을 들고 도장을 나섰다.

"시노. 유도복 정리는 반드시 남자한테 시켜라. 나중에 뒷말 안 나오게."

"아, 그런 일을 여자만 시키는 건 성차별이다 이거죠?"

시노자키는 잘 안다는 얼굴로 지껄였다.

"땀내 나는 유도복을 치우라고 시키는 건 성희롱일 수도 있다는 건가요?"

"도복에 뻔히 내 이름이 박혀 있잖아. 내가 가해자가 된다고. 집에서도 딸내미가 아빠 쉰내 밴다고 세탁기는 물론이고 아예 빨래바구니까지 따로 쓰래."

"딸들은 아빠 냄새를 끔찍하게 싫어한다고 하더군요. 나는 아들이라 다행이네요."

승강기 앞에 도착하자 시노자키가 버튼을 누른다. "하긴 구라 선배는 유난히 짐승과니까요. 하치오지 남서 최고의, 아니 경시청 최고의 수컷고릴라랄까 혹멧돼지랄까."

"혹은 왜 붙여?"

"그게 중요해요?"

"시끄러. 여하튼 단속 나갔다 돌아오면 도장에서 오 분짜리 자유대련 여섯 판이다."

"헐, 전일본선수권 2위를 상대로요? 난 못해요."

"이십 년 전 얘기야. 게다가 2위니까 자네가 올림픽 대표라면 이길 수 있는 거잖아."

"저, 관동대회에도 못 나간 루저였어요. 더구나 구라 선배는 81킬로 이하급이잖아요. 나는 66킬로 이하급이고."

"넌 입 나불거리기로는 100킬로 이상급이야."

승강기 문이 열렸다. 성미 급하게 닫힘 버튼을 누르고 1층 버튼을 누른 구라오카가 미끄러지듯 따라 들어온 시노자키를 곁눈으로 보며 말했다.

"그리고 자네, 요다 과장을 그렇게 부르는 거, 그만둬."

"네? 철벽녀요? 그거, 원래 구라 선배가 만든 별명이잖아요?"

"무슨 엉뚱한 소리를. 당시 선배들이 만든 별명이야. 친목회 때 선배들한테 술 따라주라는 요구를 거절했을 때 말이야. 술잔은 여자가 채워줘야 한다느니 미녀가 술 따라주면 윗사람들이 좋아한다느니 해도 들은 척조차 하지 않았지. 그 뒤에도 비슷한 일이 몇 번 있었지만 요다 과장은 태도를 바꾸지 않았으니까."

승진시험 성적이 우수했고 본청에 일찍 발탁되어 장래가 촉망되던 요다 과장은 남성 상사나 상급관료들과 상견례하는 식사 모임에서도 술잔을 사양했고, 술 취한 상사가 몸을 건드리자 주의를 주었다. 한 상사가 집요하게 굴자 따귀를 쳤다는 소문도 있다.

"그래서 철벽같은 여자라고 철……."

"그만두라니까."

승강기가 1층에 도착하고 문이 열렸다. 눈앞에 젊은 남성 직원이 서 있었다.

시노자키는 순사계급인 그에게 도장 구석에 도복을 던져두었으니 세탁기에 넣어 돌리라고 빠르게 지시하고, 서 현관과는 반대쪽으로 걸어가는 구라오카 옆에 나란히 섰다.

"하지만 다들 뒤에서 그렇게 불러요. 부경婦警 몇 사람도 그렇게 부르고."

"부경이란 말도 요즘은 안 돼."

"아, 여성경관이라고 해야 하나. 하지만 시민들도 부경님, 부경님 하잖아요. 병원에서도 간호부를 누가 간호사라고 부릅니까. 오랫동안 뿌리내린 말은 쉽게 바뀌지 않아요."

"아무튼 됐고. 누가 그렇게 말하면 자네가 주의를 줘."

숙직실과 급탕실 앞을 지나 청사 뒤 주차장으로 가는 문 앞에 섰다.

"왜 그러세요……? 본청에서 이쪽으로 밀려나고부터 좀 이상한데요?"

"누가 밀려났다고 그래. 이걸 그냥!"

구라오카는 문을 밀고 밖으로 나갔다.

9월 이른 아침인데도 햇살이 따갑고 콘크리트에 반사되는 빛이 눈부시다. 주차장에는 출동을 기다리는 암행순찰차 세 대와 왜건 두 대가 있다.

선두 암행순찰차 옆에 바지정장을 입은 요다 스미코 생활안전 과장이 팔짱을 끼고 서 있었다.

"좋은 아침!"

"안·녕·하·십·니·까."

요다는 마치 불량학생에게 인사란 이렇게 하는 거다, 라고 시범을 보이는 교사처럼 또박또박 발음하고는 시간을 지적했다.

"출발 예정시각이 삼십 초 지났습니다. 유도 시합에서 남은 시간 삼십 초면 역전 한 판도 얼마든지 가능하지 않나요? 구라오카 경부보."

"죄송합니다."

"옆에 타세요."

요다가 선두 차량 뒷좌석에 오르자 구라오카는 반대쪽 도어로 돌아가 올라탔다. 운전석에는 생활안전과의 젊은 남성 직원, 조수석에는 올해 배속된 여성 직원이 앉아 있다.

차 안에 달콤한 향기가 희미하게 감돈다. 생활안전과가 피의자 거주지를 압수수색하는 일은 드물다. 땀내 나는 차량 안에 부하가 눈치껏 방향제라도 뿌려 놓았는지 모른다.

"땀이 많나 봐요."

차량이 출발하자 요다가 말했다. 표정 하나 바꾸지 않고 창유리를 조금 내렸다.

구라오카는 자연스럽게 겨드랑이 쪽으로 고개를 숙이고 냄새를 맡아본 뒤 자기 쪽 창유리도 내려서 바람을 들였다.

"압수수색을 앞두고 예측 못한 사태에 대비해서 잠깐 준비 체조를······."

와이셔츠가 땀에 젖어 상반신 전체에 들러붙어 있다. 머리카락 밑으로는 아직도 땀이 흘러내린다.

"예측 못한 사태요? ……구라오카 씨를 이 차에 태운 것은 앞의 두 사람이 단속 출동이 처음이기 때문입니다. 운전사가 가와베 쇼 순사, 조수석이 다테하나 미우 순사."

"알고 있습니다."

두 사람이 뒷좌석을 향해 목례를 하자 구라오카가 대답했다. "특히 다테하나는 유도를 하니까."

"평소 지도해주셔서 감사합니다."

다테하나가 다시 고개를 숙인다. 52킬로그램 이상급에서 올림픽을 목표로 하는 그녀를 구라오카가 기회가 있을 때마다 지도해주고 있다. 같은 체급에 대학생 강호가 수두룩하므로 바쁜 공무와 훈련을 병행해서는 올림픽 출전 가능성이 높지 않다. 대학에 운동선수로 특례입학을 할 수 있다는 이야기도 있었지만, 홀몸으로 자신을 키워준 어머니를 편하게 해주고 싶어 일찍 취직했다고 한다.

"두 사람을 데리고 아파트 뒤쪽으로 가주세요."

"음…… 3층이었죠? 피의자 집이."

베란다는 있지만 높이가 상당하고 아래는 콘크리트 바닥이어서 피의자가 도주를 위해 뛰어내리는 경우는 생각하기 힘들다. 다만 증거물을 창밖으로 던져버릴 가능성이 있으므로 신참을 감시 요원으로 배치하겠다고 사전회의 석상에서 보고를 들은 상태였다.

"제가 없어도 이 두 사람이면 충분하지 않나요?"

피해자가 입은 상처는 심각한데 반해 범행 수법은 단순했다. SNS나 각종 앱을 통해 알게 된 소녀들을 상대로 학교나 집주소를 교묘하게 알아낸 뒤, 채팅 중에 얼굴 사진도 보내달라고 한다. 그 후 태도를 바꾸어 폭력 행사를 암시하고 개인정보를 빌미로 협박해서 수치스러운 사진을 받아내고, 그 사진으로 다시 협박하는 짓을 거듭하여 포르노영상을 촬영하고── SD카드, USB메모리, DVD 등 다양한 매체로 판매해온 자들을 지금 적발하러 가는 길이다.

십대 피해자의 신고가 여러 건 들어와 생활안전과가 움직이기 시작했고, 내사를 해본 결과 조직적 범행이어서 형사과가 협조하게 되었다. 폭력단이 개입되어 있지 않고, 다만 지구를 중심으로 활동하던 불량배 몇 명이 IT에 능한 자들과 그룹을 지어 저지르는 범행임을 알아냈다. 아울러 한 아파트의 이웃한 두 집을 아지트로 삼고 있다는 사실도.

불량배들은 그다지 폭력적이지는 않은지 전과는 도로교통법 위반과 절도뿐이었다. 인터넷을 맡은 공범은 유명 대학을 중퇴한 인텔리로 보인다. 영장을 제시하고 현관으로 밀고 들어갈 때 다소 저항은 있겠지만 크게 난동을 부릴 가능성은 낮다. 잠복 감시 중인 직원으로부터 실내에 여섯 혹은 일곱 명이 있을 것이라는 보고도 들어온 상태이다. 폭력적이지는 않다고 해도 악당 짓을 하는 젊은이들이다. 몸싸움을 벌이며 밖으로 끌어내 경찰차에 태우려면 현관 앞에 더 많은 인원을 배치해야 한다.

게다가 경찰서로서는 확실한 제압을 위해 압수수색의 주체는 생활안전과라고 해도 앞장서서 제압하는 일은 압수수색에 능한 강력계에 맡길 방침이고, 특히 가장 강하다고 자타가 공인하는 구라오카는 요다가 영장을 제시하는 동시에 제일 앞에서 실내로 밀고 들어갈 예정이었다.

"제가 현관으로 밀고 들어가기로 되어 있었습니다만."

"당신의 땀 때문입니다."

"예? ……냄새가 그렇게 심합니까?"

겨드랑이에 코를 가까이 댄다.

"앞의 두 사람, 잠깐 귀 좀 막고 있어."

"예."

두 사람이 동시에 대답하고 다테하나가 손으로 귀를 막았지만 가와베는 순진하게 당황해했다.

"저어, 귀를 막으면 운전대를 못 잡습니다만."

실소를 흘리는 구라오카를 요다가 곁눈으로 쳐다보며 말했다.

"들려도 기억하지 않는다. 아무도 그런 말은 하지 않았다. 무슨 얘긴지 알겠지?"

"예. 죄송합니다."

가와베가 그렇게 대답하고 정면을 똑바로 쳐다보았다.

"구라오카 씨."

요다의 목소리가 조금 부드러워졌다.

그녀가 경찰학교를 졸업하고 관할서 교통과에 배치되었을 때 구라오카는 같은 서 형사과에 있었다. 이 년간 같은 서에 근무한 뒤 이 년을 다른 서에서 일하다가 다시 이 년을 같은 서에서 일하게 되었다. 어디까지나 동료 사이일 뿐이지만 공정하고 진지한 근무 태도는 서로가 인정하고 있었다. 그녀가 자기주장이 강한 어울리기 까다로운 여자라는 것이 직원들의 일반적인 평가였고 구라오카도 일부는 동의했지만…… 여성이 피해자 혹은 가해자인 사건에서 그녀는 상대방에게 공감으로 신뢰를 얻고 사건 해결에 보탬이 되는 정보를 끌어내는 일이 많았다.

예전에 여성 목격자가 해결의 열쇠를 쥔 사건에서 구라오카가 의견을 구한 적이 있다. 목격자가 거짓말을 하고 있다고 간파한 그녀의 의견 덕분에 무고가 될 뻔한 사건을 해결할 수 있었다.

그 뒤로 여성이 관련된 사건에서 구라오카는 종종 그녀에게 상담을 청하곤 했다. 한편 요다도 논리와 정론으로 설득되지 않는 상대방을 만날 때는 아무래도 고전을 면치 못하는지 구라오카의 조금 무리한 방식에 의존할 때가 있어서…… 서로 구라 씨, 스미 짱, 하고 부르던 시절도 있었다.

마침내 구라오카는 기동수사대에 발탁되고 실적을 올려 본청 수사 1과에도 부름을 받아 능력을 발휘했다. 요다도 본청 경비부에 있을 때 당시 여성 도지사 담당이 되어 신뢰를 얻으며 출세하고 있다는 소문이 들렸다. 하지만…… 구라오카는 어떤 일로 상사 눈밖에 났고 요다도 작년 도지사가 남성으로 바뀐 뒤 출세의 사다리를 놓쳤는지 어느 새 두 사람 모두 같은 서에 있었다.

"원래 이렇게 여성이나 아동이 피해자인 사건은 싫어했잖아요?"

"음, 스미……."

예전처럼 부를 뻔하다 당황하여, "구석'스미'는 '구석'과 발음이 같다으로 제쳐두기 쉬운 건이지만, 피해자가 입은 마음의 상처를 생각하면 상해 사건, 아니 경우에 따라서는 살인이나 다를 게 없죠. 이런 건, 과장님도 싫어하잖아요?"

"네. 그러니까 도마뱀 꼬리 자르기가 되지 않도록 사건의 주범과 아지트를 파악할 때까지 인내심 있게 내사를 계속해 온 겁니다."

"그런 쓰레기들은 철저히 때려잡지 않으면 틀림없이 또 범죄를 저지릅니다…… 우리 애들이 성장하고 나니까 이런 건은 더더욱 참을 수가 없게 됐죠."

"따님이, 중학교……."

"2학년, 열네 살입니다. 그 밑으로 초등 6학년 아들."

"이번 피해자도 중학생이 제일 많습니다. 다음으로 초등학생이고. 남학생 피해자도 있습니다."

"젠장, 내가 부모라면 살려두지 않을 텐데."

구라오카는 저도 모르게 오른 주먹으로 왼쪽 손바닥을 내리쳤다.

"그겁니다."

요다가 냉큼 지적하지만 나무라는 투는 아니다. "남자는 여자를 지켜야 한다느니 여자를 존중하지 않는 남자는 쓰레기니 하는 일방적 가치관에는 찬성하기 힘듭니다."

"그건 압니다. 하지만……."

"물론 긍정적인 면도 있으니까 백 퍼센트 반대하지는 않아요. 케케묵은 정의감이 필요할 때도 있습니다. 다만 이번에 우리 생활안전과로서는 안전하게 적발하고 싶어요. 가령 수사원이 부당한 폭력을 행사했다고 나중에 변호사한테 트집을 잡히는 사태는 절대로 피하고 싶은 겁니다."

"어린애를 협박해서 나쁜 동영상이나 팔아먹는 쓰레기들을 왜 변호하는지 이해할 수가 없어요."

"경부보가 이해하든 말든 그게 그 사람의 일이고 권리입니다."

"권리 남용이란 거로군."

"……도요시마 서에서 일어난 일을 말하는 건가요?"

구라오카는 저도 모르게 상대방 얼굴을 쳐다보았다. 요다의 눈이 뭔가를 말하고 있다. 구라오카가 본청 1과에서 관할서로 좌천된 사안을 그녀는 알고 있는 것일까?

"이번에 당신 능력을 아는 서장과 형사과장은 여자인 나를 보호하기 위해서라고 말하지는 않았지만, 이런 작전에 익숙한 강력계의 협조를 얻어 당신을 선두에 세우라고 지시하더군요. 일단 알았다고는 했지만, 당신이 출동 전에 도장에 갔다는 말을 듣고 생각을 바꾸었어요. 분노를 발산하려고 땀을 흘렸겠죠? 하지만 현장에서 피의자가 피해자들을 대상으로 혐오발언을 지껄인다면 어떻게 할 겁니까? 때려눕힐 거예요?"

"혐오발언?"

"여자애들이 스스로 동영상을 찍은 걸레라는 둥 거절했으면 됐을 텐데 바보들이라는 둥."

"학교로 찾아가겠다느니 집에 불을 질러 가족을 다 죽이겠느니 협박하고, 나만 참으면 되지, 하며 고통스러워하도록 아이들을 궁지로 몰아넣었잖아요. 조금 벌을 주는 것 정도는 당연히 할 수 있는 거죠."

"그건 경찰이 할 일이 아닙니다. 그래서 선두에 세울 수 없는 겁니다. 현장 지휘자의 판단이에요. 서장과 형사과장에게는 사후에 허가를 얻겠습니다. 아파트 뒤쪽으로 가서 여기 젊은 두 사람을 지도해주세요. 이상. 앞의 두 사람, 귀는 그만 막아도 돼."

다테하나가 귀를 막았던 손을 내리고 가와베는 어깨에서 힘을 뺐다. 구라오카는 거칠게 콧김을 내뿜고 고개를 돌려 창밖을 바라보았다.

2

아파트는 이름뿐이고 욕실이 있는 연립주택이라고 부르는 게 더 어울릴 3층짜리 낡은 건물이었다. 승강기는 없고 계단은 외벽에 설치되어 누가 드나드는지 도로에서도 확인할 수 있었다.

생활안전과와 형사과 강력계의 주력은 3층의 나란히 붙은 두 집에 대한 수색과 피의자 확보 및 연행에 맞추어 배치되었다.

구라오카는 곁눈으로 그 상황을 확인한 후에 신참 두 명을 데리고 아파트 뒤쪽으로 갔다. 각 가구의 베란다가 뒤뜰 쪽으로 돌출되어 있고 지붕을 얹은 자전거 주차장, 녹슨 컨테이너 창고가 아파트 벽을 따라 나란히 있다. 콘크리트 바닥은 곳곳이 갈라지고 그 틈새로 잡초가 보인다.

"어느 집인지 말해봐."

구라오카는 베란다 상황을 확인한 뒤 시험 삼아 두 사람에게 물었다.

가와베가 간단한 배치도가 그려진 복사지를 꺼냈다.

"음, 저 집과 그 옆집입니다."

"네? 이쪽의 두 집인데요."

다테하나가 이의를 제기했다. "뒤쪽이니까 좌우를 바꿔서 봐야지."

"어, 아, 그래그래. 저 집과 그 옆집입니다."

"정말? 사실이 아니면 도장에서 자유대련 오 분짜리 네 판이다."

몸매가 호리호리해 66킬로 이상급도 안 될 것 같은, 혹은 60킬로 이하급인지도 모르는 가와베가 당황한 얼굴로 배치도를 뒤집어 다시 살펴보기 시작한다.

"맞습니다. 저 집, 그리고 그 옆집입니다. 저쪽 집에는 빨래도 널려 있으니까."

다테하나가 자신 있게 대답한다. 그녀가 아지트로 지적한 두 집 모두 베란다에 아무것도 없고 창문에 커튼이 쳐져 있다. 가와베가 처음에 지목했던 집 가운데 한 곳에는 아침 8시인데도 벌써 빨래가 잔뜩 널린 채 커튼도 젖혀진 상태다.

두 신참 중에 어느 쪽이 쓸 만한지는 분명해졌지만, 계급이 같다면 단지 남자가 낫다는 이유만으로 십중팔구 가와베가 더 책임 있는 자리를 차지할 것이다.

"자네들, 방검복 입고 왔겠지?"

"네, 입었습니다."

다테하나가 냉큼 대답한다. 가와베는 대답은 없이 뭔가 말하고 싶은 듯 손가락 끝으로 이마를 긁적였다.

"저어, 강력계 시노자키 씨가 아파트 뒤에 가서 대기하는 것뿐인데 이 더운 날씨에 그 답답한 걸 입을 것까지 있느냐고. 그런 거 일일이 챙기면 겁쟁이 소리 듣는다고 하셔서…… 차 트렁크에."

"자넬 시험해 본 거다. 어떤 상황에서든 우직하게 원칙을 지키는 게 경찰이다."

"아, 그럼, 지금 가져올게요."

그때 아파트 앞쪽에서 문 두드리는 소리와 ……씨, 하고 부르는 소리가 희미하게 들렸다.

구라오카는 재킷을 벗고 자기 방검조끼를 벗어 가와베에게 던져주었다.

"어, 하지만……."

"자넬 위해서가 아냐. 무슨 사고라도 나면 내 책임이다."

가와베가 재킷 벗는 것을 다테하나가 눈치껏 거들어주었다. 가와베는 방검조끼를 입고 그 위에 다시 재킷을 입었다. 구라오카도 재킷을 입었을 때쯤 감시하던 집에서 고함소리가 들렸다. 목소리들이 겹치더니 뭔가가 깨지고 부딪히고 넘어지는 소리들이 이어졌다.

"다테하나, 놈들이 증거물을 떨어뜨릴지 모른다. 동영상 찍을 수 있지?"

"예."

다테하나가 스마트폰을 꺼냈다.

"가와베, 압수용 봉지!"

3층 베란다에 면한 창문이 열렸다. 젊은 사내가 베란다 난간으로 뛰어나와 난간을 붙들고,

"짭새다! 튀어!"

아래쪽으로 외치자 바로 아랫집 창문이 열렸다.

"놈들이 아파트를 하나 더 빌렸군⋯⋯. 온다."

구라오카는 젊은 두 명에게 경고하고 어깨부터 등까지 근육을 가볍게 풀었다.

쓰레기봉지가 쑥 튀어나와 구라오카 일행의 눈앞에 떨어졌다. 반투명 봉지의 내용물은 아무래도 DVD나 USB메모리 같은 저장 장치로 보인다.

"던지는 장면부터 찍었어요."

다테하나가 보고한다.

2층 베란다 난간에 매달려 있던 두 남자가 놀란 얼굴로 아래를 확인하지도 않은 채 허리 높이 난간에 걸터앉더니 밑으로 뛰어내렸다. 그러고는 짐짓 아무 일도 없었다는 듯 걸어가려고 한다.

구라오카는 재빨리 그들에게 다가가 경찰수첩을 보여주며 말했다. "하치오지 남서의 구라오카입니다. 저쪽은 같은 서의 가와베와 다테하나. 두 사람 모두 수첩을 보여드려. 자, 그럼 무슨 일이 있었는지, 서에 가서 말씀을 들려주시겠습니까."

그러자 허름한 차림의 남자들은 낯을 찡그리며 반대쪽으로 달리려고 했다. 경찰수첩을 집어넣은 가와베와 다테하나가 그 앞을 가로막았다. 젊지만 경찰학교에서 힘겨운 훈련을 받은 이들이다. 놀고먹는 자들이 대적할 수 있는 상대가 아니다. 체구와 자세로 눈치 챘는지 두 남자는 각자 접이식 나이프와 흔들어서 펴는 특수경봉을 꼬나들었다.

"이러시면 총도법 위반인데. 흉기준비집합죄도 추가될지 모르지. 누군가를 해치기라도 하면."

구라오카가 미소를 지으며 말했다. "바로 상해죄다. 젊은 청춘을 어디서 보내려고?"

"까는 소리 집어치우고 비켜, 아저씨."

나이프를 꼬나든 한 명이 구라오카를 위협하며 날카로운 칼날을 들이민다.

어허. 구라오카가 겁먹은 척하며 오른쪽으로 피하자 상대방은 재빨리 그의 왼쪽으로 지나가려고 했다. 구라오카는 자세를 낮추고 왼발을 뻗어 도망치려는 남자의 발을 걸었다. 유도를 통해 수없이 하체를 단련한 덕분에 다리 벌리는 데는 자신이 있다. 남자가 사납게 고꾸라졌다.

"아저씨라고 얕보면 곤란하지."

다리를 거두어들이고 다른 남자 쪽으로 순간적으로 몸을 던졌다. 상대방이 특수경봉을 쳐드는 틈을 파고들어 쳐들린 팔과 멱살을 잡고 업어치기로 메다꽂았다. 허리와 등을 호되게 찧은 상대방을 타고앉아 명치를 압박한다. 상대는 끙끙거리며 저항의 의지를 잃었다.

"수갑."

다테하나에게 지시하며 얼른 일어나 막 칼을 집어드는 남자에게 다가섰다. 상대는 무릎을 다쳤는지 도망칠 만한 상태가 아닌 듯했다.

"오지 마, 죽인다! 오지 말라고!"

남자가 칼을 휘둘렀다.

"가와베, 다테하나. 이렇게 흉기를 든 자의 정면에는 서지 않는 게 원칙이다. 알겠나."

예, 알겠습니다, 라고 뒤에서 대답소리가 들려왔다.

"그만둬, 그렇게 휘두르니 이거 어디 겁나서, 가까이 갈 수가 있나."

구라오카의 말에 남자가 칼을 더 크게 휘둘렀다. 휘두르는 순간을 놓치지 않고 상대방 품으로 뛰어들었다. 칼을 든 손목을 잡고 상대방의 미는 힘을 그대로 이용하여 안뒤축 후리기로 발을 차고 체중을 실어 뒤쪽으로 밀어 넘어뜨렸다. 그러고는 잽싸게 상대방의 머리카락을 움켜쥐어서 뒤통수 찧는 사태를 막았다.

남자가 등으로 넘어지는 순간 구라오카의 무릎이 상대방 샅으로 파고들었다. 남자가 신음소리를 내며 몸을 웅크리자 손목을 비틀어 칼을 떨어뜨렸다.

"신참 시절에는 원칙을 절대적으로 지켜라. 경험이 쌓이면서 원칙은 임기응변이란 것으로 발전한다."

뒤를 향해 말하고 나서, "어이, 일어나. 한판 더 어때."

남자의 목깃을 잡고 일으켜세우려 했지만 상대는 전의를 상실한 듯 온몸에 힘을 빼고 있었다.

"그렇게 많은 아이들을 괴롭혀놓고. 일어서! 일어서라고!"

마침내 상대방은 쪼그리고 앉은 채 아픈지 무서운지 입술을 일

그러뜨리고 울기 시작했다.

"뭐야 한심하게. 그쪽 놈은 한판 더 어때."

돌아다보니 다테하나가 수갑을 채운 남자도 울고 있다.

"울지 마. 한심하긴! 맛이 간 계집애처럼 징징 짜기나 하고."

그렇게 내뱉은 직후,

"구라오카 경부보!"

머리 위에서 목소리가 떨어졌다. 상황을 파악하고 3층에서 내려왔는지 2층 베란다에서 요다가 험악한 얼굴로 이쪽을 노려보고 있다.

"아, 두 명을 공무집행방해 현행범으로 체포합니다."

그가 보고하자,

"맛이 간 계집애라니, 그게 무슨 말이죠?"

요다가 날선 목소리로 물었다. "계집애가 맛이 간 상태를 잘 아시나 보죠?"

구라오카는 그제야 실언을 알아차렸다.

"아, 미안합니다."

"사과하라는 게 아닙니다. 설명을 해보세요."

구라오카는 얼굴을 숙이고, 여전히 울고 있는 사내의 머리통을, 너 때문이야, 하며 쥐어박고 싶었다.

"저어, 그건, 그냥 속담이랄까…… 아, 그래, 관용어랄까?"

구라오카는 짧은 머리카락을 거칠게 긁적이며, "여우에 홀린 얼굴이니 하는 표현처럼 말입니다. 실제로 여우는 인간을 홀리지 않고 여성도 맛이 가거나 하지 않지요. 이런 관용어를 만든 건 아주 오래 전 남자들일 텐데…… 어이, 가와베, 빨리 와서 수갑 채워. 빨리!"

3

"여보세요…… 아키가와 가도의 가미자와바시를 지나 구마가와 신사 쪽으로 꺾어져 올라가는 길에 이상한 게 보여서요. 그거, 아무래도 사람 같던데."

평일 오전 10시가 지난 시간에 110번이 아니라 지역 파출소에 직접 전화해서 신고한 사람이 있었다.

자전거를 도난당한 중년 여성을 사정청취하던 지역과 신참 미타무라 순사는 통화 내용을 갈겨쓴 글씨로 메모했다. 뭔가를 깜빡 잊는 일이 잦아, 이런 닭대가리 같으니, 하고 상관에게 종종 핀잔을 듣고 있었기 때문이다. 자전거를 도난당한 여성이 요즘 도덕교육이 망가졌다고 연신 한탄하는 소리를 들으면서 정신없이 전화를 받은 탓에 통화 상대가 남성인지 여성인지, 젊은 사람인지 중년인지도 생각할 여유가 없었다.

미타무라가 자전거 도난 사건을 처리한 뒤 한숨을 돌리고 있을 때 교통정리를 마치고 돌아온 상관이 책상 위의 메모를 보고 묻자 미타무라는 당황하며 통화 내용을 보고했다. 상관은 파출소에 직접 전화를 걸었다면 이 지역 주민일 터이니 자전거 순찰 때 그곳을 들러보라고 지시했다.

그런데 순찰을 나가려는 순간 초등학교 근처에서 하교 중인 여자아이들에게 아랫도리를 노출하며 말을 거는 변태가 나타났다는 신고가 들어왔다.

미타무라는 상관과 함께 출동했다. 하지만 학교 주변에는 이미 수상한 자가 보이지 않았다. 목격 정보를 청취하고 학교 측에는 등하교 시간대 순찰을 강화하겠다고 약속했다.

전화 통화 건을 다시 떠올린 것은 퇴근하고 숙소로 돌아왔을 때였다.

내일 상관에게 또 닭대가리라는 핀잔을 듣는 것이 싫어 동료의 스쿠터를 빌려 해 저문 마을을 달렸다.

아키가와 가도에서 구마가와 신사로 들어가는 도로는 밤이면 시야가 나빠서 몇 번이나 길을 잘못 들었다가 마침내 가로등도 없는 도로를 달렸다. 도로 주변에 민가가 없는 탓에 낡은 아스팔트 도로는 곳곳이 파손된 채 방치되고, 어제 심야부터 오늘 새벽까지 내린 비로 여기저기 물웅덩이가 고인 상태였다.

신사 앞에만 어두운 가로등 하나가 켜져 있었다. 멀리 떨어진 대형 신사의 신주가 관리하는지 사무소는 따로 없고 오래된 신전은 몹시 낡아서 껑충하게 자란 잡초들이 신역을 온통 뒤덮었다.

그는 신사 앞에 스쿠터를 세우고 랜턴으로 주변을 비추었다. 주변을 확인하다가 물웅덩이를 밟는 바람에 양말까지 젖어, 내일 와볼걸, 하고 후회했다.

온통 잡초뿐이었고 신고자가 말한 '이상한 것'은 보이지 않았다. 여하튼 상관에게 순찰을 했다고 말할 수 있겠다고 생각하며 스쿠터를 세워둔 곳으로 돌아가려고 할 때 아스팔트가 벗겨져 단

차가 생긴 곳에 발이 걸렸다. 중심을 잡으려고 무의식적으로 팔을 휘두르다가 랜턴을 놓치고 말았다.

둑길 같은 도로에서 밑으로 떨어지는 턱에 랜턴이 걸린 채 아래쪽 풀밭을 비추었다. 둥근 빛 한가운데 하얀 물체가 떠올라 있었다.

4

"무슨 일이야, 이봐, 어떻게 된 거야."

"뭐가요?"

"여덟 시가 지났잖아. 아직도 집에 안 온 거야?"

"봤으면 당신도 알 거 아녜요."

"왜 이렇게 태평해. 엄마라는 사람이 걱정되지도 않아?"

구라오카는 넥타이를 늦추며 주방에서 일하고 있는 아내 아야노에게 초조한 목소리로 물었다.

"뭐가 태평하다는 거예요."

아야노가 식칼을 놀리던 손을 멈췄다. "지금 정신없이 저녁 준비하는 거 안 보여요?"

구라오카는 그제야 어색하게 말했다.

"저녁 먹기에는 늦은 시간 아닌가?"

"직장에서 말썽이 생겨서 이것저것 처리하고 오느라 늦었어요."

그러니까 굳이 힘들게 일 다니지 말라고 했잖아…… 라고 말하려다가 입을 다물었다.

아야노는 첫 아이를 임신하면서 직장을 그만둔 뒤 오랫동안 전업주부로 있다가 작년에 재취업했다. 주택 대출금 상환이 십오 년 남짓 남아 있지만 경제적으로 어려운 상황은 아니었다.

돈 때문에 직장에 나가는 것은 아니라고 그녀는 말했다. 나도 사회에 보탬이 되고 싶고 필요한 사람이 되고 싶어요, 이제 아이들도 자기 일은 알아서 할 수 있는 나이가 되었고, 맞벌이를 하면서도 가정은 꾸려나갈 수 있잖아요.

그게 아니지, 육아도 사회에 대한 충분한 공헌이잖아, 라고 구라오카가 달래려고 하자 아야노는 오히려 표정이 굳어서, 그럼 당신이 경찰 그만두고 가정에서 사회에 공헌하지 그래요, 하고 대꾸했다.

그런 대화가 여러 번 오가며 더러 감정적으로 언쟁도 했지만, 결국은 두 아이가 엄마 편을 들어 그가 물러서지 않을 수 없었다.

"늦는다고 가족 라인에 올렸어요. 유나도 렌도 알았다고 답장했고. 당신이 읽었다는 표시도 떴고. 렌, 내려와서 식탁 준비 좀 도와주렴——"

아야노가 소리치자 2층에서 네, 하고 초등학교 6학년인 아들이 대답했다.

"유나는 친구와 댄스 연습하고 8시에 온다고 나한테 직접 전화했어요. 그것도 라인에 올렸잖아요."

"유나는 왜 나한테는 라인을 안 하지?"

"아빠 잔소리 듣는 게 싫은 거죠. 지금도 8시 5분이에요."

"아니, 벌써 육 분이 지났어."

"그게 잔소리지. 정 걱정되면 직접 연락하면 되잖아요."

"내 전화는 안 받는 거 당신도 알잖아. 라인도 무시하고."

"애가 처음으로 멋진 치마 사 입었을 때 당신 뭐라고 그랬어요. 치마가 너무 짧아 똥꼬기 다 보인다…… 6학년 과외수업에서 메이크업 강사에게 화장법을 배우고 오니까 쪼그만 게 벌써부터 남자들한테 꼬리치는 시늉을 내냐, 학교에 항의해야겠다고 했죠. 그것도 나보고 학교에 가서 항의하라고 시키고."

"……그건, 이미 사과했잖아."

"나한테 미안하다는 말 한 마디가 다였죠. 유나한테는 걱정돼서 그랬다느니 위험한 놈들이 돌아다니니까 그랬다느니 변명만 늘어놓고."

"걱정도 되고 나쁜 놈들이 돌아다니는 것도 사실이잖아."

"그렇게 걱정되면 먼저 유나와 화해하려고 노력하는 게 어때요? 집에 돌아오기 무섭게 잔소리만 할 줄 알지 뭐 하나 도와주지 않으면서. 집안일 좀 거들면 어디 덧나요? 렌, 내려와!"

예에, 하고 건성으로 대답하고 아들이 스마트폰을 들여다보며 계단을 내려온다.

"렌, 돌아다닐 때는 스마트폰 보지 말랬지. 그거 사 줄 때 약속했잖아."

구라오카가 핀잔을 주자 아들은 고개도 들지 않고,

"집 안이잖아요."

"집 안이라도 걸어 다니면서 보는 건 안 돼. 약속 어기면 해약한다!"

"그럼, 서서 보면 되겠네."

아들이 한 발 내딛고 멈추어 스마트폰을 조작하고, 다시 한 발 내딛고 멈추어 스마트폰을 들여다보았다.

아빠를 놀리냐, 하고 호통을 치고 싶지만 매일 그러다가 익숙해졌는지 혹은 사춘기에 들어서인지 예전처럼 울면서 잘못했다고 말하는 일도 없어졌고 주눅 드는 모습도 보이지 않았다. 손찌검은 자신이 아버지에게 당한 가장 끔찍한 경험이어서 내 자식한테는 절대로 손대지 않겠다고 다짐하고 있었다. 최근 이런 상황이 늘어서 어떻게 꾸짖어야 좋을지 고민이다.

거리의 불량 청소년이라면 바짝 다가서며 왜? 하고 쓱 흘겨서 얌전하게 만들 수 있다. 후배나 동료들도 자신을 두려워하고 경의를 표한다. 상사들도 어려워하고 의지하기도 하는 존재인데, 집에서는 누구 하나 제대로 이야기를 들어주지 않는다.

이 집안의 가장이 누군데, 라고 소리치며 벽에다 아무거나 냅다 던져본들 낯을 찡그리거나 딱하게 쳐다보는 반응이 고작이고, 관계를 회복하는 것만 더 힘들어질 뿐이다. 나는 그냥 일개미인가…… 하는 불만 어린 체념 같은 것이 내면에서 질척질척 스며 나온다.

그때 휴대폰이 울렸다. 시노자키였다.

"식사하실 시간에 죄송합니다. 관내에서 남성 사체가 나왔어요."

"살인인가?"

"감식을 기다리고 있는데, 나체였다고 합니다. 3기수도 이미 움직이고 있어요."

사정이 있으니 일단 서로 오라는 말을 듣고 구라오카는 막 벗으려던 재킷을 다시 입었다.

"일이 생겼어. 나갔다올게."

주방을 향해 소리치고 현관으로 향한다. 구두를 신는데 아야노가 등 뒤로 다가오며 말했다.

"8시 15분이 지나도 유나한테 연락이 없으면 전화해 볼게요."

"애가 돌아오면 라인으로 알려줘."

문을 열었을 때 마침 딸과 부딪힐 뻔했다.

"왜 이렇게 늦어, 분명히 8시로 약속해놓고."

마음이 놓이면서도, 걱정시켰다는 불만에 그만 안 해도 좋을 말을 하고 만다.

"아…… 짜증나, 일일이."

어릴 때는, 아빠가 제일 좋아, 하며 품으로 뛰어들던 딸이 이제는 눈도 마주치지 않은 채 낮은 소리로 투덜거리더니,

"오, 왔구나."

하며 상냥하게 맞아주는 엄마에게는,

"다녀왔어요."

라고 작은 소리로 대답한 뒤에 그대로 2층으로 올라갔다.

5

   현장으로 직행하지 말고 일단 경찰서로 오라고 호출한 이유는 감식활동이 난항을 겪고 있기 때문이라고 했다.

   '사람 사체 같은 것'을 발견한 신참 순사는 정말 사체인지 아닌지 확인하려다가 현장을 함부로 어지럽혔다. 신참의 연락을 받자마자 순찰차를 타고 현장 앞에 도착한 순사장과 동승한 순사는 신참을 지도해야 마땅하지만, 그들 역시 감식 지식이 부족해 도로에서 둑 아래로 내려갔다가, 풀밭에 있던 사체가 살인이 의심되는 심상치 않은 상태임을 알자 그제야 현장을 보존하라느니 발자국이나 타이어 자국을 어지럽히지 말라느니 하며 허겁지겁 돌아다닌 듯하다.

   "사체 상태를 전해 듣고 서에서 감식과 3기수가 달려갔는데…… 현장 보존 상태에 화를 내며 아침까지 아무도 접근하지 못하게 하라고 해서 분위기가 엄청 험악했습니다."

   암행순찰차를 운전하며 시노자키가 설명했다.

   구라오카가 좁은 경찰서 주차장 사정을 생각해서 자가용을 두고 택시로 달려가 보니 시노자키가 이미 암행순찰차를 준비해 놓고 기다리고 있었다. 구라 선배가 일단 현장을 보고 싶어 하실 것 같아서요, 사체 옆까지 들어갈 수는 없겠지만 분위기는 파악하실 수 있을 듯해서……라고 말하는 그의 현명한 배려에 구라오카는 고마움을 표했다.

"하지만 감식이나 3기수 사람들도 아침까지는 별다른 조처를 할 수는 없을 겁니다. 인기척 없고 가로등도 하나뿐인 한적한 신사 옆이라고 하니까요."

"사체는 아직 현장에 있나?"

구라오카가 조수석에서 물었다.

"아뇨. 사진과 동영상을 잔뜩 찍어 놓고 일단 검시를 위해 보냈다고 합니다."

"저어, 실례합니다만, 3기수라는 게 뭐죠?"

뒷좌석에서 다테하나가 물었다.

그녀는 퇴근 후에도 유도 훈련을 위해 서에 남아 있었다. 옷을 갈아입고 자전거를 둔 뒤쪽 자전거 주차장으로 나왔을 때 암행순찰차 앞에서 대화하는 구라오카 일행과 마주쳤다. 서내 분위기를 통해 이변을 눈치챈 그녀가 "견학 기회를 주세요"라고 부탁하자 구라오카가 동승을 허락했다.

"응? 신참들도 학교에서 배웠을 텐데? 기동수사대."

시노자키가 고개를 갸웃거리며 설명했다. "살인이나 중대 형사 사건에서 초동수사를 담당하지."

"그 기수대 말이군요? 물론 알죠. 그런데 왜 3기수죠?"

"경시청은 기수대를 세 개 두고 있어. 다마 지구는 제3기동수사대 관할이야. 그래서 3기수지."

"고맙습니다. 기수대…… 제 목표예요."

"다테하나."

구라오카는 앞을 바라본 채 불렀다. "형사과에 흥미가 있나?"

"예. 갈 수만 있다면……."

"기수대는 본청 수사 1과로 가는 등용문이니까. 형사 수사를 빡세게 배우게 되지."

시노자키가 남의 일처럼 말했다. "기수대에서 인정받으면 본청 수사 1과로 가는 문이 열려. 나랑은 인연이 먼 이야기지만, 구라 선배는 그 코스를 밟았지. 한데 1과의 에이스가 왜 여기 있는 거죠?"

"시끄러, 저 방정맞은 입에 재갈을 물려두든지 해야지, 원. 그러는 너는 왜 여기 있냐. 얼른 승진시험이나 쳐."

"이 지역 치안이 내 덕분에 지켜지고 있다고 업소 마담 언니들이 어디 놔주어야 말이죠."

"웃기고 있네."

"저어…… 여자가, 그 코스를 거치는 거, 무리일까요?"

"코스라면, 기수대에서 본청 수사 1과로 가는 거?"

시노자키는 다테하나가 고개를 끄덕이는 것을 백미러로 보고, "여자는 현실적으로 힘들걸. 관할서 형사과라면 몰라도 본청에서는 수사본부가 설치되면 도장에서 칼잠 자야 하고, 한 달 정도는 귀가하지도 못하는 세계니까."

구라오카가 어깨너머로 돌아보니 다테하나는 분한 듯 고개를 숙이고 있었다.

잠시 후 적색등이 뱅뱅 도는 경찰차가 도로가에 종렬주차 되어 있는 장소에 도착했다.

이곳이 유기 현장이고 범행 장소는 다른 곳일 가능성이 높다고 시노자키가 전했다.

차량이 간간이 보일 뿐 통행 차량은 많지 않았다. 진행방향 왼쪽으로 갈라져 들어가는 도로는 눈에 잘 띄지 않고, 회전 구간은 여유로운 커브를 그리고 있다. 일단 이곳 지리를 아는 자의 소행은 틀림없어 보였다. 야간이라면 적당히 틈을 노렸다가 다른 차량들에게 아무런 인상도 남기지 않고 자연스럽게 회전해서 들어갈 수 있을 것처럼 보였다.

"이 근방은 N시스템(차량번호 자동판독장치)이 설치되지 않았나?"

"문의해 보기 전에는 알 수 없지만, 속도를 낼 곳도 아니니까 가능성은 희박하군요."

"사체의 상태에 대해서도 들은 얘기 없나? 나체였다는 것 외에."

"음…… 양손이 뒤로 결박되어 있다고 했던 것 같습니다."

이튿날 이른 아침부터 시작된 본격적인 감식이 끝난 뒤에야 구라오카를 비롯한 하치오지 남서 형사과 강력계 수사원들도 현장에 들어갈 수 있었다.

중년 남성의 사체는 나체였고 양 손목이 등 뒤에서 박스테이프로 결박되어 도로에서 약 1미터 아래쪽 풀밭에 엎드린 자세로 있었다.

현장 상황으로 보건대 둑길처럼 생긴 도로에 차를 세우고 차에 싣고 온 사체를 도로 옆에 버리면 자연히 굴러내려, 발견된 장소에 멈출 것으로 보였다.

"혼자서는 힘들 것 같은데."

"지리감각도 있는 사람 같고."

"알몸으로 벗기고 양손을 뒤에서 묶을 장소도 필요하겠죠."

"초짜가 아닐지도 몰라."

수사원들이 현장을 둘러보면서 저마다 사건의 내용을 추측하고 있다.

"유기한 뒤 담배 한 대 피우고 꽁초라도 던져두었으면 좋았을 텐데."

주위에서 녹슨 통조림 깡통, 빈 과자 상자나 비닐봉지 등이 발견되었다. 일단 수거는 했지만 낡은 상태를 보아하니 범인 유류품 같지는 않았다.

가도에서 현장까지 가는 길은 오래 전에 아스팔트로 포장한 도로이고, 사체를 발견할 당시 현장 보존에 문제가 있어 범행에 사용된 차종이나 타이어를 특정할 만한 증거는 발견하지 못했다.

"해부 결과가 나왔어요!"

강력계 신참 모로구치가 도로를 뛰어오며 소리쳤다. 검시를 맡은 법의학자의 보고를 듣기 위해 경찰차에 한 명을 대기시켜 두었던 것이다. 그는 현장 주변에 흩어져 있는 수사원들에게 메모를 보며 전했다.

"사체 추정연령, 사십대 중반에서 육십대 초반. 신장은 172센티, 체중은 86킬로. 통통하다고 할까 조금 비만형 같습니다. 사망 추정시간은 지역과 순사가 발견한 시점에서 이틀 전 밤일 거라고 합니다. 그 이튿날은 다마 지구 일대에 비가 내려, 두발이 빗물과 같은 성분의 액체에 젖어 있음을 고려하면 유기된 사체는 장시간 비를 맞아 상당히 식어 있었을 거라고 짐작할 수 있어 사망 시간을 구체적으로 특정하기는 조금 어렵다고 합니다."

"사인부터 말해야지."

구라오카가 참다못해 말했다.

"아, 사인은 경부 압박에 의한 질식사. 삭흔을 보건대 사체는 뒤에서 끈 같은 것으로 목을 졸린 것으로 생각된다고 합니다. 끈인지 뭔지를 목에서 벗기려고 저항한 흔적은 없고, 달리 폭행당한 흔적도 없다고 합니다."

"저항도 없이 나체로 결박당할 만한 체구는 아닌데. 수면제는?"

구라오카의 질문에 모로구치가 메모를 뒤적이며 답했다.

"혈액에서 수면제로 쓰이는 약품 성분이 검출되었습니다. 그리고 신원은 지금 3기수가 집중적으로 조사하는 중이라고 합니다."

피해자 신원을 알아낸다고 해도…… 수면제로 재워 저항력을 빼앗고 교살, 그 전이나 후에 옷을 다 벗기고 사람들 눈에 띄기 힘든 곳에 유기하는 범인을 초동 수사만으로 적발할 수 있을까.

"어이."

구라오카는 주위 수사원들에게 고했다. "수사본부가 설치되겠군."

6

구라오카가 예상한 대로 수사본부가 하치오지 남서에 설치되었다.

제3기동수사대는 다른 사건의 초동수사로 옮겨가고 본청 수사 1과 6계와 하치오지 남서 형사과가 인근 경찰서 수사원 협력을 얻으며 살인 사체 유기 사건 수사를 담당하게 되었다.

첫 번째 수사회의에서 본청 형사부장이 수사본부장으로 취임하고 본청 수사 1과장과 하치오지 남서 서장이 부본부장, 본청 수사 1과 관리관이 현장을 지휘하고, 그 밑에서 하치오지 남서 형사과장이 보좌하는 체제가 발표되었다.

보좌역 마키메 형사과장이 지금까지 파악한 사건 개황을 보고하고, 이어서 실제 수사를 담당할 수사원 두 명을 한 개조로 묶는 편성안을 고구레 관리관이 발표했다.

원칙상 본청 1과 형사와 관할서 형사가 짝을 이룬다. 특히 본청 베테랑 형사에게는 관할서 신참을 붙여서 훈련을 겸하는 일이 많고, 그 역으로 짝지어주는 경우도 있다. 구라오카는 본청 수사 1과의 시바 린리라는 경부보와 짝이 된다고 발표되었다. 그런데 거명된 다른 사람들은 모두 대답을 하는데 시바만은 대답소리가 없었다.

"설마 지각인가……."

상식적으로 있을 수 없는 상황에 구라오카는 화가 나기보다 어처구니없음을 느꼈다. 회의가 끝나자 본청 수사 1과장 노기가 구라오카에게 말을 건넸다.

그와 대화하는 것은 구라오카가 인사이동을 통고받은 이래 처음이다. 실은 구라오카가 수사 1과에 남아 있을 수 있도록 노기가 막후에서 윗사람들을 열심히 설득했었다고 하지만, 이동을 통고할 때는 전혀 언급이 없었다. 서로 어색함이 남아서 그동안 연하장도 주고받지 않았다.

"오랜만이네, 구라."

"그동안 연락도 못 드리고, 죄송합니다, 노기 1과장님."

구라오카는 고개를 숙였다. 나이는 열 살이나 차이가 나지만 고등학교 유도부 선후배 사이여서 수사 1과에서 일할 때 사적인 자리에서는 서로 노기 선배, 구라로 통했다. 지금은 좌천하게 된 내력도 있고, 거리를 두고 싶어 하는 그의 심정을 이해하는지 노기가 고개를 작게 끄덕이더니 말했다.

"파트너 시바 군은 1기수에서 막 올라온 루키야. 잘 부탁하네. 수사 1과에 발탁하는 것을 두고 말도 많았던 문제아네."

"어떤 놈인데요?"

"머리가 좋아. 그건 사실 나쁜 게 아니지만, 뭐든 지나치면 모자라니만 못하잖아. 관할서 시절부터 자기 추리를 확신한 나머지 상사의 수사 방침과 충돌하는 일이 잦았어."

"호오. 그러면서도 용케 기수대에서 수사 1과로 올라갔군요."

"매번 그가 지목한 용의자가 진범으로 검거되었으니까. 그렇지만 조직에서는 다들 싫어하지. 오 년 전 수사 중에 크게 다쳐서 한때 장래가 암울해진 적이 있었는데…… 그 얘기 못 들었나?"

오 년 전이면 구라오카가 수사 1과에서 지금도 미해결로 남아 있는 중대 사건을 열심히 추적하고 있을 때라 다른 관할서 경관에게 일어난 불행 따위에 관심을 기울일 처지가 아니었다.

"뭐, 당시의 부상이나 복잡한 사정 때문인지 모르지만, 출세하기 위해 상관 눈치를 보는 처신이 싹 사라져버렸지. 그런 점은 자네랑 비슷하겠군."

뭐라고 대답해야 할지 몰라 잠자코 있었다. 노기가 자조적으로 웃고 나서 말했다.

"아무튼 지시대로만 움직이는 형사는 줄여버리고 방범카메라를 늘리라고 하는 시대야. 자료실에 처박아두기는 아까운 형사라고 내 나름 생각하고 있었지만, 주위에서 반대하는 바람에 차마 추천하지 못하고 있었지. 그런데 형사부장이 추천하더군."

"네? 야쿠모 형사부장이…… 왜요?"

"능력을 높이 산 건지. 실은 이번에 자네랑 그를 짝지은 것도 부장의 뜻이네."

"그건 또 무엇 때문에……."

"모르지. 실은 시노자키 군과 짝지어주는 것이 적당하겠다고 이곳 형사과장과 얘기하고 있었는데…… 오늘 이른 아침에 부장이 고구레 관리관에게 전화해서 시바 군을 하치오지 남서의 구라오카와 한 조로 묶어주라고 했다더군."

"이제 와서 뭐하자는 겁니까…… 이제 그만 나를 내버려둬야 하는 거 아닌가요."

저도 모르게 툭 튀어나온 불만에 당황했는지 노기는 반응을 하지 않았다.

"……그러고 보니 수사회의에 부장이 참석하지 않았더군요."

야쿠모 유타로가 보이지 않아 구라오카는 내심 안심했었다. 가능하면 얼굴을 보고 싶지 않은 상대였다.

"내각 관방에서 연락이 와서 급히 협의할 일이 생겼다고 들었네."

구라오카는 낯을 찡그렸다. 야쿠모와 정치가의 관계는 앞으로 더욱 긴밀해질 것이다.

"여하튼 시바 군의 형사로서의 능력은 확실해. 다투지 말고 잘해주게."

"잘하나마나 첫날부터 지각이라니, 이래도 되는 겁니까."

"먼저 들러보고 싶은 곳이 있다고 연락해서 부장이 허락했다고 하더군. 고구레 관리관이 부장에게 확인하고 허가해줬네. 자네 휴대폰 번호는 전해 두었으니 곧 연락이 올 거야."

노기가 그렇게 말하기를 옆에서 기다리고 있었다는 듯 구라오카의 휴대폰이 울렸다.

다마 지구에는 감찰의무원이 없어 행정해부와 사법해부에 다치카와대학 법의학교실의 협력을 얻고 있다. 구라오카가 법의학교실에 들어가자 복도 그늘에서 키가 큰 젊은이가 앞에 나타났다.

"구라오카 경부보님. 시바입니다."

그가 가볍게 인사했다. 남자가 봐도 아름다운 얼굴이다. 체구는 호리호리한데 재킷 속에 근육질이 버티고 있는지 선이 멋지다. 목소리는 낮지만 맑아서, 변성기 전부터 도장에서 기합을 지르느라 걸걸해진 구라오카의 목소리와는 다르다. 다만…… 다리가 긴 만큼 허리가 높아 유도는 약하겠구나, 하는 쓸데없는 품평을 하고 마는 자기 모습에 구라오카는 희미한 쓴웃음을 지었다.

"무슨 재미있는 일이라도?"

"아니. 같은 계급이니까 말을 놔도 좋겠군. 시바 군이라고 해도 되겠지?"

"연상이시니까 반말은 그렇군요. 구라오카 씨라고 하면 되겠습니까?"

"몇 살이나 어린데?"

"열한 살. 띠동갑에 가깝습니다."

"호랑이띠인가? 그렇게 보이지 않는데."

"구라오카 씨도 토끼띠로 보이지는 않습니다."

"괜한 소리 말고."

"그쪽이 먼저 꺼낸 얘기인데요."

"지금 나랑 말싸움 하겠다는 건가. 히죽히죽 웃으면서."

"지금 말싸움, 저한테 진 거 맞죠? 참고로, 원래 웃는 상입니다."

하는 말마다 신경에 거슬린다. 외모도 그렇고 목소리도 그렇고 하는 얘기도 그렇고,

"영 안 맞네."

"그건 유감입니다만, 꼭 맞아야 하는 건 아니잖아요."

구라오카는 흥, 하고 코웃음을 쳤다.

"경찰관은 규칙과 시간을 엄수하는 게 원칙이다. 회의에는 왜 빠졌지?"

"현장을 확인하고 왔습니다. 시간을 아끼려고요."

시바는 주눅 드는 기색도 없었다. "회의 내용은 무선으로 들었습니다."

"그럼 왜 여기로 불러냈지? 해부는 벌써 끝났는데, 시간 낭비 아닌가?"

"사체도 직접 보고 싶어서요. 구라오카 씨도 직접 보지는 못했다고 들었습니다."

"팀워크를 믿지 못하는 성격인가? 뭘 했지?"

"무슨 말씀입니까."

"무도나 운동 말이야."

"근대 5종이요."

응? 낯선 단어에 구라오카가 그게 뭐냐고 되물으려는데 해부실 문이 열리고 낯익은 조수가 나왔다.

"준비 됐습니다."

앞에 있는 방에서 흰 가운과 마스크를 착용하고 두 사람이 나란히 커튼을 젖히며 해부실로 들어갔다.

이소나가 교수가 흰 가운 차림으로 기다리고 있었다. 안경 너머에서 사시 인상을 풍기는 눈이 살짝 짜증난 듯 반짝이고 있다.

"그래, 뭐가 의심스러운 거지, 구라오카 씨?"

교수 앞에는 벌써 시신이 준비되어 있었다. "오래 전부터 인연을 맺어온 구라오카 씨가 특별히 부탁한다고 하기에, 굳이 왜 이러시나 싶긴 했지만 그래도 강의까지 휴강하고 왔습니다만."

구라오카가 옆에 있는 시바를 곁눈으로 노려보았다.

"수사 1과의 시바입니다. 해부 소견은 보았습니다."

시바가 아무렇지도 않은 말투로, "다만 한 가지, 소견서에 적혀 있지 않은 소견이 있어서, 구라오카 경부보가 그 점을 의아하다고, 확인하고 싶다고 하셔서 이렇게 함께 왔습니다."

"적혀 있지 않은 소견, 이란 게 뭐지?"

이소나가 교수가 구라오카를 쳐다보았다. 아니, 저는…… 하며 시바 쪽으로 시선을 돌렸다.

"강간 말입니다."

시바가 말하자 구라오카는 눈살을 찡그렸다.

"강간, 이라니, 이건 남자인데?"

이소나가 교수가 짜증이 묻어나는 목소리로 말했다. 맹점을 찔린 기분이었는지도 모른다.

"사체가 여자이고 옷이 벗겨져 있다면 일단 성폭행을 의심하고 자세히 조사했겠지."

시바가 냉정하게 대답했다. "알몸이면 당연한 절차죠. 말하자면 관례입니다. 그런데 남자 사체일 경우에는 왜 그 방향으로 조사하지 않을까요. 강간 여부를 의심하기는커녕 의식하지도 않았겠죠. 치한이니 강간이니 하면 일단 여성이 피해자일 거라고 단정하는 것과 다르지 않은 것인데, 젠더 바이어스성 역할에 대한 편견의 전형입니다. 하지만 현실을 보면 남성도 치한한테 당하고 강간 피해도 있고…… 그렇죠, 구라오카 경부보?"

이걸 내 의견이라고 하기에는 좀 그런데, 하고 생각하며 구라오카는 잠자코 있었다.

이소나가 교수는 조금 망설이는 듯하다 조수에게 사체를 뒤집어 달라고 부탁했다. 이마에 라이트를 장착하고 기구를 이용하여 사체의 항문을 벌리고 의료용 루페로 내부를 관찰했다.

잠시 상하좌우를 확인하던 교수가 마침내 목 안쪽에서 신음하는 듯한 목소리로 말했다.

"아무래도, 찰과상 같은 흔적이 보이는군."

"에?"

구라오카와 조수가 거의 동시에 반응했다.

그러자 이소나가 교수가, 오이? 인지 으흥? 인지 알 수 없는 의아해하는 소리를 흘리더니,

"핀셋! 제일 길고 가는 걸로."

하고 지시했다. 조수가 당황하며 핀셋을 가져다가 건네주었다.

구라오카는 시바가 이미 간파하고 있었던 것 같다는 생각에 위화감을 느끼며 연하 남자의 옆얼굴을 살펴보지만, 태연자약한 얼굴이라 무슨 생각을 하는지 알 수 없었다.

이소나가 교수가 사체 체내로 가만히 집어넣었던 핀셋을 빼냈다. 그 끝에 하얗고 작은 뭔가가 집혀 있다. 그는 각도를 바꾸며 확인하고,

"아주 작은 비닐봉지를 접어놓은 거 같은데."

"봉지 안에 뭔가 들어 있는 거 아닙니까?"

시바가 지적했다.

이소나가 교수가 의문의 물체를 트레이에 놓고 핀셋을 능숙하게 놀려서 펼쳤다. 과연 작은 비닐봉지였고, 안에 하얀 뭔가가 들어 있었다. 교수는 장갑 낀 손가락으로 봉지를 벌리고 안에 든 물체를 다른 핀셋으로 빼냈다.

"종이, 같은데."

"뭐라고 적혀 있진 않나요?"

시바가 물었다.

구라오카는 이소나가 교수의 핀셋 끝을 응시했다.

베테랑 법의학 교수는 접힌 종이를 찢어지지 않게 조심조심 펴나갔다.

"정말 글자 같은 게 보이는군…… 당신이 넣어 둔 거 아냐?"

이소나가 교수가 짐짓 농담 같지 않은 어두운 말투로 시바에게

말했다.

"그랬다면 교수님까지 번거롭게 해드리지 않았겠죠."

시바도 비슷한 말투로 대꾸했다.

구라오카는 더는 참지 못하고,

"뭐라고 적혀 있는 겁니까."

라고 물으며 이소나가가 펴 놓은 종이 위로 얼굴을 들이밀었다.

서툰 필체로 쓴 글자가 너무 작아서 구라오카가 얼른 읽지 못하자 옆에서 시바가 냉정하게 읽어주었다.

"눈에는 눈."

2
장

평범한 가족

1

지진인가……. 주위를 둘러보았다.

이목구비 단정한 정체 모를 젊은이는 흰 가운 입은 중년 남성과 사체의 항문에서 빼낸 종이쪽지를 확인하고 있다. 젊은이와 비슷한 또래의 흰 가운을 입은 남자가 뒤쪽에서 그 종이쪽지를 들여다본다.

세 사람 모두 지진을 느끼는 모습은 아니었다.

은색 해부대 위에 엎드린 사체에 시선을 돌린다. 등이나 허리 쪽에 살집이 많고 피부도 하얘서 지방덩어리 하나를 떡하니 올려놓은 듯한 인상이다.

이 지방덩어리를 목 졸라 죽이기 전에 혹은 후에 강간한 놈이 있다. 더구나 매우 수고스러운 방법으로, 범행 동기인지 경고인지 알 수 없는 글을 종이쪽지에 적어서 남겨 두었다.

누가, 왜, 어떻게…… 놀라기도 하고 두려움에 가까운 불안을 느껴, 사체에 익숙한 형사답지 않게 가벼운 현기증이 일었다.

시바가 문득 고개를 들었다.

구라오카는 사체에서 나온 종이로 시선을 돌렸다.

"필적은?"

"안 나오겠죠."

시바가 고개를 살짝 저었다. "자를 대고 선을 그어서 쓴 것 같습니다."

"교수님."

구라오카가 이소나가 쪽으로 시선을 던지며, "사체 체내에 용의자의 체액이 남아 있을 가능성은요?"

"즉시 채취를 시도하겠지만, 피해자 것과 비교해야 하니까 시간이 좀 걸리겠군."

"일단 수사본부에 보고하고 오겠습니다. 시바 군, 잠깐만."

구라오카가 파트너에게 따라오라고 하고 해부실을 나와 복도에 아무도 없는지 확인했다.

시바가 따라 나오자 문이 닫히기 무섭게 물었다.

"자네, 어떻게 안 거야?"

"뭘 말입니까."

"피해자가 강간당한 거. 그리고, 체내에 남긴 종이도. 설마 누구 짓인지도 알고 있는 거 아냐?"

"그럼 얼마나 좋을까요. 그랬으면 이렇게 개기름 낀 얼굴로 윽박 당하지도 않을 테고 시간 낭비도 없었을 테니까."

조롱하는 듯한 대답에 구라오카가 차마 말을 잇지 못하고 있자 시바가 담담하게 계속했다.

"가능성을 지적했을 뿐입니다. 알몸이고, 두 손이 결박되어 있었다. 남성도 성적 피해를 당할 수 있어 확인해보니 실제로 항문 속에 상처가 있고 비닐봉지가 발견되었다. 봉지 안에 종이쪽지가 있었다. 즉 종이가 더럽혀지는 것을 막으려고 한 셈이니, 뭔가 메시지가 적혀 있을 거라고 생각하는 것이 자연스럽잖아요?"

조리 있는 설명을 들으니 과연 납득이 가긴 하지만, 미처 소화되지 않은 이물질이 뱃속에 남아 있는 것 같아서 기분이 찝찝하다. 구라오카는 자기 배를 주먹으로 꾹꾹 눌렀다.

"설마 제가 넣어 두었다고 생각하는 겁니까?"

"어, 생각하고 있지. 아니, 틀림없이 다 네가 해둔 거야."

구라오카는 주머니에서 스마트폰을 꺼내며 말했다. "수사본부에 강간이라고, 피의자가 남긴 중요한 유류품이 체내에서 나왔다고 보고하지. 관리관이 뭐라고 물으면…… 자네가 답변해. 전부 자네가 발견한 거니까."

속이 쓰리지만 공은 공이다. 이 젊은이가 아니었으면 강간 건도 종이쪽지도 알지 못했을 것이다…… 전화번호를 누르던 손가락을 멈추고 이물감이 남아 있는 배를 문질렀다.

"아무래도 언짢은 느낌이 남아 있단 말이지."

"화장실은 저쪽이에요, 구린내 나기 전에 서둘러요."

"시끄러. 자네가 없었으면 그 종이는 발견되지 않았어. 그렇다면…… 알겠지?"

"……그렇군요, 무슨 말을 하고 싶은지 알겠습니다. 역시 수사 1과의 에이스 출신답군요."

시바가 입가를 올리며 살짝 미소를 지었다.

"뭐? 내가 수사 1과에 있었다고 누가 그래?"

구라오카의 물음에 시바의 눈빛이 잠깐 동요하는 듯했지만 착각이었는지 상대는 미소를 지우지 않고 말을 이었다.

"수사 1과 사람들이 다 알던데요. 노기 과장하고도 사이가 좋았다면서요?"

그건 그렇지만, 시바를 구라오카와 엮으라고 지시한 사람은 야쿠모 형사부장이라고 한다. 뭔가 내막이 있는 것 같아서 더 캐묻고 싶지만 호락호락 대답할 상대처럼 보이지 않았다.

"자네는 봉지에 들어 있던 글이 메시지라고 했지."

"네. 그렇게 보는 게 자연스럽겠죠."

"눈에는 눈, 이에는 이…… 아라비아 법전인가?"

"함무라비 법전입니다."

"비슷하잖아. 말꼬리 잡지 마. 그러니까…… 이 남자에게 뭔가를 당하자 같은 방법으로 복수했다, 이런 말이로군."

"말꼬리 잡는 게 아니라 교정해준 거죠. 사체 상태로 볼 때 그 글은 그렇게 받아들여야겠죠."

"이렇게 꼬치꼬치 따지는 자네가 사체를 확인하고 싶다고 말하지 않았으면 메시지는 찾지 못했어. 발견하지 못하고 넘어갔을 가능성이 높아. 범인은 왜 이런 방법을 썼을까?"

"바로 그 점이, 범인상을 보여줄 수 있을지 모릅니다."

시바도 잠깐 생각하더니 끼어들었다.

"발견하지 못해도 상관없다, 라는 정도의 생각이었을까요? 힌트를 알려주었는데도 우리가 알아채지 못했던 걸까요?"

"현장에 아직 뭔가 남아 있을지도 모르겠군. 신고 전화도 마음에 걸리고."

구라오카는 스스로 고개를 끄덕였다. "사체가 있다고 넌지시 알려준 전화는 110번이 아니라 지역 파출소에 직접 건 거였어. 진범이 걸었을 가능성이 있어."

"혹은…… 경찰이라면, 틀림없이 발견해낼 거라고 믿었을 수도 있겠죠?"

"그래? 그렇다면 경찰을 통 모르는 자로군."

구라오카는 그만 자조하는 표정으로 웃고 말았다. "나 같은 놈들이 대부분이고 너처럼 생각하는 놈은 드문데."

"아뇨, 구라오카 씨는 멸종위기종이에요."

"말 같지 않은 소리. 여하튼 수사본부에 보고하지. 굉장한 사이코를 상대하게 될지도 모르겠군."

다시 전화하려고 할 때 먼저 착신이 울렸다. 시노자키였다.

"구라 선배. 피해자 확정이 가능할 것 같습니다. 관계자에게 확인하러 갈 거니까 시간 되시면 다치카와대 법의학교실로 와주세요."

2

도착하고 얼마 후, 시노자키와 본청 1과 수사원의 안내를 받으며 사십대 후반으로 보이는 차분한 옷차림의 수척한 여성과 각각 오십대 후반, 이십대 중반으로 보이는 양복 차림의 남자 둘이 법의학교실 앞에 나타났다.

여성은 얼굴에 핏기가 전혀 없어 충격을 받았음이 분명해 보였다.

나이가 들어 보이는 풍채 좋은 남자는 눈과 미간의 주름살로 깊은 근심을 드러내고 있었다. 호리호리한 젊은이는 불안한 표정이지만 어딘지 남의 일처럼 대하는 분위기가 느껴진다.

구라오카와 시바가 자기소개를 하자 여성은 연방 고개를 숙이고 인사 비슷한 말을 하려고 했다.

"아뇨, 부인, 일단 확인부터 하시고."

중년 남성이 물정에 밝은 모습으로 부인을 달랬다. "판정이 끝난 게 아니니까."

안쪽에서 조수가 나타나, 이리로 들어오시죠, 라고 세 사람을 안내했다.

시노자키가 발소리를 죽여 구라오카와 시바 곁으로 다가와,

"행방불명자의 부인과 회사 동료, 그리고 부하직원입니다."

라고 귀엣말을 한다. 구라오카는 고개를 끄덕이고 시바와 함께

세 사람 뒤를 따랐다.

이소나가 교수가 사체를 덮은 흰 천을 얼굴 확인이 가능한 곳까지 조심스레 벗겼다.

세 사람이 얼굴을 들여다보고, 부인이 숨을 삼키며 왼손으로 입을 틀어막았다. 그 손가락 사이로,

"여보……."

하는 갈라진 목소리가 새어나온다. 오른손을 멈칫멈칫 뻗어 사체의 볼을 만지다가 뜻밖에 차가웠는지 한순간 몸을 바르르 떨더니 손가락을 뗐다. 다시 손바닥 전체로 사체의 볼을 사랑스러운 듯 쓸어주다가 아아, 인지 오오, 인지 모를 울음소리를 내고 눈물을 흘리며 그 자리에 무릎을 꿇었다.

"사토……."

중년 남성도 사체를 알아본 듯, "왜, 자네가……."

원통하다는 얼굴로 신음하고 손바닥으로 자기 입을 거칠게 문지른다.

젊은 남자는 잘 안 보이는지 두 사람 뒤에서 자리를 바꾸어 사체를 확인하려 애쓰고 있었다. 아직 함께한 시간이 짧아, 생전의 인상과는 많이 다를 사체 얼굴에 당혹스러운 표정을 짓고 눈만 깜빡이고 있다.

구라오카 눈에는 그 모습이 도리어 거짓이 없어 보였다.

"사토 마사타카, 쉰네 살. 인피니텍스라는 생활용품 제조 판매 회사의 인테리어 부장으로 있다고 합니다. 인터넷을 보니 타깃을

여성으로 좁힌 전기제품이나 헬스케어 상품 분야에서 착실히 매출을 늘리고 있는 우량기업이라고 나옵니다."

사체의 신원 확인이 끝나자 사정을 청취하기 전에 시노자키가 보고했다.

부인은 아직 충격이 큰 탓에 회사 동료들 이야기부터 듣기로 하고 대학 구내의 비어 있는 작은 세미나실을 빌렸다.

중년 남성은 안자이 게이사쿠, 쉰다섯 살. 피해자 사토 마사타카의 입사 동기이며 직책은 마케팅전략부분 총괄부장이다.

젊은 남성은 세키구치 다이키, 스물여섯 살. 피해자가 장으로 있는 인테리어부에서 일하고 있다. 피해자가 행방불명되자 회사 측과 부인 사이에서 연락을 맡았고, 오늘도 안자이의 지시로 부인을 수행하게 된 듯하다.

"사토 부장님이 연락도 없이 오후가 되도록 출근하지 않자 제가 우리 부서 과장님 지시로 사모님께 전화를 드렸습니다."

세키구치에 따르면 피해자가 무단결근을 한 것은 사체가 발견되기 이틀 전이었다. 그의 문의에 부인 에마는 남편이 평소처럼 제시간에 출근 준비를 마치고 집을 나섰다고 했다.

그렇다면 피해자는 자기 의지로 회사가 아닌 다른 장소로 갔거나 출근 도중에 말썽에 휘말려 그날 저녁에서 밤 시간 사이에 살해된 것으로 보인다.

"즉, 나흘 전부터 출근하지 않았다는 말이군요."

네 명 중에 형사과 경력이 가장 긴 구라오카가 질문했다.

시노자키와 야부우치 순사부장은 수첩에 메모하고 시바는 자기 방식인지 소형 태블릿을 꺼내 조용히 손가락으로 조작했다.

"방금 전 듣기로는 부인께서 경찰에 어제 저녁 행방불명 신고를 냈고, 경찰의 조회를 거친 뒤에 오늘 아침 여기 나오셨다…… 그렇다면 어제까지 시간이 빕니다만."

사체가 발견되고 얼마 지나지 않아 3기수가 피해자 신원을 조사하기 시작했다. 당연히 경찰청 데이터베이스에 등록된 행방불명자 리스트를 제일 먼저 조회했을 것이다.

"그 점에 대해서는, 회사 사정이랄까, 제 생각도 있어서."

안자이가 미안하다는 표정으로 이마를 손수건으로 훔치며 변명하듯 설명했다. "저희 업무 중에는 단골 거래처를 돌거나 시장 조사를 하는 일도 있습니다. 사토는 오래 전부터 성실하게 외근을 하면서 좋은 실적을 올려왔습니다."

"그래도 휴대폰이 연결되지 않았잖습니까? 걱정되지 않던가요?"

"네…… 하지만 성인일 경우는 신고를 해도 수색해주지 않는다고 들었기 때문에 굳이 서두르지 않아도."

물론 일반 성인이라면 자기 의지로 가출했을 가능성이 있으므로 경찰도 적극적으로 수색하지 않는다. 하지만 이번처럼 데이터베이스를 조회해 신원을 파악해 내는 경우도 있다.

"그렇다고 해도 부인께서 걱정하셨을 텐데요?"

"물론 걱정이 많아서, 경찰에 신고하는 게 좋을지 어떨지 그날

회사 측에 상의를 하셨습니다만…… 세키구치 군, 잠깐 자리 좀 비켜줄 수 있을까?"

안자이는 구라오카에게도, 괜찮겠죠? 하고 양해를 구했다. 구라오카는 승낙하고 세키구치에게 방을 나가 기다려 달라고 했다.

"실은, 사토에게는 애인이 있어서……."

안자이가 망설이다가 털어놓았다. "고인을 욕되게 할 생각은 없습니다만, 그는 여자를 밝히는 구석이 있었습니다. 아니, 독신 때는 오히려 보수적이었는데…… 결혼 후 고삐가 풀린 것처럼 외도를 거듭했습니다. 업무 실적은 좋으니까 회사에서는 문제 삼지 않았고, 사십대 시절에 젊은 여직원을 퇴사시키고 세컨드로…… 라고 하면 지저분하게 들리겠지만, 인연을 이어오고 있었던 것 같습니다. 그게 삼 년 전이었나, 망년회를 마치고 돌아가는 길에 사토와 둘이 술을 마신 적이 있는데, 무슨 얘기를 하다가 그녀와 헤어졌다는 말을 하더군요. 계속 만날 돈이 없다고 푸념하는데, 미련이 많아 보였습니다. 그래서 이번에 제일 먼저 떠오른 것이 여자 문제였습니다. 해서 부인에게는 잠시 기다려보자고 말씀해 두었지요."

"그런데 다음날도 출근하지 않고 집에도 돌아오지 않고 연락도 없었다?"

"네. 애인을 만나러 갔다가 무슨 일이 있었나 하는 불길한 상상도 들었습니다. 이를테면 관계를 회복했다가 애인 집에서 쓰러졌다든가. 실은 우리 회사의 전 회장이 그렇게 타계했거든요. 주점

을 차려준 애인 집에서…… 기업 스캔들로 먹고사는 기자나 주식
꾼이 아직도 있으니까 그 사람들 입을 틀어막느라 힘들었습니다.
그래서 그녀가 연락해주기를 기다린 겁니다. 우리 회사에서 근무
하던 여자고 내 이름 정도는 사토에게 들었을 테니까 연락해주겠
지 하고 초조한 심정으로."

"그 여자 연락처는 모르십니까?"

"모르죠. 괜히 연루돼서 말썽에 휘말리면 제 처지가 위험해질
수 있으니까요. 성희롱 같은 걸로 고소 당해서 짤린 상사도 있습
니다."

"그러나 연락은 오지 않았다. 사내 기록을 뒤져서 여자 쪽 연락
처를 알아내려고 하진 않았나요?"

"총무과에 그런 걸 물으면 의심을 사지 않겠습니까. 그만둔 지
도 칠팔 년 지났고."

피해자의 애인이던 전 직원의 이름을 전해듣고 시노자키와 야
부우치는 방을 나갔다. 회사에 연락해서 여성의 본가를 알아내면
현주소를 찾아낼 수 있을 터였다.

"그래서, 신고가 많이 늦어졌다는 겁니까."

"네. 부인은 걱정이 이만저만 아니었지만, 아마 괜찮을 겁니다,
하고 달래고 기한을 어제 오후로 정하고…… 그때까지도 연락이
없자 세키구치와 함께 부인을 모시고 경찰서로 갔던 겁니다."

그때 시바가 불쑥 조심스레 헛기침을 해서 안자이의 주의를 끌
었다.

"사토 씨가 결근하고 사흘 뒤, 즉 어제 아침부터 하치오지 시내에서 중년 남성의 사체가 발견되었다는 뉴스가 텔레비전과 인터넷에서 나가고 있었습니다. 그거, 보셨죠?"

"아, 그 뉴스, 나오더군요…… 에? 그게 사토였습니까, 정말요?"

안자이의 놀란 표정에서 거짓은 느껴지지 않았다.

"어떤 식으로 보도되었는지 기억나는 대로 말씀해 주시겠습니까."

시바가 낚싯바늘을 던진다는 것을 구라오카는 눈치 챘다.

경찰은 매스컴을 상대로, 사십대에서 육십대로 보이는 남성 사체이며, 사건과 사고의 양쪽 가능성이 다 있다고 보고 수사를 진행하고 있다고 공개했을 뿐, 피해자가 알몸이었다는 점, 양손이 뒤로 결박되어 있었다는 점, 교살로 추정된다는 점 등은 굳이 공표하지 않았다.

"어…… 하치오지에서 사체가 발견되었다고 얼핏 본 기억밖에 없네요. 사토는 네리마에 살고, 그렇게 되었으리라고는 생각도 하지 않아서…… 근데, 그게 정말 그 사람이었단 말입니까?"

"무슨 고민이 있는 것 같지는 않았나요? 인생을 비관할 만한."

시바가 낚싯밥까지 뿌렸다. 피해자의 사인은 아직 일반에 공개되지 않았다.

"네? 설마, 자살이었던 겁니까? 뉴스에서는, 아마, 그런 얘기는 없었던 것 같은데…… 사건인지 사고인지 조사 중이다, 그런 정도였던 것 같은데.”

“모든 가능성을 염두에 두고 조사하는 중입니다.”

시바가 대답하고 의자 등받이에 몸을 맡겼다. 낚싯바늘을 거둬들인 듯하다.

“그럼, 누구한테 원한을 샀다거나 금전관계나 인간관계, 업무상 거래관계 등에서 말썽에 휘말렸다든가 하는 이야기는 못 들어보셨습니까?”

구라오카가 다시 물었다. “아무리 사소한 거라도 좋으니 뭐 짚이는 게 없습니까?”

“글쎄…… 그 사람이 누구에게 원한을 샀다는 이야기는 못 들어봤고, 상의를 해본 적도 없습니다.”

자리를 비켜주었던 세키구치에게 다시 들어오라고 해서 몇 가지 질문을 더 던졌다.

세키구치는 피해자의 프라이버시에 대해서는 아는 바가 거의 없었다.

3

사토 에마, 마흔여덟. 경찰에 실종 신고를 내기까지 마음고생을 하고, 신고를 하기 무섭게 호출을 받은 사정도 있어서인지 화장기가 전혀 없고 수척했으며 눈 밑에 다크서클까지 짙었다. 작은 체구에 빼빼 말라서 비만 체질인 남편과는 대조적인 인상을 풍겼다.

졸지에 남편의 사망 소식을 들은 충격은 한 시간 정도로 진정될 리 없지만, 망자만이 아니라 유족을 대하는 데도 익숙한 법의학교수 이소나가가 눈치껏 의무실에서 쉬게 해준 것 같다. 지금은 눈물도 그치고 많이 안정된 것처럼 보였다.

"그날도 평소처럼 6시 반에 일어나 물과 우유를 한 잔씩 마시고 7시 20분에 집을 나섰습니다. 평소 조식은 그게 전부입니다. 성인병을 걱정하고 있었으니까요. 그 전날은 8시 지나서 귀가했습니다. 잔업을 하거나 회식으로 술을 마시는 날이 아니면 대개 그 시간에 돌아옵니다. 식사를 하고 목욕을 마치고 10시에는 2층 침실로 갔습니다. 자리에 누운 뒤에도 일을 하고 싶다고 해서 오래전부터 저희는 각방을 썼습니다. 평소와 다른 점은, 없었다고 할까, 특별히 제 눈에 띈 점은 없었습니다…… 저어, 그건 정말 남편일까요?"

그녀는 같은 질문을 몇 번이나 거듭했다. 사체가 남편이 아닐

가능성을 제기하는 것은 아니고, 아직 사태를 받아들이지 못하고 있는 기색이다.

신고하기까지의 과정은 앞서 안자이에게 들은 이야기와 같았다.

남편에게 여자가 있다는 사실을 부인도 알고 있는지 여부는 일단 묻지 않았다. 폭군 같은 남편이어서 아내가 복종하는 가풍이었음을 부인의 이야기 여러 대목에서 느낄 수 있었다.

부인이 남편 일에 참견하는 일은 없었고, 아침나절에 귀가하거나 연락도 없이 집에 안 들어오는 날에도 이번처럼 회사 측에서 먼저 문의하지 않는 한 부인이 회사에 연락하는 일은 없었다고 한다. 남편이 귀가하여 "잔업이 있었다"거나 "바빠서 캡슐호텔에서 잤다"고 하면 그대로 받아들였던 듯하다.

"하신 말씀은 대체로 알겠습니다. 주인主人(슈진) 남편. 일가의 가장. 혹은 고용주라는 뜻이 있음의 행방을 알 수 없게 된 날 전후 사정은 나중에 다시 여쭐 수 있으니 안사람奧さん(오쿠상) 부인. 안방을 뜻하는 오쿠노마奧の間에서 유래께는 그때 또 협조를 부탁드리기로 하고요."

구라오카가 내처 질문하려고 하는데 옆에서 시바가 가볍게 손을 쳐들어 가로막았다.

"단어 두 가지를 주의해서 구사하셔야겠군요."

시바가 구라오카에게 눈길을 향하며 말했다. "안사람, 이라는 말은 좀 그렇지 않습니까. 일일이 풀네임으로 부르기가 번거로우니까 관습에 따랐을 뿐인지는 모르지만, 사토 씨라고 하는 게 좋지 않을까요? 그리고, 주인이라는 말은 실례입니다."

구라오카는 미간을 찡그리며 상대를 노려보았다. 이런 상황에서 무슨 엉뚱한 소리인가.

"여성이 배우자를 타인 앞에서 우리 주인은, 이라고 말하는 것은 좋지 않은 관례라는 걸 자각해야 한다는 입장이긴 하지만……그걸 남이 지적하는 것도 이상하죠."

"자네, 갑자기 무슨 소리를 하는 거야."

"하지만 타인이 여성의 배우자를, 주인, 이라고 부르는 것은 모욕이 됩니다. 그 여성은 배우자의 노예도 아니고 심부름꾼도 아닙니다. 그 사람의 주인主人은 자기 자신이니까요."

구라오카는 분노를 넘어 어처구니가 없어서 얼른 대꾸도 못하고 있었다.

"단나상ㅌ那さん 남편. 상점 주인에서 유래된 말, 이라는 호칭도 여성을 밑으로 보는 말투이므로 적어도 남이 쓸 말은 아니라고 봅니다. 옷토夫 남편가 적당하지 않을까요?"

시바는 지론을 늘어놓고는, 그럼 계속 말씀하시죠, 라며 구라오카에게 손짓하더니 시선을 앞으로 돌렸다.

구라오카는 지금 장난하냐고 소리치고 싶었지만, 동시에 아내의 재취업을 놓고 아내와 언쟁하던 기억을 떠올렸다. 아야노가 "내 인생이에요"라고 말했을 때——그녀의 인생을 결정하는 사람은 남편인 자신이 아니라 어디까지나 그녀 자신이라는 것을 새삼 깨닫고 작은 충격을 받았다.

방금 시바가 한 말도 일리가 있다는 생각이 들었다. 그래서 또 부아가 치밀었지만 구라오카는 가까스로 감정을 억누른 채,

"……사토 씨."

하고 피해자 부인을 불렀다. "당신의, 그, 남편(옷토)의, 인간관계에 대해서, 아시는 것만이라도 좋으니 자세한 말씀을 들을 필요가 있습니다. 다만, 그 전에, 단도직입적으로 묻겠습니다. 당신의 남편이 누군가에게 원한을 산 일은 없습니까?"

표정다운 표정 없이 멍하던 얼굴이 문득 공포로 팽팽해지는 듯 보였다.

"짚이는 게 있군요?"

구라오카의 물음에 에마는 어떻게든 대답을 하려 했지만, 어, 아, 하는 의미 없는 소리만 내다가 결국 고개를 숙여버렸다.

"솔직하게, 전부 말씀해주세요. 당신 남편은 누구에게 원한을 샀던 겁니까? 무슨 일로 원한을 샀을까요. 알고 계시죠?"

그녀는 고개를 숙인 채 가냘픈 어깨를 떨었다. 진실로 통하는 문이 당장이라도 열릴 것처럼 삐걱거리지만 아직 빗장 하나가 빠지지 않는 듯 대답이 돌아오지 않았다.

구라오카는 그런 빗장을 빼는 일에 능숙하다. 한 시간, 두 시간, 그래도 안 되면 밤새, 이튿날 아침까지 계속 물으며 기다릴 때도 있다.

하지만 그건 피의자를 특정하거나 체포한 뒤에나 할 수 있는 일이고──남편의 죽음을 막 알게 된 부인을 몰아세우듯 질문을

거듭할 생각은 없었다. 잠시 기다리는데,

"사토 씨."

하고 시바가 입을 열었다. "조만간 아시게 될 일이니까 전해드리죠. 남편 마사타카 씨는 테이프로 두 손이 묶인 상태로 사망하여 인적 없는 풀밭에 유기되어 있었습니다."

이봐, 어디까지 밝힐 셈이야. 구라오카는 시바에게 매서운 눈길을 던졌다.

"이런 사실을 전해드리기가 매우 고통스럽습니다만, 살인이라는 것은 일단 틀림없습니다."

시바가 냉정한 목소리로 계속했다. "한시라도 빨리 범인을 체포해서 마사타카 씨의 원한을 풀어드리고 싶습니다. 살해 수법에서나 유기 방식에서나 범인의 깊은 원한이 느껴집니다. 혹시 짚이는 일이 있다면 어떤 거라도 좋으니 말씀해주십시오."

에마는 눈길을 들지 않은 채, 두 손이 묶인 상태니 유기니 하는 단어 하나하나마다 체내에 전기가 통한 것처럼 반응하고 살인이라는 말에는 더욱 뚜렷하게 반응했다. 입이 벌어지고 입술이 바르르 떨리지만 목소리는 여전히 나오지 않는다.

구라오카는 시바의 시선을 느꼈다. 더 밝혀도 좋을지 어떨지를 구라오카에게 묻는 듯하다.

"사토 씨."

이번에는 구라오카가 물었다. 이 자리의 책임은 최연장자인 자신이 져야 할 터였다.

"사체에 범인이 남긴 메시지가 있었습니다."

잠깐 틈을 두었다가 에마가 얼굴을 들었다. 무슨 말이냐는 듯 미간을 찡그린다.

"범인은, 당신 남편을 죽인 동기를, 이렇게 고했더군요……."

밝혀야 할지 말지 망설였지만 사실을 전달하지 않고서는 적어도 이 자리에서는 문이 열릴 것 같지 않았다. 피해자 신원을 몰랐기 때문에 초동수사가 늦어졌다. 이제 속도를 올리고 싶었다.

"눈에는 눈…… 범인의 메시지는, 눈에는 눈, 입니다."

에마가 휘적휘적 일어섰다. 절망적인 표정으로 고개를 맥없이 도리질하고,

"……신토."

라고 신음하듯 중얼거리고는 그대로 바닥으로 무너져 내렸다.

4

"여하튼 부정하시는 겁니다."

다테하나 미우 순사는 피해자 소녀와 부모에게 고했다. 소녀의 집에서 거실 테이블을 가운데 두고 마주 배치된 의자에 앉아 있다.

피의자는 모두 체포했다. PC나 스마트폰, DVD, USB메모리, SD카드 등의 증거물도 남김없이 압수했다. 앞으로 피해자 영상이 일반에 공개되는 일은 없으리라고 생각된다. 생각된다고 말한 까닭은 이미 인터넷에 뿌려진 사진이나 동영상은 사실상 회수가 불가능하기 때문이다.

소녀와 부모는 범인 체포와 증거물 압수에 안도하면서도 협박당해 촬영한 사진과 동영상이 인터넷에 돌아다닐까 두려워했다.

"내가 아니라고 딱 잡아떼세요. 우리 생활안전과에서는 이런 사건에서 장기간에 걸친 피해를 우려하는 피해자분들에게 그렇게 권하고 있습니다."

이것은 과장 요다가 유사한 사건의 피해자, 혹은 스마트폰으로 성적 동영상을 촬영당하고 협박당하는 상담자에게 강력히 권하는 대처법이다.

"얼굴이 닮은 사람은 얼마든지 있습니다. 페이크 영상도 쉽게 만들 수 있고요. 대체로 그런 영상을 보고 물어보는 상대에게도 켕키는 구석이 있는 거 아닙니까. 다른 사람이거나 페이크 영상이라고 완전히 부정하고 상대하지 않는 겁니다. 실제로 당신의 뜻에 반한 영상이라면 그것은 당신이 아닌 겁니다."

단호하게 말하는 다테하나의 조언에 소녀의 얼굴에 조금이나마 안심하는 표정이 떠올랐다.

경찰서 내부에서는 그렇게까지 구체적으로 조언해도 좋은가――특히 거짓말을 하라고 권하는 부분을 문제시하는 사람도 있다. 하지만 요다는 시민의 안전을 지키고 안심할 수 있게 만드는 것은 중요한 직무라며 물러서지 않았고, 자신이 책임질 테니 부하에게 지시대로 따르라고 요구했다.

한데 이번에는 방금 조언한 내용과 명백히 배치되는 부탁을 할 필요가 있었다.

"그래서 말인데요, 오늘은 특별히 중요한 부탁이 있습니다."

다테하나는 방금까지와는 달리 전혀 확신하지 못하는 투로 말했다. "곧 열릴 재판 말입니다만…… 따님께서, 출정해서, 진실을 증언해주셨으면 합니다."

뭐가 뭔지 아직 모르는 소녀와 부모에게 비열한 범죄자를 정당하게 처벌하기 위하여 재판에 검찰 측 증인으로 나와 달라는 것이다. 그때는 변호인 측에서도 증인을 상대로 질문할 가능성이 있음을 아울러 이야기했다.

소녀의 얼굴이 이내 창백해지고 울음을 터뜨릴 것처럼 일그러졌다.

"……그건, 무리예요, 못해요, 사람들 앞에서 말하라니…… 죽는 게 낫지."

"그게 무슨 소리니, 죽다니!"

모친이 비명을 지르듯 꾸짖고 소녀의 어깨를 꼭 안아주었다.

"그건…… 의무인가요?"

소녀의 부친이 물었다.

"아뇨, 결코 의무는 아닙니다."

다테하나는 요란하다 싶을 만큼 손을 내두르며, "다만 범인들을 처벌하려면 재판에서 죄를 입증할 필요가 있습니다. 그러자면 따님이 속은 것이고, 본인과 가족들 생명의 위험까지 느꼈다고 증언해서 판사에게 사실임을 인정받는 것이 중요하니까요."

"그러니까 제가 이미 말했잖아요."

소녀는 애가 탄다는 얼굴로 소리쳤다. "입시 관련 설문조사라는 메일이었어요. 답신을 해주면 좋아하는 아이돌 스냅사진을 주고 추첨을 통해 라이브 초대권도 준다고 했어요. 그래서 연락처와 학교 이름도 알려주고, 등록에 필요하다고 해서 얼굴사진도 보냈는데…… 다른 사람의 야한 사진에 내 얼굴을 붙여서 인터넷에 뿌리겠다는 둥 학교나 집 앞에서 배포하겠다는 둥 점점 협박이 심해지더니 집에도 불을 지르겠다고 하니까……."

"그걸, 재판에서 증언해주었으면 하는 겁니다."

"이미 몇 번이나 말했잖아요. 부끄러운데도 몇 번이나. 왜 그걸로는 안 된다는 거죠?"

"상대방도 주장하고 있어요. 피해자가 먼저 돈 욕심에 나이를 속이고 신청했던 거라고."

"당연히 거짓말이잖아요. 그 정도도 모를 만큼 경찰이 바보란 말예요?"

소녀가 주먹으로 테이블을 쳤다. 모친이 재빨리 양손으로 딸의 주먹을 감쌌다.

"그놈들이 거짓말하고 있다는 건 잘 압니다."

다테하나는 끈기 있게 설득했다. "다만 재판에서는 쌍방의 주장이 서류로 제출될 뿐 아니라 피고인도 증언대에 섭니다. 그들은 자기한테 유리하게 증언하겠죠. 물론 판사들도 그들이 거짓말을 한다는 것은 알고 있지만…… 피해를 당한 본인이 눈앞에서 증언하는 이야기는 역시 설득력이 있으니까요."

"하지만 이 아이한테 그렇게 공개된 자리에서…… 범인도 바로 옆에 있을 거잖아요?"

모친이 딸의 손을 쓸어주며 묻는다.

"재판에서는 증인을 파티션으로 가려주거나 비디오링크 방식이라고 해서 다른 방을 모니터로 비춰주는 식으로 피고나 방청객들이 증인의 모습을 볼 수 없도록 배려해 달라고 요구할 수 있습니다."

"그래도 이름은, 나오는 거죠?"

부친이 물었다. "공개된 자리에서 이름을 밝히는 겁니까?"

"미성년이니까 그 점도 조치할 수 있습니다. 제가 담당했던 치한 피해를 당한 고등학생 사례에서는 증언석을 파티션으로 가리고 법정에서는 A씨라고 불렀습니다."

바로 승낙하긴 무리지만 시간을 두고 생각해 보면 어떨까, 하는 망설임의 시간이 가족 간에 흘렀다.

다테하나도 결론을 재촉하기보다 냉정하게 생각하도록 놔두는 편이 좋겠다고 판단했다.

그때 다테하나 옆에 앉아 있던 가와베 쇼 순사가 깊은 한숨을 지었다. 다테하나는 가와베에게, 오늘은 자신이 이야기할 테니까 당신은 가만히 지켜만 보라고 부탁해 두었다. 그래서 가와베는 처음 인사할 때만 입을 열었고 그 뒤로는 내내 잠자코 옆에 앉아 있었다.

"고민할 필요도 없는 문제 같습니다만."

왜 그걸 모를까, 하는 마음의 소리가 묻어나는 말투였다. "놈들은 진짜 악마예요. 피해자가 자진해서 알몸이 되었다, 우리는 용돈벌이를 도와주는 자원봉사자였을 뿐이다, 라고 시치미를 딱 떼고 있어요. 형무소에 장기간 처박아두지 않으면 틀림없이 또 비슷한 범죄를 저지를 겁니다. 집행유예를 받거나 만에 하나 아무 처벌도 받지 않고 풀려나면 여러분을 우습게보고 또 따님을 꼬드길지 모릅니다."

다테하나는 깜짝 놀랐다. 가족들도 눈을 휘둥그레 뜨고 표정이 굳어버렸다.

"잠깐, 가와베 씨, 지금 무슨 소리 하는 겁니까."

"아뇨, 그러니까요."

가와베가 상체를 내밀며, "저희는 따님을 지켜드리고 싶은 겁니다. 그 나쁜 놈들을 형무소에 집어넣고 확실하게 갱생시키자는 거죠. 따님도 아이돌 사진이나 라이브 티켓에 욕심을 낸데다 부모나 경찰에 상의해보지도 않고 부끄러운 동영상까지 보내준 잘못이 있었잖아요. 이제 반성하고 새롭게 출발할 계기를 위해서라도 용기를 내자는 거죠. 그런 동영상을 보낸 걸 생각하면 재판관 앞에서 증언하는 것쯤이야."

소녀의 비명이 가와베의 말을 막아버렸다. 소녀는 의자를 자빠뜨릴 기세로 벌떡 일어나더니 거실을 뛰쳐나가 2층으로 뛰어 올라갔다. 모친이 딸 이름을 부르며 쫓아간다.

부친도 뒤를 쫓아 계단으로 가려다가 이쪽을 매섭게 노려보았다.

경찰서로 돌아오는 동안에도, 돌아와서 과장에게 보고할 때도 가와베는 자기한테는 아무 잘못도 없다고 주장했다.

"틀린 말 한 게 없잖아요. 재판에서 증언해달라고 방문했지 기분 맞춰주려고 간 건 아니니까."

생활안전과 직원은 대부분 외근 중이어서, 다테하나와 가와베가 요다 과장의 데스크 앞에 서서 설명하고 있을 때 사무실에는 조금 떨어진 데스크에 베테랑 도나미 미쓰쿠니 순사부장과 주로 전화 응대를 담당하는 이타쿠라 준코 순사밖에 없었다.

"기분 맞춰주는 건 둘째 치고 상대를 화나게 하면 실패한 거잖아. 부친이 엄청 화가 났던데."

도나미가 쓴웃음이 묻어나는 목소리로 뒤에서 말했다. "안 그래. 준 짱?"

"네. 서장 바꿔라, 언론사에 제보하겠다, 그러던걸요."

이타쿠라가 곤혹스러운 목소리로 대답했다. "과장님이 잘 대응해주셨지만요."

다테하나와 가와베가 서로 돌아왔을 때는 이미 피해자 부친으로부터 항의 전화가 와 있었다.

"우리는 아주 상식적인 말밖에 하지 않았습니다. 저쪽 부모가 과보호했던 거지, 안 그래, 다테하나?"

가와베가 옆에 있는 그녀를 쳐다보았다. "어수룩하게 속아 넘어간 것은 반성하지 않고 누굴 비난하는 거야."

"그만 좀 하세요!"

다테하나가 상대방 말을 잘랐다. "그 아이는 반성하고 있어요. 과하다 싶을 만큼 자책하고 있습니다. 그런데 가와베 순사가 그런 식으로 말하니 더 크게 상처받는 게 당연하잖아요."

"에? 지금 나한테 책임을 넘기는 거야? 이거 너무 심한 거 아냐?"

가와베가 진심으로 당황한 표정을 지으며 말했다. "여자아이니까 자기가 상대하는 편이 낫겠다고 해서 맡겼는데 전혀 진척이 없고 이대로는 증언대에 세우기 어려울 것 같으니까 내가 나서서 말한 거잖아."

"제가 부족했다는 건 인정해요. 하지만 같은 말을 하더라도 아 다르고 어 다르잖아요."

다테하나가 답답했는지 "아아, 왜 그걸 모르지" 하며 단발머리 를 마구 긁어댔다.

그때 짝짝, 손뼉을 치는 소리가 들렸다.

"자, 그만. 상황은 알겠습니다. 그 건은 이쪽에서 담당하죠."

요다가 냉정한 말투로 끼어들었다. "가와베 순사는 보고서를 제출한 뒤 성폭력 및 성희롱 피해자를 상대로 사정청취하는 요 령, 증언을 요청할 때 주의할 사항을 정리한 DVD…… 어디에 있 는지 알죠? 두 번 보고 리포트 제출할 것."

"에? 두 번이나요?"

"왜, 부족해요?"

"아, 아뇨, 알겠습니다."

"다테하나 순사도 마찬가지. 이상."

요다가 의자에서 일어서며 덧붙였다. "부서장님도 알고 있으니 지금 보고하고 오겠습니다."

"수사본부가 설치되어 있는 판에 쓸데없는 일로 말썽을 일으켰 다고 저기압이 되어 있거든요."

도나미가 비아냥거리듯 말했다.

요다는 거기에 반응하지 않고 이타쿠라 순사에게 자리를 지키 고 있으라 부탁한 후에 사무실을 나갔다.

얼른 요다를 따라나간 다테하나가 복도 중간에서 요다를 불러 세웠다.

"과장님. 그게 전부입니까? DVD 시청하고 리포트 쓰는 걸로 끝내는 겁니까?"

요다가 돌아보며 가만히 다테하나를 쳐다보았다.

"무슨 문제라도 있나요?"

"가와베 순사는 피해자에게 상처를 준 책임을 져야 합니다. 부서장님도 화가 나 있다고 하잖아요. 그렇다면 좀 더 무거운 처분이 필요하지 않나요?"

"부서장은 가와베 군이 아니라 민원 전화를 건 피해자 부친에게 화가 난 거야."

"네……?"

"기꺼이 증언해도 모자랄 판에 경찰관 말꼬리 잡아 경찰서에 함부로 민원전화나 한다고."

다테하나는 할 말을 잃고 요다를 멍하니 쳐다보았다.

"당신은, 가와베 군의 표현 방식을 비난하고 있지만…… 더 근본적인 문제가 있어요."

요다가 의미심장하게 한 마디 하고 복도를 걸어가려고 한다.

"저어, 피의자들은……."

다테하나는 간절한 심정으로 물었다. "불기소로 끝날 수도 있을까요?"

요다는 돌아보지도 않고 답했다.

"아동포르노는 소지만으로도 범죄예요. 공무집행방해도 있었으니 틀림없이 유죄 판결로 보고 검찰은 기소하겠죠. 다만 집행유예로 끝날 가능성은 배제할 수 없어요. 그러니까 최대한 증거와 증언을 보강하려고 노력하는 겁니다."

"하지만 만약 집행유예가 언도되면…… 그야말로 구라오카 경부보가 말한 것처럼."

다테하나가 저도 모르게 낮은 소리로 말하자,

"구라오카 경부보?"

요다가 뒤를 돌아보았다. "그 사람이 뭐라고 하던가요?"

아, 하고 다테하나가 놀라며,

"아무것도 아닙니다. 착각했어요. 죄송합니다, 바쁘신데."

고개를 숙인 채 옆에 있는 화장실로 얼른 뛰어 들어갔다. 안에는 아무도 없었다. 요다도 따라 들어오지 않는다.

다테하나는 숨을 깊이 들이쉬고 거울 앞에 서서 아버지를 닮은 짙은 눈썹을 얄밉게 쳐다보았다.

구라오카 경부보는 출동 차량 안에서 요다와 이야기할 때 그렇게 말했다.

그런 쓰레기들은 철저히 때려잡지 않으면 틀림없이 또 범죄를 저지른다. 내가 부모라면 살려두지 않겠다.

그렇다…… 다테하나는 거울을 향해 혼잣말을 했다.

"살려둘 수 없지."

5

사토 에마는 다치카와대학 의무실로 실려 간 뒤, 담당의사의 진단을 받고 다치카와대학병원의 계열 병원에 이송되었다. 맥박이나 혈압에는 문제가 없는데도 의식이 돌아오지 않아 뇌에 이상이 생겼을 가능성을 보고 CT촬영을 하기 위해서였다.

그녀가 의식을 잃기 전에 중얼거린 '신토'란 무슨 말일까. 이송되는 동안 구라오카와 시바는 피해자의 회사 동료에게 다시 이야기를 들었다.

"사토 에마 씨가 혼절하기 전에 했던 말인데 뭐 짚이는 게 없습니까?"

구라오카의 질문에 두 사람은 금방 대답하지 않고 깊이 생각하는 모습이었다.

"동네 이름이거나 사람 이름일 수도 있습니다."

시바가 재차 물었다. "새로운 섬의 신토新島일 수도 있고 사람 이름으로 쓰는 신토眞藤……"

아, 하고 피해자의 입사 동기인 안자이가 입을 열었다.

"그러고 보니 생각났습니다. 아마 아들 이름이 신토였던 걸로…… 나아갈 진進에 사람 인人 자였죠. 한자 자체는 흔한 이름이지만 읽는 법이 신선해서 기억에 남아 있습니다."

그는 즉시 회사 총무부장에게 전화를 걸었다. 회사에서도 동료의 죽음을 방금 전해들은 듯했다. 경찰이 묻는 거니까 특별히, 라며 개인정보를 뒤져서 구라오카 일행에게 알려주었다.

피해자 사토 마사타카와 처 에마의 아들 신토. 외아들이며 현재 스물둘. 학생이라고 하지만 어느 학교인지…… 부모와 동거하는지 따로 방을 얻어서 생활하는지…… 직원의 신고에 기초한 정보여서 확신할 수는 없었다.

다만 안자이는 피해자에게 아들이 대학에 합격했다는 이야기를 들은 적이 있다고 했다. 가나가와의 유명한 공립대학에 입학했다고 자랑스러워했다는 것이다. 그런데,

"언제부턴가 아들 이야기를 통 하지 않더군요. 얼마 전 대학에 합격했다는 아들은 요즘 어떻게, 하고 슬쩍 물을라치면 어김없이 다른 화제로 돌렸습니다. 무슨 일이 있나 해서 아들 이야기는 꺼내지 않게 되었죠."

구라오카는 수사본부에 상황을 보고하고 에마가 실려 간 병원으로 시바와 함께 향했다. 본부에서는 젊은 수사원 두 명을 병원에 파견하여 지원했다.

에마는 곧 의식을 찾았다. 하지만 초점을 잃은 눈빛은 멍하고 말도 없었다. CT검사 결과 뇌에는 이상이 보이지 않지만 담당의는 MRI검사를 놓고 전문의와 상의할 테니까 잠시 안정을 취하게 하고 면담도 삼갔으면 좋겠다고 했다.

"눈에는 눈이라는 말을 듣고 모친이 아들 이름을 말했다면……."

담당의 이야기를 들은 뒤 구라오카는 병원 복도에서 중얼거렸다. "아들이, 이번 사건에 관여되었을 가능성도 있겠군."

"그 정도가 아니라 직접 실행했을 가능성이 있어요."

시바가 거침없이 말하자 구라오카가 그를 돌아보았다.

"무슨 소리야, 자네."

저도 모르게 목소리가 거칠어져서 구라오카는 제풀에 주위를 둘러보았다. 지나가던 간호사가 잠깐 이쪽을 보았지만 이내 얼굴을 돌리고 지나갔다. 지원 나온 수사원 두 명은 조금 떨어진 곳에서 통화 중이었다.

"자기가 무슨 말을 하는지 알고 있나? 아들이, 아버지에게, 그런 짓을…… 했다는 거야?"

"강간 말입니까? 가능성을 지워버릴 이유는 없겠죠?"

"돌았나? 평범한 가족에게는 있을 수 없는 이야기잖아. 자네, 대체 어떤 가정에서 자란 거야?"

"아버지는 중학교 사회과 교사였고 지금은 교감선생님입니다. 어머니도 교사 출신이고 지금은 동네 부인회에서 자원봉사 활동을 하고 있어요. 누나가 하나 있고, 결혼해서 세 살배기 아이가 하나."

"시끄러. 갑자기 무슨 엉뚱한 소리야."

"특수하고, 비뚤어지고, 매우 흔해빠진 집안입니다. 구라오카 씨도 마찬가지잖아요."

"뭐라고?"

"평범한 가족이란 존재하지 않습니다. 사람은 모두 다릅니다. 가족도 모두 다른 게 당연하죠. 구라오카 씨 가족은 교과서에 나올 만한 가족상과 완전히 같다는 말이라도 하고 싶은 겁니까?"

한순간 자기 집이 생각나서 구라오카는 말문이 막혔다.

"아들이 공범이라면, 어떨까요. 교살과 강간은 다른 자의 범행이고, 아들은 안내와 사체 유기만 맡았다면?"

그렇다면 이해하지 못할 정도는 아니다…… 라고 생각하고 마는 자신이 한심하게 느껴졌다.

"시끄러, 억측으로 말하지 마."

구라오카는 오른손 주먹으로 왼손 손바닥을 치며 말했다. "그렇지. 가만히 있으니까 쓸데없는 생각이 고개를 드는 거다. 부인이 진술할 수 있게 될 때까지 피해자 집을 살펴보고 와야겠어. 자네는, 원하면 여기 있든지."

"아뇨. 저도 그걸 제안하려고 했거든요." 시바가 희미한 미소를 지었다. "따라다니며 공부 좀 하겠습니다."

"……놀리는 건가?"

"그럴지도요."

악을 쓰는 대신 "어이!" 하고 신참 수사원 두 명을 불러 피해자 자택을 살펴보고 오겠다고 고했다.

주소는 회사 동료들에게 받아 두었다. 만약 자신들이 돌아오기 전에 에마가 진술할 만큼 회복되면 서두르지 말고 차분히 아들에 대하여 물어보라고 지시했다.

네리마 구의 조용한 주택가에 있는 집이었다.

피해자의 주거 환경과 평소의 행동반경을 파악하기 위해 굳이 전차를 타고 역에서 내려 걸어갔다.

햇살이 따갑고 습도도 높아졌는지 후덥지근하다. 땀이 많은 구라오카는 재킷을 벗고 셔츠 소매도 걷어붙였다. 시바는 얇은 소재라지만 재킷을 그대로 입고서도 그다지 땀을 흘리지 않는다.

안 맞는다니까, 하고 구라오카는 입안에서 중얼거리고, 대로의 두 번째 뒷골목으로 들어가 한낮에도 통행인이 적은 길이나 건물 등을 머리에 집어넣으며 사토 가에 도착했다.

담을 두른 2층집으로 지붕이 있는 차고에는 회색 중형차 한 대가 서 있었다. 남쪽에 작은 정원이 있고 나란히 놓인 잘 정리된 플랜터에는 계절꽃이 피어 있다.

검증과 가택 수색을 위해 집을 조사한 경험이 많아서 그 집의 구조도 대강 알 수 있었다. 1층에는 널찍한 거실, 주방, 욕실과 화장실, 부인이 침실로 쓰는 6첩쯤 되는 다다미 방. 2층에는 방 두 개. 그중 하나가 피해자의 작업실 겸 침실일 테고 다른 하나는 자녀방……

정원을 향한 창은 레이스 커튼을 쳐서 햇빛이 부드럽게 실내로 들어왔다. 2층 창에는 두꺼운 커튼이 쳐져 있다. 에마는 연락을 받고 급히 집을 나섰기 때문에 2층 커튼을 열어둘 여유가 없었던 걸까? 아니면 저 창 너머는 아들 방이고 지금도 안에 있는 걸까.

따라다니며 공부 좀 하겠습니다, 라고 했으니, 시바 군, 이 집의 구조와 2층 창에 쳐둔 커튼의 의미를 말해봐, 라고 속으로 중얼거리며 구라오카가 돌아다보았다.

"실례합니다."

시바가 옆집의 인터폰 카메라에 경찰수첩을 대보이며 말했다. "경찰입니다만, 잠시 말씀 좀 여쭙겠습니다. 오래 걸리진 않을 겁니다."

어딜 건방지게, 나를 제쳐놓고…… 구라오카가 노려보자 시바가 이쪽을 돌아보았다. 눈이 웃고 있다. 시간 절약 하려는 거죠, 라고 대답할 게 뻔해서 구라오카는 잠자코 외면했다.

곧 이웃집 주부로 보이는 육십대 후반 여성이 근심어린 얼굴로 나타났다.

"옆집 사토 씨 댁에 대해서 잠깐 여쭙고 싶은 게 있어서요."

시바가 정중하게 물었다. "가족 구성이 호주 마사타카 씨, 부인 에마 씨, 아드님 신토 씨, 이렇게 세 분이 맞습니까? 그밖에 함께 사시는 분은 없습니까?"

"네. 주인主人 어머님이 가나가와에 사신다고 하던데, 여기에는."

"그럼, 아드님도 이 집에 사나요?"

"고등학생 때까지는요. 가나가와에 있는 대학에 들어간 뒤로는 할머니 집에 하숙한다고 했어요. 그런데 무슨 사정인지는 몰라도 이삼 년 전에 다시 이 집으로 돌아왔는지 가끔 모습이 보이곤 했는데…… 얼마 후 또 보이지 않더군요. 그래도 매달 한두 번은 얼굴을 비치는 것 같아요. 목소리가 들렸거든요."

"무슨 사정인지 물어보셨습니까? 뭐 사소한 거라도 괜찮습니다."

시바의 물음이 이어진다. 아들이 현재 집에 없을 가능성이 높아지자 구라오카는 조금 맥이 빠져서 주변을 둘러보았다.

아무도 보이지 않는 조용한 오후…… 라고 생각하는데 50미터쯤 저쪽의 모퉁이를 돌아 이쪽으로 천천히 걸어오는 사람이 보였다.

청바지에 까만 티셔츠. 호리호리하고 다리가 길다. 조금 구부정한 자세로 스마트폰을 들여다보며 걸어온다.

걸어 다니며 스마트폰 들여다보지 말라고 부모가 가르치지도 않는지, 이봐, 위험하잖아, 고개 들어…… 구라오카가 그렇게 생각하며 날카롭게 쳐다보고 있자 문득 상대방이 고개를 들었다.

앞머리가 눈앞을 가릴 정도로 내려와 있다. 삼십대 초반쯤 되었을까. 이쪽을 알아보고 걸음을 멈춘다. 사토 가와 옆집 앞에 서 있는 구라오카 일행이 누구인지 짐작하는 듯한 모습이다. 왠지 긴장이 느껴져서,

"시바."

하고 소리 죽여 불렀다. 시바가 알아듣고 길 저쪽을 돌아다보는 기척이 느껴졌다.

그 순간 젊은이가 등을 돌렸다. 구라오카는 그쪽으로 걸음을

옮겼다.

시바가 젊은이를 가리키며,

"저 사람, 혹시 아는 사람입니까?"

라고 옆집 주부에게 묻자,

"네, 거리가 멀긴 하지만 아마 그 사람일 거예요…… 아드님 신토 군."

이라고 대답하는 목소리가 들려와 구라오카는 걷는 속도를 높였다.

"어이, 거기, 잠깐 기다려요. 거기 기다려요, 기다리라고!"

상대방은 몸이 가볍고 걸음이 빠르다. 구라오카는 81킬로 이하급을 꽉 채운 체구라 단거리 달리기에 약하다.

상대방이 모퉁이를 왼쪽으로 돌았다. 대로로 나갈 셈인가. 대로를 피하려면 곧장 가다가 오른쪽으로 꺾어지는 게 빠르다.

"시바, 역 쪽으로 앞질러 가 있어!"

왼쪽으로 꺾어진 상대방을 추적할 작정을 하고 지시를 내린다. 대답소리가 없다. 발소리도 들리지 않는다. 얼핏 보니 옆에 아무도 없어서 돌아다보았다. 시바는 여전히 그 자리에 머물러 있다.

정신 나갔나? 뭐하고 있어! 속으로 호통을 치며 모퉁이를 돌았다.

까만 티셔츠가 다음 모퉁이에서 오른쪽으로 꺾어지는 순간을 포착했다. 거리가 많이 벌어져 있다. 나름대로 열심히 걸음을 재촉했다.

다시 오른쪽으로 돈다. 길에는 통행인이 없다. 앞쪽 대로로 차량들이 달리고 있다.

젠장, 왜 도망치지? 무슨 짓을 저지른 거야, 네 아빠잖아······ 너를 자랑스러워하는 아빠잖아.

대로로 나서기 직전에 노선버스가 가로지른다. 대로로 나와 좌우를 살펴보았다. 왼쪽 멀리 버스정류장이 보인다. 기다리는 사람은 없고 버스에서 막 내린 듯한 사람들이 흩어지고 있었다. 방금 지나간 버스를 돌아보았다. 전방 신호등이 초록색이어서 속도를 올리며 달려간다.

아니, 버스를 탔다고 장담할 수는 없다. 계속 뛰며 주위를 살펴보았다. 어디에도 놈이 보이지 않는다. 아까 그 버스에서 내린 것으로 짐작되는 사람들을 붙잡고 물어보았다. 다들 고개를 가로젓는다.

휴대전화가 착신을 알렸다. 형사과장 마키메였다. 거친 숨을 고를 새도 없이 전화를 받았다.

"네, 구라오카입······."

"왜 그래, 구라 씨, 무슨 일 있는 거야?"

"아뇨, 아무것도. 그보다 피해자 부인의 진술은 들었습니까?"

"아니, 그쪽이 아니라 아들 쪽이 문제야, 사토 신토. 조사해 보니 전과가 있어. 정확하게는 집행유예 상태니까 전과라고 하기는 힘들지만."

"······무슨 사고를 쳤는데요?"

"준강간."

"네? 그게……."

"집단강간이야. 대학생 네 명이 여대생 한 명을 노래방에서 술을 먹이고 폭행했어. 사토 신토는 그 네 명 가운데 하나로 체포된 적이 있네."

눈에는 눈……. 구라오카의 뇌리에 피해자 체내에서 나온 종이 쪽지가 하얗게 하늘거렸다.

3
장

망가진 가족

1

"……여보세요."

"여어."

"……예. 오래간만입니다."

"저녁뉴스 봤네. 그쪽 관내에서 발견된 사체의 신원이 밝혀졌다고?"

"아, 예. 오늘 오전에야 겨우."

"어떤 상태야?"

"어떤 상태라면……."

"수사본부 설치하고 수사할 방침이라고 보도되던데. 아마 살인일 테고, 아직 용의자를 특정하지 못했겠지. 어떤 식으로 살해된거지?"

"아…… 그건 왜 물으시죠?"

"좀 아는 사이야. 피해자랑. 조문하러 가야 하는데 혹시 실례되는 말을 할까봐…… 강도인지 원한인지. 원한이라면 뭔가 물증이남아 있었는지."

"……뭐, 아시는 게 있습니까?"

"응? 질문은 내가 하고 있잖아. 까다롭게 굴긴."

"죄송합니다."

"섭섭하게 왜 이래. 잘 들어. 내가 궁금한 것은, 혹시 고인의 아들이 연루된 집단강간 사건과 관련이 있느냐는 거야."

2

피해자 신원이 밝혀진 날 저녁 8시, 하치오지 남서에서 기자회견이 열리고 사체의 신원이 밝혀졌다는 사실 등이 발표되었다. 방송국마다 오후 10시 이후 뉴스에서, 인터넷뉴스는 조금 더 이르게, 각 신문은 다음날 조간으로 보도했다. 다만 인터넷에서나 신문에서나 아주 작게 다루어졌다.

첫 사건 보도가 실린 조간이 하치오지 남서에 배달된 아침, 이곳 대회의실에서 수사본부 회의가 열렸다.

"세세한 점은 나중에 문서로 읽기로 하고, 지금은 요점만 간략히 하게."

고구레 관리관이 담당 수사원에게 지시했다.

자리에서 일어나 보고하던 수사 1과 와키타, 그리고 하치오지 남서의 베테랑 호리가, 예, 하고 대답하고,

"그 범행은 삼 년 전 일입니다."

와키타가 태블릿을 보며 설명했다.

태블릿에 표시된 내용은 각 수사원들에게 인쇄물로 배포되어 있다. 사토 신토가 포함된 네 명 모두가 가나가와의 유명 공립대학 2학년이었다.

"당시 사토 신토는 열아홉 살, 체포 후 언론에 이름은 공개되지 않았습니다. 주범격인 요네다 도시후미, 당시 스무 살, 실명이 보

도되었습니다. 구스모토 게이타로, 역시 스무 살이며 실명이 보도되었고, 요시카와 다쿠미, 열아홉 살, 실명이 보도되지 않았습니다. 네 명 모두 성적은 고만고만하고 요네다와 구스모토가 결성한 FFB라는 서클에서 활발하게 활동했습니다."

"좋아, 그런 건 건너뛰고."

관리관의 말에 와키타가 황송한 표정으로 태블릿을 스크롤한다.

"⋯⋯파나티컬 페스티벌 부스터?"

구라오카가 서류에 적힌 FFB라는 서클의 정식 명칭을 읽으며 중얼거렸다.

"열광적 축제 응원단이란 건가, 번역하자면."

옆에 앉은 시바가 중얼거렸다. "공부 쪽 머리는 아니었다는 거겠죠."

구라오카가 혀를 차며 말했다.

"시끄러. 나한테 말 걸지 마."

시바가 코웃음을 쳤다.

"혼잣말이에요."

서클의 목적은 국내 록페스티벌에 활발히 참가하는 것, 그리고 직접 축제를 기획하고 개최하는 것이라고 문서에 적혀 있다.

"실상은 서클 멤버의 주선이라며 그룹 미팅만 활발히 하는 모임이었다고 합니다. 사건은 그런 와중에 일어났습니다." 와키타가 말했다.

"피해자가 미팅 진행 중에 노래방 룸에서 당했다는 건 알고 있네."

관리관은 조금 지겹다는 듯이, "그러니까, 술만 먹었나? 강간 약물은?"

"사용했다고 합니다. 다만 그 경위에 대하여…… 네 명의 진술이 일치하지 않는 것 같아서."

와키타가 말끝을 흐린다. 사건은 가나가와 현경 관할에서 일어났다. 이 정보도 그쪽의 협조로 얻었다.

"요시카와는 피해자가 마신 음료에 약물을 탄 사람은 사토라고 진술하고, 요네다와 구스모토는 처음에는 술만 주었다고 했지만 요시카와가 진술한 뒤 사토가 자진해서 약물을 탔다고 진술을 바꾸었습니다. 사토는 자기는 모르는 일이라고 부정하고 있습니다. 인상을 보건대 사토가 약물을 탄 것 같습니다. 폭행에 대해서도 진술이 엇갈립니다. 요네다와 구스모토는 네 명 모두가 강간했다고 하고, 사토와 요시카와는 강간한 사람은 요네다와 구스모토 둘뿐이지 자기들은 실제 행위는 하지 못했다고 부정한 듯합니다."

"같습니다, 듯합니다, 말이 왜 그렇게 모호하지?"

"죄송합니다. 가나가와 현경에서 이 사건은 외부에 알리고 싶지 않은지 제대로 공개하질 않습니다."

경시청과 가나가와 현경이 사이가 나쁜 것은 예전부터 유명해서 일종의 상식처럼 되어 있다.

"다만 담당 서에 지인이 있어서, 그 지인이 아는 것들은 모두 전해 들었습니다."

베테랑 호리가 이어서 설명했다. "피해자는 이튿날 즉시 경찰에 신고하고 병원에서 검사도 받았습니다. 체내에 남은 정액은 훗날 DNA 감정을 통해 요네다와 구스모토 것으로 판명되었습니다. 요시카와의 경우는, 나중에 부정하지만 조사 당초에는 앞의 두 명이 강간한 뒤에 자기도 하라고 재촉당했는데 아랫도리가 서지 않았다고…… 다만, 몸을 만지는 등의 외설 행위는 인정했다고 합니다."

"사토 신토는?"

"요시카와보다 반년 이상 어리고 체구도 왜소해 네 명 중에서는 부하 같은 존재였다고 합니다. 현장에서도 망을 봤던 모양입니다. 다만 피해자 음료에 약물을 탄 사람은 다른 세 명의 진술로 볼 때 신토가 틀림없습니다. 용모가 비교적 단정하고 행동거지도 온화해서 평소 리더 격인 요네다의 지시대로 여자애들에게 미팅을 제안하거나 술을 권하는 역할을 맡았던 것 같습니다. 사토의 진술에 따르면 요네다와 구스모토의 행위를 목격하고 새삼 엄청난 짓을 저지르고 말았다는 생각에 겁이 났으며, 요시카와가 강간에 이르기 전에 말리려고 했는데 피해자가 갑자기 토하는 바람에 한바탕 소란이 벌어졌다고 합니다. 그 소리를 듣고 점원이 와서 노래방 룸을 열자 네 명은 당황해서 요금만 내고 피해자를 방치한 채 도망쳤다는 겁니다."

"토한 피해자를 방치하고 도망을 쳐?"

관리관뿐만 아니라 수사원들도 한숨을 쉬었다. "토사물이 목에 걸렸으면 죽었을지도 모르겠군…… 네 명은 초범인가? 여죄가 몇 건쯤 있을 것 같은데?"

"담당 형사의 짐작으로는 요네다와 구스모토는 여죄가 있을 것 같고 요시카와와 사토는 초범인 것 같다고 하더군요."

"하지만 사토는 약물을 탔으니까 실행한 거나 마찬가지지."

"네. 그래서 전원 실행범으로 검찰에 넘겼습니다."

"그러나, 기소되지는 않았군…… 늘 그렇듯이 변호사의 공갈이나 다름 없는 설득과 합의금 때문인가?"

피해자를 저항할 수 없는 상태, 혹은 의식을 잃은 상태로 만들어 놓고 성교나 외설적 행위를 저지르는 범죄는 비친고죄이기 때문에 피해자의 고소가 없어도 체포하고 기소할 수 있다. 하지만 가해자와 피해자가 합의하고 피해자가 재판에서 증언하지 않으면 검찰로서도 기소를 망설이게 된다.

때문에 피고의 부모나 관계자는 변호사를 고용하여 피해자 측에 합의금을 제시하고, 만약 재판까지 가면 폭행당한 전후 상황을 낱낱이 재현해야 한다느니, 피해자에게도 잘못이 있다는 비난 여론이 일어날 거라느니 위협한다. 공개재판인 데다 요즘은 인터넷에서 쉽게 비방과 중상의 표적이 될 수 있다. 정신적인 부담이 크고 2차 피해의 리스크도 있지만, 설사 피고가 유죄가 되더라도 초범이면 대개는 집행유예로 풀려난다. 합의금 받고 재판을 피한 후 해외여행이라도 하면서 상처를 씻어내는 게 어떠냐는 식으로 압박하는 것이다.

구라오카는 수사원들이 나란히 앉은 열의 제일 뒤쪽 자리에서 혀를 쯧쯧 찼다. 매번 이런 타령이라 속이 메스껍다. 그때,

"정말이지 구역질 나네요."

옆에 있던 시바가 실내에 다 들리는 목소리로 말했다. "늘 이런 식이잖아요. 결국 훌륭하신 어른들이 모여서 한다는 일이 피해 여성을 더 두드려 패는 거나 다를 게 없는 일입니까."

한순간 실내가 쥐죽은 듯 조용해졌다. 구라오카가 크게 헛기침을 하고 시바를 곁눈으로 보며,

"그래서 뭐. 요즘은 경찰도 강간에는 엄격해. 딸 가진 부모도 많고."

하고 평범한 목소리로 반론했다. "기껏 체포한 강간범을 사회에 풀어놓는 것은 경찰이 아니야. 언설이 하고 싶으면 변호사회관이나 검찰청, 아니, 국회 앞에서 해."

"어이, 거기 맨 뒤에 두 사람, 시끄러우니까 떠들 거면 나가서 떠들어."

하치오지 남서의 마키메 형사과장의 질책이 날아왔다.

"그래서, 피해자 측은 2차 피해가 두려워 합의금을 받은 건가?"

고구레 관리관의 물음에,

"네…… 다만 피해자 측은 재판을 피하지 않을 각오였다는 이

야기도 있습니다."

호리가 대답했다. "그런데 무슨 일이 있었는지 갑자기 생각을 바꾼 모양입니다. 현경에 있는 지인도 그 내막은 모릅니다. 한편 검찰은 기소를 위해 애쓰고 있는 것 같습니다. 그도 그럴 것이 주범격인 요네다의 태도가 매우 불량해서, 부하 노릇을 하는 구스모토와 둘이서 피해자를 마구 험담하고 있다고 합니다. 지들이 오히려 피해자인 것처럼…… 요네다만이라도 반성하게 만들고 싶답니다. 집행유예가 되더라도 유죄판결로 얌전하게 만들어두지 않으면 조만간 또 사고를 칠 거라고 보는 거죠."

"좋은 대학에 합격한 걸 보면 타고난 악질이라기보다 버릇없이 자란 부잣집 도련님인가?"

"네. 부친이 도쿄의 중견 건설회사 관리직으로 있습니다. 그리고 조부가 군마의 지역유지고."

"그쪽으로 무슨 연줄이라도 있나? 문서의 이 부분…… '최종적으로 기소유예에 이른 것은 가해자 친족이 영향력을 행사해서 모처의 관계자가 검찰에 관여했기 때문인지 모른다고 현경 담당자는 말했다', 아주 의미심장한 문장이 있는데…… 그렇다면 피의자의 친척이 검찰을 움직일 만한 강력한 연줄을 쥐고 있다는 얘기로군. 왜 이렇게 모호하게 써 놨지?"

"그건, 이름을 밝히지 않는 편이 좋겠다고, 제가 판단한 겁니다만."

호리를 대신하여 와키타가 말을 이었다. "필요한 경우는 구두로 말씀드리는 것으로 그치는 게 좋겠다고 봤습니다."

"……거물인가? 좋아, 여러분도 그렇게 알고 듣도록. 알겠나, 그 친척이 누군지 혼잣말을 해보게."

관리관이 의미심장하게 말하자 전원이 긴장하여 와키타의 다음 말을 기다렸다.

"그럼, 이건 혼잣말입니다…… 요네다의 조부는 그 지역 중의원 의원의 후원회 부회장입니다. 그 의원은, 음, 현 내각 관방 부장관 오쿠다이라……,"

"스톱, 그만 됐네."

관리관보다 먼저 본청 수사 1과장 노기가 말허리를 잘랐다.

내각 관방은 내각을 이끄는 총리와 직결된 자리, 현 부장관은 차기 수상으로 간주되는 현 관방장관의 오른팔이며 수상 파벌 출신이다. 그런 인물이 후원회 부회장으로부터 자기 손자를 구해딜라는 의뢰를 받고 마지못해 움직였다고 한다면…… 수상에게 직접 청원하는 것이 아니라도 관방장관에게, 혹은 수상 비서에게 조력을 부탁하여 법무대신에게까지 청원이 전달되었다면…… 검찰관이 기소를 포기하는 건 충분히 가능한 이야기였다.

구라오카는 저도 모르게 주먹을 불끈 쥐었다.

"……비슷하네요."

옆에서 중얼거리는 소리가 들렸다. 곁눈으로 노려보자 시바는 똑바로 앞을 보면서 조용히 말했다. "오쿠다이라 관방 부장관과 친하거든요, 야쿠모 형사부장은."

구라오카는 미간을 찡그렸다. 이자는 어디까지 알고 있는 걸까…… 구라오카가 수사 1과에서 밀려난 건에는 오쿠다이라–야쿠모 라인이 개입되어 있다는 의심이 강하다.

"와키타 씨가 문서에 이름을 밝히지 않은 이유는 오쿠다이라 관방 부장관과 야쿠모 형사부장이 친하다는 사실을 알았기 때문이겠죠."

일리 있는 얘기다. 오늘 회의에 불참한 야쿠모가 만약 서류에서 오쿠다이라 관방 부장관의 이름을 보았다면 어떤 사태가 벌어졌을까. 다음 인사에서 와키타는 관할서로 좌천될지도 모른다. 노기 수사 1과장이나 고구레 관리관도 무사할지 어떨지 장담할수 없다.

쿵, 하는 커다란 소리가 실내에 울렸다. 관리관이 테이블을 내리친 듯하다.

"검찰이 기소를 포기한 사정은 누구도 알 길이 없다. 누군가의 혼잣말 같은 건 잊도록. 우리의 임무는 이번 살인 사체 유기 사건을 해결하는 것이다. 원한 때문이라면 물론 삼 년 전 준강간을 조사해볼 만하다. 하지만 왜 삼 년이나 지나서인가. 왜 범행에 직접 관여한 요네다나 구스모토가 아니라, 사토 신토도 아니고 사토의 부친이 대상이었을까…… 의문은 많다. 그렇다면 피해자 본인이 원한을 산 갈등이 별도로 있었을 거라고 생각해야 할지도 모른다. 사토 신토가 도망친 이유도 석연치 않다. 여하튼 정보가 너무 빈약하다. 탐문 대상이 줄어들기는커녕 오히려 더 넓어진 셈이다. 새로운 담당을 발표하겠다."

"에——, 사체유기 현장 주변과 피해자의 업무 관계자에 대한 탐문은, 그대로 계속한다. 예전 애인의 거처를 알아내는 조사도 계속한다. 새로운 탐문 대상은……,"

마키메 형사과장이 배턴을 이어받아 사무적인 투로 읊었다. "우선 요네다, 구스모토, 요시카와 등 준강간 가해자 주변에도 복수의 조짐을 보여주는 모종의 행위가 있었을지 모른다. 또 사토 신토에 대해서는 거처를 알아내고 이야기를 들을 필요가 있다. 그리고 삼 년 전 피해 여성과 그 주변에 대한 탐문도 당연히 필요하다. 그 여성은 대학을 중퇴하고 가나가와 연립주택도 처분하고 고후의 고향집에서 지내고 있다고 한다. 그곳에는 구라오카와 시바가 다녀오도록."

"네?"

구라오카가 깜짝 놀란 얼굴로 항변했다. "저희는 사토 신토 쪽이잖아요. 얼굴도 알고."

"그쪽은 발이 빠른 신참에게 맡기겠다."

마키메가 말한 순간 웃음소리가 와락 하고 실내에 터졌다.

머쓱해진 구라오카가 머리를 긁적이며 옆을 보니 시바가 남의 일처럼 태연한 얼굴을 하고 있다. 부아가 치민다. 뭐야, 이 자식…….

사토 신토를 놓친 뒤, 왜 쫓아가지 않았느냐고 시바를 다그치자 그 거리에서는 아무리 달려도 어차피 못 잡습니다, 라고 태연한 얼굴로 말했다.

"한말씀 드려도 될까요?"

시바가 불쑥 손을 들었다. "고후에 동행할 동료를 바꿔주셨으면 합니다."

뭐라고? 너, 말 한 번 잘했다. 구라오카는 손을 드는 것만으로는 부족한 것 같아 벌떡 일어나며 말했다.

"저야말로, 꼭 바꿔주시길 부탁드립니다."

3

"잠깐 묻고 싶은 게 있어요."

차분한 정장바지를 입은 요다 생활안전과장이 입을 열었다.

고후행 특급 전차 창가석에 앉은 요다의 맞은편 대각 방향에 시바가 앉아 있다.

"피해자는 왜 혼자 남자 네 명과 함께 노래방 룸에 들어간 겁니까? 적극적인 성격이었던 건가요? 내가 받은 자료에는 그런 내용이 없어서."

"수사회의용 자료여서 자세히 작성할 수 없었고, 수사원 모두에게 필요한 내용은 아니다 싶으면 작성자가 알아서 생략한 겁니다. 특정 정보가 필요하면 개별적으로 물어보라는 것이죠."

시바는 한 세급 높은 경부에게 공손하게 말했다. "그 여성은 내성적이고 얌전한 성격에 친구도 적었지만…… 몇 안 되는 친구를 보호하기 위해서였다고 합니다."

"그게 무슨 말이죠?"

그의 맞은편에 앉은, 역시 바지정장 차림의 다테하나 순사가 물었다. "당시 인터넷뉴스에서는 혼자서 남자 네 명과 함께 노래방 룸에 들어간 피해자가 너무 무방비였다거나 처음부터 그럴 의도가 있었던 거 아니냐는 둥 아주 신랄한 비난이 있었습니다만."

"네. 저도 봤습니다."

시바가 고개를 끄덕인다. "상황을 모르니까 피해자를 비난하는 댓글이 많았죠. 실은 4 대 4 미팅이었습니다. 다른 때는 사토 신토가 주선하는 역할을 맡았다고 하는데, 그때는 요시카와 다쿠미가 여대에 다니는 고등학교 동창에게 연락해서 여학생 세 명을 더 모아달라고 부탁했던 모양이에요. 그 요시카와의 동창인 여학생이 피해자의 친구였고, 내켜하지 않는 피해자를 거의 억지로 데리고 나갔다고 합니다. 사건 후 친구는 죄책감에 시달려 지금도 정신과에 통원 치료중이라 들었습니다……만 이건 또 다른 얘기고요."

"아뇨, 다른 얘기가 아닌 것 같군요."

요다가 말했다. "성범죄는 당사자만이 아니라 주위 사람들에게도 피해를 줍니다. 살인사건이 피해자 가족이나 친구, 또 가해자 가족에게도 커다란 영향을 미친다는 사실은 사회적으로 잘 알려져 있습니다. 하지만 성범죄도 마찬가지로 광범위한 악영향을 미치는 심각한 범죄임에도 사회 전체에 그 점이 제대로 알려져 있지 않아요."

요다가 약간 몸을 움직이자 펌프스가 맞은편에 앉은 구라오카의 구두에 닿았다.

듣고 있어요? 라는 물음인 듯하다. 등받이에 맥없이 몸을 맡긴 채 창밖 풍경으로 시선을 던지고 있던 구라오카는, 듣고 있어요, 라고 전하는 대신 자세를 똑바로 고쳐 앉았다.

수사회의에서 시바가 "동행할 파트너를 바꿔달라"고 부탁한 것은 성범죄 피해 여성이 남성 수사원을 두려워하는 경향이 있으므로 수사진에 임시로 여성을 충원하여 피해자의 이야기를 듣기 위해서였다. 회의 후 시바가 피해 여성의 집에 전화해서 이야기를 듣고 싶다는 뜻을 모친에게 전했을 때도 남성과 이야기하는 것은 어렵고 여성이라면 가능성이 있다고 했다.

피해자와 대화할 여성 수사원으로 마키메 형사과장이 요다를 추천하고 서장도 인정하여 노기 수사 1과장이 임시로 수사진에 충원을 허가했다.

요다는 요청을 수락하는 동시에 동행자로 다테하나를 지명하여 역시 허락을 받았다.

시바와 파트너 관계를 해소해 달라는 구라오카의 청원은 깨끗이 기각되었다.

"이야기를 사건 당일 밤으로 돌리겠습니다."

시바는 피해자 하시모토 마이카가 노래방 룸에 혼자 남게 된 사정을 간략하게 이야기했다.

합동미팅은 먼저 주점에서 열렸다. 두 시간 후 남학생들은 여학생들에게 칵테일 한잔 어떠냐며 세련된 바에서 2차를 하자고 제안했다. 마이카는 1차만 마치면 돌아가려고 했다. 하지만 그녀의 친구가 한 시간만 더 놀다가 가자고 권하고 다른 두 여학생도 찬성하는 바람에 하는 수 없이 따라갔다.

남학생들이 달달한 칵테일을 주문했다. 마이카는 조심스럽게 반잔 정도밖에 마시지 않았지만, 다른 세 여학생은 서너 잔을 마셔서 취기가 상당히 오른 모습이었다.

마이카가 이제 그만 돌아가자고 일행을 재촉해서 모두들 일단 바에서 나왔다. 여학생들은 택시를 잡으려고 했지만 좀처럼 잡히지 않았다. 한 여학생이 길바닥에 주저앉아 잠이 들려고 하자 그제야 잡힌 택시 한 대에 그녀를 태우고 귀가 방향이 같은 여학생이 데려다주겠다며 함께 타고 갔다.

뒤에 남은 마이카와 그녀의 친구에게 남학생들은 가까운 노래방에 들어가 쉬었다가 가자고 제안했다. 마이카는 괜찮다고 거절하고 택시를 기다렸다. 하지만 택시는 좀처럼 잡히지 않았다. 그러자 친구가 술에 취한 탓인지 집까지 걸어서 가겠다며 비틀비틀 걷다가 넘어지고 설상가상으로 한쪽 구두굽이 부러져 무릎을 심하게 찧고 말았다. 이때 남학생들이 다시 가까운 노래방에서 쉬었다 가자며 넘어진 채 일어나지 못하는 그녀를 부축해 옮겼고 마이카도 일단 따라가는 수밖에 없었다.

노래방 룸은 뒷골목 건물 지하에 있었다. 점원이 몇 명 없고 호텔 대신 사용되는 경향도 있는 가게였다고 한다. 남학생들은 성폭행을 목적으로 합동미팅을 계획한 사실은 부정했다. 그러나 약물을 준비한 것을 보면, 어쩌면, 하고 기대하는 마음은 있었을 것이다.

남녀 여섯 명은 일단 노래방 룸에 들어가 음료를 주문했다. 여학생 두 명은 우롱차를 주문하고, 친구가 컨디션이 좋지 않다고 하자 마이카가 그녀를 화장실로 데려갔다. 그 틈에 요네다가 주머니에서 약물을 꺼냈고 사토가 건네받아 두 여학생의 우롱차에 탔다.

요시카와는 사토가 약물 사용에 적극적이었다고 진술하고 사토는 이를 부정하였지만, 다른 세 명은 사토가 한 행위가 분명하다고 진술했다.

시바가 전하는 내용을 들으며 구라오카는 요네다 도시후미와 사토 신토의 관계에 대하여 막연히 생각하고 있었다. 요네다는 어릴 때부터 폭력을 실제로 휘두르기보다는 폭력적 분위기를 풍기는 오만한 소년, 혹은 남을 지배하는 성향을 지닌 자가 아닐까…… 비슷한 유형의 남자를 구라오카는 여러 명 알고 있다. 불량배나 반사회적 인물뿐만 아니라 경찰 내에 파벌을 만드는 자들 중에도 비슷한 유형이 있다. 그런 자를 추종하는 사람들도 대체로 비슷하다. 자신감이 떨어지고 고독을 두려워하며 곁에 누가 있어야 마음이 놓이기 때문에 그룹에 들어가 심부름꾼 역할도 마다하지 않는다.

"피해자와 친구가 화장실에서 룸으로 돌아오자 우롱차를 마시면 술이 깬다고 사토가 권했다고 합니다. 하지만 사토는 요네다와 구스모토가 우롱차를 권했다고 주장하고, 다른 세 남학생들은 사토가 권했다고 진술했습니다."

시바가 이야기를 계속했다.

두 여학생이 우롱차를 조금 마신 뒤, 친구가 구토를 시작하자 마이카는 다시 친구를 부축하고 화장실로 갔다. 화장실은 이미 이용하는 사람이 있어서 한 사람이 밖에서 차례를 기다리고 있었다. 화장실 앞은 좁아서 세 명이 줄서서 기다릴 공간이 없었다. 그러자 친구가 마이카에게 룸으로 먼저 돌아가라고 말했다고 한다. 하지만 훗날 진술에서 친구는 술에 취해 노래방 룸에 간 기억조차 없다고 말했다.

마이카는 그대로 집에 돌아가고 싶었지만 친구를 두고 갈 수는 없었다. 술에 취한 친구를 보호해야 한다고 생각했고, 가방도 룸에 두고 나온 상태였다. 룸으로 돌아가자 남학생들이 노래를 하고 있었다. 그들이 웃는 얼굴로 명랑하게, 어서 들어와요, 라고 말해서 마음이 조금 놓였지만 경계심을 품고 룸 구석에서 앉아 우롱차를 홀짝홀짝 마시며 친구를 기다렸다.

그러다가 곧 머리가 멍해지며 의식이 멀어졌다. 수영장 물속으로 가라앉아서 물 밖의 사람들 목소리를 듣고 있는 기분이었다. 온몸이 흔들리는 듯한 불쾌한 느낌을 느꼈다. 마침내 강렬한 통증이 몸 중심을 꿰뚫어 눈을 떠보니…….

시바가 설명을 멈췄다.

"……화장실에 간 친구는 그 뒤 어떻게 된 겁니까?"

요다가 물었다. 입안이 마르는지 목소리가 갈라진다. "룸으로 돌아오지 않은 겁니까?"

"네. 화장실에 들어갔는지 어떤지는 모르지만, 여하튼 그대로 노래방에서 나가버렸다고 합니다. 맨발로 계단을 올라가 노래방을 나가는 것을 노래방 점원이 목격했습니다. 친구에 따르면 정신을 차리고 보니 보도에 맨발로 서 있었다더군요. 모두 돌아가고 자기 혼자 남았구나 생각하고 마침 다가온 택시를 잡아탄 모양입니다. 지갑과 휴대전화를 넣은 백이 없다는 것도 나중에야 알아채고, 택시기사에게 집 현관 앞까지 가 달라고 해서 부모님이 요금을 냈습니다. 귀가 후 집전화로 자기 휴대전화에 연락해보았지만 아무도 받지 않았다고 합니다. 마침 피해자 전화번호가 집전화기에 등록되어 있어서 걸어 보았지만 역시 받지 않았다네요. 그동안 그녀가 어떤 짓을 당하고 있었는지 경찰이 사정을 청취하러 찾아올 때까지 전혀 몰랐다고……."

"그래서…… 자책하다가 지금까지 정신과에 다니고 있군요."

요다가 한숨과 함께 침울한 목소리로 말했다.

"네. 먼저 귀가한 두 여학생도 경찰에게 상황을 듣고 펑펑 울고…… 마음에 심각한 상처를 입은 것 같다고, 현경 담당자가 말했답니다."

그가 설명을 멈추자 침묵이 흘렀다.

창밖으로 향하던 구라오카의 시야가 문득 어둠에 닫혔다. 터널로 들어섰는지 전차 달리는 소리가 차내에 시끄럽게 울렸다.

4

지은 지 이십 년 이상 지난 듯한 아파트 3층에 하시모토 마이카의 부모가 살았다.

요다가 아파트 현관에서 해당 호수의 번호를 누르자, 예, 하고 어두운 대답소리가 흘러나온다.

"일전에 전화 드렸던 경시청의 요다입니다."

잠시 무언의 시간이 흘러서, 거절하려나, 생각하는데 잠금장치 풀리는 소리가 들렸다.

승강기도 낡고 좁았다. 구라오카는 지금 사는 집을 구입하기 전에 살던 아파트를 떠올렸다. 이곳과 구조가 비슷한 아파트에서 딸 유나가 세 살 때까지 살았다.

귀여운 유나 모습이 뇌리에 떠오른다. 아빠, 다녀와. 출근할 때 현관까지 따라나와 웃는 얼굴로 손을 흔들어 주었다. 아빠, 어서 와. 아빠, 밥 먹어. 아빠, 잘 자. 아빠, 미안. 아빠가 젤 좋아······.

그 웃는 얼굴이 최고의 보물이었고, 무슨 일이 있어도 지키겠노라 다짐했고, 혹시 그 웃음을 해치는 자가 있다면 절대로 용서하지 않겠다고 생각했다. 유나가 다치는 상상만으로도 온몸이 후끈 불타는 기분이었다.

마이카는 사건 후 자살을 두 번 시도했고 늘 방 안에 틀어박혀 지냈다고 한다. 그 이상은 사건 담당자도 모른다고 했다.

"구라오카 씨, 구라오카 씨⋯⋯."

부르는 소리에 고개를 들자 다테하나가 승강기 열림 버튼을 누른 채 그를 바라보고 있다. 요다와 시바는 이미 승강기를 내려 이쪽을 돌아보고 있었다.

"아, 미안."

혼잣말처럼 말하고 승강기에서 내리자 다테하나가 따라 내렸다.

요다가 현관문 인터폰을 눌렀다. 예, 하는 어두운 목소리가 들린다.

"요다입니다. 잘 부탁드립니다."

목소리가 온화하고 상냥하다. 잠시 후 문이 살짝 열렸다. 수척한 중년 여성의 퀭한 얼굴이 보이고 경계하는 눈길로 이쪽을 한 사람 한 사람 쳐다보았다.

요다가 경찰수첩을 꺼내 보이고 소개를 했다.

"남자 분들은⋯⋯."

피해자의 모친으로 보이는 여성이 거절하는 투로 말했다. "같은 집 같은 공간에 있는 것조차 견디지 못하고⋯⋯ 아빠나 오빠까지 두려워하고, 공황에 빠질 때가 있어서."

"그건, 역시 남성이어서 그런 거군요?"

요다가 주의깊게 확인하자 상대방은 고개를 끄덕이며 말했다.

"남자 냄새도, 못 견디겠다고, 토해버리니까⋯⋯ 두 사람은 집 근처에 따로 셋집을 얻어서 살고 있어요."

옆집 문 열리는 소리가 들렸다. 모친이 알아채고 소리 없이 문을 닫는다.

옆집에서는 칠십대로 보이는 백발 노파가 복도로 나왔다. 장보러 가는 차림을 하고 있다. 복도에 네 사람이 모여 있자 놀란 얼굴로 기이한 광경이라도 보는 듯 빤히 쳐다본다. 구라오카가 말을 건네려고 하는데 시바가 한 발 성큼 나서며 노파에게 친절하게 허리를 숙였다.

"선샤인생명에서 나왔습니다, 고객님, 잘 부탁드립니다. 보험 때문에 이 댁에 인사드리러 찾아뵈었습니다. 이렇게 자리를 차지해서 죄송합니다. 자, 어서 지나가시지요."

비굴하지 않은 품위 있는 태도로 노파를 승강기 홀까지 유도한다. 그에 맞춰 요다도 깍듯이 인사하고 벽으로 붙어 서자 다테하나와 구라오카도 그렇게 했다.

"아, 보험회사 분들이시구나."

노파가 납득한 표정으로 고개를 끄덕이며 말했다. "우리는 이미 가입했다오."

"알겠습니다. 조심해서 다녀오십시오."

그의 정중한 인사를 받으며 노파가 승강기를 타고 내려갔다.

잠시 기다리자 하시모토 가의 현관문이 다시 열리고 여성이 고개를 내밀었다.

"이렇게 복도에 있으면 이웃 분들께 폐가 되니까 저희 여자 둘만이라도 괜찮으시면."

요다가 자신과 다테하나를 가리켰다. "안에 들어가서 말씀을, 괜찮겠습니까?"

여성이 눈으로 끄덕인다.

요다는 부인에게 구라오카와 시바를 가리켜 보이며 말을 이었다.

"아버님과 아드님은 다른 곳에서 지내신다고 하니, 이 두 분은 그 집을 방문해서 말씀을 여쭤 봐도 되겠습니까? 주소는 안에 들어가서 알려주시면 제가 두 사람에게 문자로 전할 테니까요. 잘 부탁드립니다."

5

"왜 그래요, 내내 조용하시고."

시바의 말에 구라오카가 고개를 들었다.

요다가 문자로 알려준 주소는 방금 방문한 아파트에서 1킬로미터쯤 떨어진 연립주택이었다. 시바가 지도 앱을 보며 앞장서고 있다.

"여성 동료들과 이야기하니까 즐겁나?"

"아직 꽁하고 계시네. 사토 신토를 추적하느라 헛심 쓰지 않은 거."

"헛심이 되더라도 포기하지 않는 것, 꽁할 정도로 집념이 강한 것, 이게 내 장점이니까."

"본받을까봐 겁나네요."

"형사가 담백해서 어따 쓰나."

"합리적이지 않은 낭비를 줄이는 것, 방향전환이 빠른 것, 이게 제 장점이라서요."

"합리적으로 방향전환을 해서 선샤인생명인가?"

"여성이 두 명 있었으니까. 구라오카 씨뿐이었으면 빚 받으러 온 사채업자가 되었을 겁니다."

젊은 엄마와 세 살쯤 돼 보이는 여자애가 횡단보도를 건너고 있다. 여자애가 활짝 웃자 귀여운 목소리가 메아리처럼 울려퍼진다. 구라오카 입에서 무의식적으로 한숨이 새어나왔다.

"애들은, 아직 없나? ……이거, 남자한테 물어도 성희롱인가?"

"그럴지도 모르죠."

"대체 요즘은 뭘 어디까지 이야기해야 하는지 알 수가 없다니까."

"우리 여성 수사원과 이야기해도 즐겁지가 않죠?"

"너, 친구 한 명도 없지?"

"초등학교 1학년 때 백 명 정도 만들었거든요. 자식은 없지만, 독신이니까."

시바의 왼손 약지에 반지가 없어서 그럴 거라고 생각하기는 했다.

"독신 귀족 생활을 즐기자는 건가?"

"그 말, 직접 듣는 건 태어나 처음이네요, 헤이안 시대급 사어잖아요…… 다 왔네, 여깁니다."

벽이 갈라지고 우수관이 깨져 있는 등 낡은 흔적이 곳곳에 보이는 폐가인가 싶을 정도로 낡은 2층 연립주택이다. 2층은 건물 밖에 매단 철제 계단을 통해 올라간다.

"2층 맨 끝 집이 하시모토 마이카의 부친 유키오, 네 살 많은 오빠 류스케가 사는 집입니다."

시바가 먼저 계단을 올라간다. 깡, 깡, 울리는 철제 계단 소리가 유난히 쓸쓸하게 들려서——처와 딸, 혹은 모친과 누이동생이 사는 아파트를 떠날 수밖에 없었던 남자들의 심정이 느껴지는 기분이다.

"그럼…… 애지중지하던 보물이 망가진 아버지 심정은 알 수 없겠군."

특별히 시바를 공격할 생각은 없이 무심코 그 말이 새어나왔다.

계단을 다 오른 시바가 이쪽에 등을 보인 채,

"……상처받은 사람의 심정은, 압니다."

라고 낮은 소리로 대답했다. 묘하게 진심이 담긴 것처럼 들렸지만 구라오카는 잠자코 있었다.

현관문을 향해 나란히 걸어갔다. 평일이어서 오빠 류스케는 운송업 일을 하러 나가 있을 테지만 아버지 유키오는 집에 있을 거라고 했다. 지역 신용금고에 다니다 현재 휴직 중이며, 도쿄의 형사들이 이야기를 들으러 찾아갈 거라고 부인이 연락을 해두었을 것이다.

초인종이 고장 나 시바가 노크하며 사람을 불렀다. 잠시 후 수염이 덥수룩한 남자가 얼굴을 내밀었다. 안경코가 망가졌는지 청테이프로 고정해 두었다. 형사가 방문한다는 연락을 받고도 후줄근한 실내복 차림인 모습을 보면 집 청소도 해두지 않았을 것 같다.

"이제 와서 뭘 새삼스럽게. 우리를 아직 덜 괴롭히셨나?"

유키오는 어지러운 집 안으로 돌아가며 억양 없는 목소리로 말했다. 이불 한 채는 개켜져 있고 한 채는 그냥 펴놓은 상태다. 좌탁에 다 먹은 컵라면 용기. 바닥에는 벗어서 던져둔 셔츠며 양말 따위가 흩어져 있다. 신용금고에서 삼십 년 남짓 근속한 사람의 집으로는 보이지 않는다.

"우리는 아주 평범하게 살아왔소. 착실하게 일하며 자식들 키워서 하나는 도쿄에 있는 대학에 보내고, 딸아이는 집 근처에 있는 대학이면 충분하지 않을까 했지만 자기가 환경문제를 연구하고 싶다고 해서 가나가와로 보냈지. 애들도 착실하게 공부했소. 그런 아이가 갑자기 몹쓸 놈들에게 폭행당해서 마음이 망가지고 꿈도 잃고 인생이 망신창이가 되었소. 경찰에 도움을 청하니…… 왜 남자들을 따라갔느냐? 무슨 옷을 입고 있었냐? 네가 먼저 꼬신 건 아니냐? 그렇게 유도한 건 아니냐? 흐느껴 우는 아이를 잔인하게 괴롭혔잖아. 아직도 부족하신가?"

"저어, 잠깐, 저희 말을 좀 들어주시겠습니까?"

시바가 호소했지만 상대방은 켜둔 텔레비전을 바라본 채 계속 말했다.

"조서 작성이니 뭐니 해서 몸도 마음도 갈가리 찢어진 딸아이를 자꾸 불러대고. 일러준 시간에 맞게 가면 급한 사건이 생겼으니 다른 날 다시 오라고 돌려보낸 적도 있소. 생각하고 싶지도 않은 그놈들 얼굴을 사진으로 확인하면 되는 것을 왜 고후에서 가나가와까지 출두해야 하는 거요? 아무 예고도 없이 가해자 놈들과 대면시킨 적도 있었소. 아이가 당연히 공황에 빠지지. 실수였다고 하지만, 이미 엎질러진 물이었소. 충격으로 쓰러져 병원에 실려 가고…… 하지만 그 일을 두고 사과 한 마디 한 적 있소? 결국 누구 하나 사과하지 않더군. 범인도, 그놈들 부모도, 경찰도."

시바가 다시 뭐라고 말하려 했다.

구라오카는 그의 어깨를 눌러서 말렸다. 이야기할 만큼 하게 놔두는 게 좋을 것 같았다.

"변호사가 나타나 종이 한 장 내밀며 합의금 받고 끝내라길래 화가 나서 꺼지라고 했더니 겁을 줍디다. 자기들은 온힘을 다해 피고를 변호할 겁니다, 라고. 실력 좋은 변호사 네 명을 배정해서 철저히 싸우겠다고…… 잘못은 강간한 그놈들인데, 뭘 두고 싸우겠다는 건지. 무섭고 괴롭고 더는 살고 싶지 않다고 흐느껴 우는 어린 딸아이 하나를 상대로 머리 좋은 어른들이 철저히 싸우겠다니, 이게 정상이오? 당신들은. 이 나라는."

구라오카는 이야기를 듣다가 유나의 어린 시절이 떠올라 저도 모르게 고개를 숙였다.

"……죄송합니다."

저도 모르게 그 말이 나왔다. 경찰이나 법조 관계자나 나라를 대변할 생각은 없지만, 인간으로서, 사회의 일원으로서 고개를 숙이지 않을 수 없었다. 시바는 잠자코 있었다.

침묵이 한동안 이어졌다. 텔레비전에서 명랑한 광고 소리가 나왔다.

"그래, 이번엔 뭐요."

유키오가 불쑥 물었다. 이야기를 해줄 것 같은 분위기가 느껴졌다.

"방금 하시모토 씨는 범인도 부모도 사죄하러 오지 않았다고 하셨습니다만."

구라오카는 물었다. "결국 가해자 측과 한 번도 만난 적이 없는 겁니까?"

"만날 수가 없지. 저쪽에서 오질 않는데 어떻게 만나겠소. 이름도 모르는데."

"이름도 모른다고요? 왜죠?"

시바가 뜻밖이라는 듯이 물었다. 그 순간,

"알고 싶을 리가 없잖소!"

그는 격한 말투로 뱉어냈다. "인간 같지도 않은 것들. 놈들은 인간이 아냐. 이름을 알면, 인간이겠지. 놈들에 대해서는 전혀, 알고 싶지 않소. 우리는……"

후우, 하고 그의 몸에서 다시 힘이 빠져나간다. "딸 걱정만으로도 힘들어. 밥이라도 한 술 떠줬으면 좋겠는데, 삼십 분이라도 잠을 좀 자줬으면 좋겠는데…… 하루하루가 지옥이었소. 안간힘을 쓰며 평소처럼 지내다 보면 그 아이도 안 좋은 일들을 차차 잊고 원래대로 돌아오겠지, 생각하며 직장에 나가서 일 년, 이 년 일했지만…… 이제 한계요. 남들 앞에서 웃는 낯으로 감사합니다, 라는 말이 나오겠소? 합의금 따위는 다 돌려주겠소. 그러니 그 아이를 원래대로 돌려놓으시오."

"하시모토 씨……"

구라오카가 간절하게 불렀다. "지극히 사무적인 것만 여쭐 테니, 말씀해주십시오. 이것이, 폐를 무릅쓰고, 방문한 이유입니다."

사토 마사타카가 사망하여 유기되어 있었던 날짜를 밝히고 물었다. "그날 어디서 무엇을 하셨는지 말씀해주시겠습니까?"

상대방이 이쪽을 돌아보았다. 눈빛이 죽어 있다. 왜, 하고 묻는 것일까?

"……기억이 없소. 벌써 오래 전부터, 내내 여기에만 있었으니까."

"그럼, 아드님은, 어떻습니까? 그날, 무엇을 했는지 아십니까?"

"글쎄…… 직장에 다니고 있고, 야근으로 집에 안 들어올 때도 있었으니까."

류스케가 일하는 운송회사가 어디인지는 요다가 보낸 메일에 있었다.

"혹시 가족사진 있습니까? 가능하면 잠시 빌리고 싶습니다만."

사건 현장 주변, 혹은 사토 가 주변에서 필요해질 가능성이 있다.

"이 집에는 없소."

"알겠습니다. 협조해주셔서 감사합니다."

"당신…… 정말 경찰이오? 인상이 사뭇 다른데."

상대방 목소리가 조금 부드러워졌다. "깐족깐족 속을 긁어대던 형사하고는 영 인상이."

경찰관도 피해자를 괴롭히려고 하지는 않았을 것이라고 생각한다. 하지만 직무상 필요한 일이라도 말투 하나 때문에 피해자에게는 차갑게 느껴질 수 있을 것이다.

"특히, 그놈…… 변호사를 쫓아내고, 전화도 거부하고, 딸과 함께 재판을 받으려고 작정한 시기도 있었지만…… 그놈 때문에 의지가 꺾였소."

"……그놈, 이라면 누구를 말씀하시는지요?"

"딸이 고등학교 문화제 뒤풀이 때 동급생에게 속아 술을 마셨다가 하루 정학을 당한 일이 있는데, 놈이 그 사실을 알아냈더군. 반 아이들 모두가 처벌을 받았고, 우리 아이가 제일 가벼운 처벌을 받았는데."

그가 좌탁 위에 있던 스마트폰을 집어 들고 조작하기 시작했다. "뿐만 아니라 우리 가족에 대해서도 조사했소. 아들이 중학생 때 물건을 훔치다가 잡힌 일이라든지, 자전거 타다가 노인을 다치게 한 것. 내가 직장 망년회 때 잔뜩 취해서 장난치는 사진까지, 그런 걸 다 어디서 구해다가…… 그런 것을 다 재판정에 제출하겠다고 했소. 이 가족은 원래부터 이상하다, 망가진 가정이라고 주장할 거라고 했소."

"아니, 하지만, 그런 짓은 경찰의 권한 밖입니다."

시바가 놀라서 말했다.

"권한이나마나, 분명히 자기 입으로 그렇게 말했소. 경찰이라고, 형사라고."

그의 스마트폰이 다다미 위를 미끄러져 왔다. "혹시나 해서 몰래 촬영해두었소. 우리 집안을 너무 잔인하게 까발리려고 하니까, 아무래도 이상하다 싶어서. 다만 우리 가족 모두가 의지를 잃어버려서, 마지못해 합의를 받아들이면서 그대로 흐지부지되었지만."

구라오카는 상대방 스마트폰을 집어 들고 사진 속 인물을 보았다.

저도 모르게 숨을 삼켰다. 섣불리 말할 수 없다는 생각에 호흡을 가다듬고 물었다.

"그 뒤로 이자가 또 찾아왔습니까? 합의를 받아들인 뒤에도, 가족들 앞에."

"전혀. 합의에 응하자 내 사진도 돌려주고 다시는 찾아오지 않았소."

"알겠습니다. 스마트폰은 여기 두겠습니다. 바쁘실 텐데 실례가 많았습니다."

"별로, 바쁠 건 없소만. 나도 바쁘게 일하고 싶소, 가족을 위해, 딸을 위해."

구라오카는 고개를 숙이고 그 집을 나섰다.

시바가 따라 나왔다. 구라오카의 분위기가 심상치 않다고 느낀 모양이다.

"무슨 일이에요? 사진에 찍힌 형사가 아는 사람입니까?"

구라오카가 계단을 내려갔다. 시바가 따라오는 기척을 느끼며 계단 중간에 걸음을 멈추고 고개를 저었다.

"아니야. 그놈은…… 형사가 아니야. 놈은, 경찰이 아니라고."

6

승강기 안에서 다테하나는 계속 흐느껴 울었다.

요다가 말없이 티슈 봉지를 내밀자 다테하나가 고개를 숙이고 받아들었다.

울어야 할 사람은 당신이 아니라 피해자와 가족들이야……라고 꾸짖고 싶지만 피해자들 앞에서는 울지 않고 간신히 참았기에 잠시 그냥 놔두기로 했다.

마이카는 좀처럼 얼굴을 비치지 않았다. 모친은 딸이 경찰을 믿지 않으며 자신도 마찬가지라고 분명하게 말했다.

처음부터 여성 경관이 대응했다면 조금은 달라졌을지 모른다. 피해자를 담당한 경관이나 형사는 대개 남성이었다. 딱 한 번 여성 경관이 친근하게 이야기를 들어주어서 사태가 호전될지 모르겠다고 기대했지만, 곧 출산휴가에 들어가고 말았다. 업무를 인계한 남성 경관은 서류에서 얼굴을 들고 이쪽 이야기를 제대로 들어준 적이 한 번도 없었다고 한다.

"가해자요? 한 번도 만나지 않았습니다. 딸은 경찰서에서 한 번 대면한 적이 있다고 하지만, 패닉에 빠져 구급차에 실려 가는 바람에 우리 가족은 전혀…… 가해자들이 당연히 사죄하러 올 줄 알았습니다. 사죄하러 온대도 한두 번 찾아온다고 만나줄 수 있나. 세 번 네 번 성의를 보이면 생각해 보겠다고, 일단 사죄하는 태도를 지켜보겠다고, 그런 식으로 생각하고 있었는데…… 한 번도 오지 않았습니다. 변호사가 내민 종이에 뭐라고 적혀 있었더라…… '상호 인식 차이가 있었다' '합의한 것으로 오해하고 말았다'…… 그리고는, 합의에 응하라, 그렇지 않으면 재판에서 힘든 일을 겪을 것이다, 그런 말투였어요. 그리고 경찰도 변호사가 하는 말이 사실이니까 수락하는 게 나을 거라고. 그러니 아무도 믿을 수 없어요."

합의를 거부하고 재판을 진행하려 하자 한 형사가 가족에 대해 샅샅이 뒷조사를 한 뒤에 협박 비슷한 말을 했다고 해서 요다와 다테하나도 크게 놀랐다.

그게 사실이라면 처벌이 필요하겠다 생각하고 요다가 형사의 이름이 무엇인지 물었지만, 나오코는 노여움이 앞서, 야마자키였는지 하마자키였는지…… 하며 제대로 기억하지 못했다.

그때 마이가 불쑥 나타났다. 맨발에 미니스커트를 입고 목 밑이 많이 드러나는 노슬리브 셔츠를 입었다. 식사를 제대로 못 하는지 팔다리의 뼈가 불거지고 왼쪽 손목에는 칼에 베인 흉터가 여러 개 보였다. 정신의 균형이 무너져서인지 현실감을 느끼지 못하는 인상이고, 미소인지 울상인지 분간하기 힘든 표정을 하고 있었다.

요다는 그녀의 정상이라고 보기 힘든 모습을 보고 사건에 관하여 질문하지 못했다. 건강하냐고 묻자 두 박자쯤 뜸을 두었다가,

"뭐 괜찮습니다."

라고 대답하고, 식사는 잘 하고 있는지, 잠을 잘 자고 있는지 묻자,

"뭘 알고 싶은 거죠?"

질문의 의미를 모르겠다는 듯 고개를 갸웃거렸다.

집에서 다닐 만한 거리에 성범죄 피해자를 지원하는 모임이나 가족모임이 있는지 물어보았다. 대답이 없어, 거리는 조금 멀지만 미리 조사해 둔 그런 모임의 연락처를 가르쳐주고 한번 가보면 어떠냐고 권했다.

"네? 왜 내가, 그런 모임에……?"

마이카는 뜻밖이라는 듯이 물었다. 하지만 표정은 굳어 있었다.

"엄마, 혹시, 이 사람들한테, 무슨 이상한 소리 했어?"

마이카의 목소리가 날카로웠다. 나오코의 눈에 두려움이 스친다.

"아냐, 엄마는 아무 말도 안 했다, 정말이야."

요다는 위기를 느끼고,

"미안합니다, 그냥 제가 판단한 거였어요. 어머님은 아무 말도 하지 않았습니다."

얼른 해명했지만 마이카는 소파에서 일어나 거실을 나갔다.

"마이카……."

나오코가 걱정하는 얼굴로 쫓아간다. 곧 화장실 문을 여는 듯한 소리가 들리고 억지로 게워내는 소리인지 거친 숨소리인지 모

를 소리가 들려왔다.

다테하나가 일어서자 요다가 말없이 말렸다.

그때 요다의 스마트폰이 진동했다. 시바의 문자였다. 부친과 오빠가 사는 연립주택에는 가족사진이 없다고 한다. 하지만 나오코한테 빌리고 싶어도 상황이 이러니 부탁하기가 곤란하다.

거실 장식장에 사진액자가 두 개 놓여 있었다. 가족 네 사람이 담긴 사진이 끼워져 있다. 한쪽 사진에 보이는 남자아이는 일곱 살 정도, 여자아이는 세 살 정도이며, 기모노를 입고 있으니 시치고산여자아이가 세 살, 일곱 살 되는 해, 남자아이는 세 살, 다섯 살 되는 해 11월 15일에 아이의 성장을 기뻐하며 빔을 입고 성찬을 먹고 마을신에 참배하는 의식 사진인 것 같다. 또 다른 사진에는 한 청년이 재킷을 입고 마이카로 보이는 소녀는 고등학교 교복을 입고 있다.

요다는 나중에 양해를 구하기로 하고 일단 스마트폰으로 두 번째 사진을 촬영했다.

화장실 쪽에서 뭔가 벽에 부딪히는 소리가 들렸다. 이어서 한 번 더.

"그만 가세요."

나오코 목소리가 들렸다. "부탁입니다, 오늘은 그만 돌아가 주세요."

"저어, 괜찮으세요?"

요다가 물었다.

"괜찮아요. 부탁합니다. 돌아가……."

말끝이 비명처럼 변했다.

요다와 다테하나는 인사와 사과를 남기고 그 집을 나섰다. 모친과 딸은 얼굴을 비치지 않았다.

승강기에서 다테하나가 울음을 터뜨렸다. 아파트 밖으로 나와서도 눈물을 그치지 않았다.

구라오카 일행과는 아파트 앞에서 만나기로 되어 있었다.

요다는 아까 찍은 사진을 보았다. 오빠 류스케와 마이카는 네 살 차이라고 했으니 류스케의 성인식 사진일까? 운동을 하는지 체격이 좋고 날카로운 인상을 가진 청년이다.

휴대폰이 착신을 알렸다. 생활안전과에서 전화 대응을 맡은 이타쿠라 순사였다.

"과장님, 출장 중이신데 미안합니다."

서류 절차상 요다의 판단이 필요한 사항을 묻는 전화였다. 용건이 끝나자,

"저어, 과장님은 지금 수사본부를 지원하기 위해 고후에 가신 거죠?"

이타쿠라가 목소리를 죽이며 말했다. "준강간 피해자 집을 방문한다고……."

"……그런 것까지 말하던가요?"

"죄송합니다. 우리 서에 수사본부가 설치되는 게 워낙 드문 일이라 도나미 씨를 비롯해서 다들 들떠서 귀를 쫑긋 세우고 다니니까요. 온갖 이야기가 나돌고 있어요…… 그만 끊을게요."

"잠깐. 무슨 말을 하려던 거 아녜요? 뭔데요?"

"아…… 구라오카 씨 조도 함께 간 거라면 벌써 본부에서 연락이 갔을 것 같습니다만."

"지금 따로 움직이고 있어요."

"그렇군요…… 이거, 도나미 씨가 물어다 준 정보인데요."

도나미는 경찰서 최고의 소식통이자 확성기였다. "어쩌면 과장님 일행이 고후에서 사건을 단숨에 해결해버릴지도 모른다는 겁니다. 그래서 왠지 가슴이 설레서요."

"무슨 말이죠?"

"아아, 준강간 사건의 다른 가해자들 집에 뭔가 이상한 일은 없는지 알아보기 위해 수사본부 사람들이 탐문하러 간 것은, 잘 아시죠. 근데, 왔었다고 합니다, 다른 집에도…….."

시야 구석에서 다테하나가 어느새 휴대전화를 꺼내고 있다. 구라오카가 연락했는지도 모른다.

"네? 다시 한 번 말해 봐요."

이타쿠라에게 요구했다. "잘 안들리네요. 뭐가 왔었다고요?"

"협박이나 공갈 같은 거 말입니다."

"공갈……누가?"

눈앞에 불쑥 다테하나가 얼굴을 바짝 내밀었다.

"과장님, 구라오카 씨 전화입니다만."

요다는, 잠깐만, 하고 손을 쳐들어 다테하나를 제지하고 이타쿠라의 말에 귀를 기울였다.

"그러니까요, 준강간 피해 여성의 오빠가 다른 가해자들 집에도 찾아갔던 것 같습니다. 이름은 하시모토 류이치였나, 류스케였나."

4
장

두 청년

1

구라오카는 스마트폰을 귀에 댄 채 잰걸음을 옮겼다.

"근무한다는 운송회사야. 거기로 가는 중이다."

전화를 끊고 휴대전화를 주머니에 넣었다.

"구라오카 씨, 아까 그 사진 속 인물은 누굽니까?"

시바가 나란히 걸으며 물었다. "하시모토 가를 협박하던 놈…… 형사도 아니고 경찰관도 아니라는 걸 어떻게 아시는 겁니까?"

"지금은…… 말 못해."

구라오카는 씁쓸한 표정으로 대답했다. "먼저 확인이 필요해."

"아뇨, 그러니까."

"기다려 봐."

그만 부탁하는 말투가 되고 만다. "내가 말해주지 않을 까닭이 없잖아. 다만 확인한 다음 말해주겠다고."

시바는 일단 입을 다물었다.

목적지인 운송회사는 개발이 더딘 전차역 뒤쪽에 있었다.

트럭이 서 있는 커다란 주차장 옆에 작은 2층 건물이 있고, 1층이 사무소인 듯하다. 섀시문을 열고 들어가니 바로 카운터가 있고, 그 너머에 좁은 사무소가 있다. 바로 앞 데스크에 있던 중년 여성이, 예, 하고 일어섰다.

구라오카와 시바가 경찰수첩을 꺼내려고 할 때였다.

"그만둔다고?"

안쪽 데스크에서 통화중이던 남자가 뚱뚱한 체구에 어울리지 않는 새된 목소리로 말했다.

"이봐, 잠깐만, 하시모토 군."

하시모토, 라면 그 하시모토인가……?

구라오카와 시바는 카운터 끝에 있는 허리께의 스윙도어를 밀어 열고 여성 사무원에게 수첩을 보여주며 통화중인 남자 쪽으로 걸어갔다.

"이유가 뭔데. 왜 갑자기? 하시모토 군, 시간도 잘 지키고 잔업도 해주고 했잖아. 우리로서도 도움이 많이 되니까 급료도……."

남자가 구라오카 일행이 내민 수첩을 눈으로 확인하고 통화를 멈추었다.

구라오카는 입술에 검지를 세우고 계속 통화하라고 손짓으로 알렸다.

"얼마 전에 올려줬는데…… 이렇게 나오면 우리가 곤란하지."

시바가 어느 샌가 태블릿에 글씨를 써서 남자에게 보여주었다.

'하시모토 류스케?'

남자가 눈을 끔쩍이며 고개를 끄덕였다.

'지금 어디?'

하고 시바가 재빨리 써서 상대방에게 보여주었다.

"아…… 하시모토 군, 지금, 어디야? 집에 있다면…… 어, 도쿄?"

'자세히'라고 시바가 태블릿에 썼다.

"도쿄 어디?"

남자가 구라오카 일행을 쳐다보고, 대답이 없다는 듯 고개를 저었다.

'회사로 돌아오라고.'

"아…… 일단 회사로 돌아와. 차분하게 대화해보자고. 자네도 우리 회사 운전기사 상황을 잘 아니까 이해할 거 아냐. 여보세요, 하시모토 군? 여보세요……."

남자가 수화기를 내려놓았다. 끊겼어요, 라는 듯 고개를 저었다.

"다시 걸 수 있습니까?"

구라오카가 남자에게 요구했다. 그가 순순히 방금 통화한 번호로 다시 걸었다.

"전원이 끊겨 있네요."

시바가 번호를 물어서 적어두었다.

"나 이거 참, 하시모토 군이 그만두면, 작업 물량을 어떡한다?"

남자가 성긴 머리카락을 손바닥으로 쓸다가…… 문득 깨달았다는 듯 구라오카 일행에게 얼굴을 돌리더니 물었다. "그런데, 뭘니까. 진짜 경찰, 맞습니까?"

하시모토 류스케는 어제 오후 5시 트럭을 주차장에 두고, 세차를 마친 5시 반 지나서 타임카드를 찍었다. 오늘은 쉬는 날이라니까 그의 부친이 알면서도 감추었거나 류스케가 일하러 나가는 척 외출한 듯하다.

사토 마사타카가 사망한 날, 그는 전날부터 심야 트럭을 운행하고 오전 6시에 회사로 돌아왔다. 그 후 이튿날은 지각하여 오후 1시에 출근했는데, 그때까지 회사에서 따로 연락은 하지 않았다. 즉 오전 6시부터 이튿날 출근할 때까지 류스케가 무엇을 하고 있었을지…… 적어도 현재까지는 알리바이가 없다.

부친이 지내는 아파트로 돌아가 물어보니 기억하지 못한다고 했다.

"이삼일 전이나 일 년 전이나 마찬가지요. 내가 무엇을 했는지, 어떻게 하루를 지내는지도 모르겠소…… 류스케는 대단해요, 매일 일하러 나가니까. 언제가 쉬는 날인지, 쉬는 날에 무엇을 하는지 나는 통 모릅니다. 오늘도 일하는 줄 알고 있었으니까."

부친의 증언은 정확성이 떨어져 믿을 게 못 되었다. 물론 부친 자신의 알리바이도 없다고 할 수 있다.

한편 요다와 다테하나가 류스케의 모친 나오코와 여동생 마이카가 사는 집으로 돌아가 류스케의 알리바이에 대하여 물었다. 따로 살고 있어서 모른다고 나오코는 대답했다.

나오코는 자신도 언제 무엇을 했는지 잘 기억하지 못하게 된 지 오래라고 말했다.

"늘 악몽 속에 있는 것 같아서……."

요다는 그녀의 상태를 이해했다. 다만 알리바이라는 점에서 보자면 나오코도, 방에서 나오지 않는 마이카도 현재까지 엄밀하게는 알리바이가 입증되지 않았다고 보고하는 수밖에 없었다.

2

하시모토 류스케의 연립주택을 잠복하며 감시해야 하는지를, 구라오카는 수사본부에 전화로 물었다.

마키메 형사과장은 잠시 기다리라고 한 뒤,

"정보가 복잡하게 뒤얽힌 상태라 수사 방침을 결정하지 못했네. 일단 돌아오게."

하고 지시했다.

"정보가 복잡하게 뒤얽히다니, 무슨 뜻이죠?"

구라오카의 질문에 대한 마키메의 대답도 복잡하게만 들렸다.

몇 번을 되묻고 나서야 마키메가 전하는 상황을 얼추 이해할 수 있었다. 하지만 그런 상황이 어떤 이유로 나타났는지는, 설명하는 마키메와 마찬가지로 구라오카도 완전히 이해하지는 못했다.

하치오지로 돌아오는 전차 안에서 수사본부 소식을 듣고 싶어 안달하는 시바, 요다, 다테하나에게 구라오카는 아는 선에서 말해주기로 했다.

요다와 다테하나는 수사본부의 정식 멤버가 아니지만, 하시모토 가와 관련하여 조만간 다시 협조를 구할 필요가 있을 것 같아 정보를 공유해두기로 한 것이다.

"이야기가 복잡해진 원인은 R이 이 년 전과 어제라는 시간차를 두고 두 번 찾아왔다는 데 있다."

구라오카는 류스케를 이니셜로 표현했다. 전차는 승객이 7할 정도 차 있어, 앞좌석에 두 명, 뒷좌석에 한 명, 옆 좌석에도 한 명이 앉아 있었다. 하지만 저마다 귀에 이어폰을 꽂거나 게임에 몰두하고 있어서 다른 사람 대화에 공연히 귀를 세울 것 같지는 않았다.

"우리 회사 사람들이 그것 때문에 갈팡질팡하는 모양이야."

경찰을 '회사'라고 말하는 것은 일반인들 틈에서 대화해야 할 때 흔히 쓰는 방식이다. "Y다(요네다)공업, K모토(구스모토)공업, Y카와(요시카와) 산업에 무슨 이상이 있지는 않는지 알아보려고 우리 회사 사람(수사원)이 찾아가 물어보았지만 처음에는 다들 제대로 말을 해주지 않았어. 하지만 S(사토) 씨가 죽었다는 소식을 전하고, 뭐 짚이는 게 없냐고 묻자 3사 모두 R(류스케)이 찾아왔다는 사실을 털어놓았지. 그 말을 들은 우리 회사 사람이 지레짐작을 한 탓에 혼란이 생겼어. 실은 3사가 말한 R의 방문은 모두 이 년 전 일이었던 거야."

"이 년 전, 이라면……."

시바가 고개를 갸우뚱했다. "4사의 각 자회사들이 일으킨 그 건(준강간)이 일어나고 일 년 후인가요?"

구라오카는 자기까지 헷갈릴 것 같아서 시계열로 이야기하되, 내용은 어디까지나 회사 간에 일어난 일처럼 꾸며서 설명했다.

사토 신토 등 대학생 네 명이 체포된 것은 사건으로부터 오 개월 후. 범행 현장의 유류물 수집과 감정, 현장에 대한 지문 조회, 피해자 체내에서 나온 정액의 DNA 감정…… 또 피해 당사자뿐만 아니라 친구들, 노래방 점원, 택시기사, 합동미팅이 있던 주점이나 바의 점원 등 많은 사람의 증언을 정리하고, 나아가 정확한 서류로 작성하는 데는 아무래도 긴 시간이 걸렸으며, 이는 경찰관으로서 이해할 수 있었다.

한편 가해자의 부모들은 자식들이 경찰에 체포되기까지 자식에게 아무 말도 듣지 못한 듯했다. 자식이 체포되자 허겁지겁 변호사를 알아보거나 합의의 조건을 정하는 등 자식들이 실형을 받지 않도록, 가능하다면 기소조차 피할 수 있도록 손을 쓰기 시작했다.

"조부 시절부터 마당발이던 Y다 공업이 주도해서 즉시 변호사를 고용한 모양이야. 4사가 그 변호사 사무소에서 처음 만나 지회사가 일으킨 시건에 내한 대책을 협의했지. 변호사비를 포함하여 4사가 각자 얼마씩 부담할지까지 이야기가 진전되었다고 해. 나머지 3사는 갈팡질팡할 뿐이어서 Y다 공업이 시키는 대로, 잘 부탁합니다, 라고 고개를 숙였다더군."

"그 회합에 S씨도 참가했습니까?"

요다가 물었다.

"네."

구라오카는 그녀에게 고개를 끄덕여 보였다. "그 자리에서 4사는 피해자에게 개별적으로 대응하지 않기로 결정했다고 합니다.

전권을 위임받은 변호사가 피해자의 모회사(하시모토 가)와 두 번 만나서 대화했지만 교섭에 진전이 없다고 보고했고, 그 얼마 후 각사에 R이 찾아왔다…….”

“R이 직접 4사를 모두 찾아간 겁니까?”

즉 류스케가 가해자 네 명의 부모 집을 전부 방문했느냐는 시바의 물음에 구라오카는 대답했다. “아직 SE씨(사토 에마)의 말은 듣지 못했네. 나머지 3사에는 R이 직접 찾아왔다는군. R을 어떻게 상대해야 하는지를 두고 각 회사는 곤혹스러웠던 모양이야. 변호사에게 일임했는데 설마 직접 찾아올 줄은 생각도 못했겠지. 한편 R의 요구는 매우 정당한 것이었네.”

“어떤 요구였나요?” 다테하나가 물었다.

“사죄.”

류스케는 우선 가해자가 직접 여동생에게, 또 여동생을 소중히 키운 부모님에게 직접 사죄하라고 요구했다. 그리고 어리석은 아들을 키운 부모들도 여동생과 부모님께 직접 사죄하라고 요구했다.

구라오카는 이야기하는 동시에 생각했다. 만약 나였다면……그런 요구로 끝낼 수 있을까?

해부대에 놓인 지방덩어리 같았던 사토 마사타카의 모습이 뇌리를 스친다. 나라면 가해자 전원을 해부대 위에 올리고 싶었을 것이다.

구라오카는 하시모토 마이카의 모습을 보지 못했다. 만약 그녀의 모습을 보았다면…… 앞으로 가해자들을 어떤 태도로 대할 수 있을까?

"R의 요구에 대하여 각사 모두 반성하고 진지하게 방침을 바꿔야 했어. 윤리적으로나 도의적으로나 방침 전환이 마땅했지."

인간으로서 진심으로 사죄하는 일이 첫 걸음이었다. 저지른 죄의 무게를 장본인은 물론 부모들도 이해하고, 변호사를 앞세워 합의 조건을 제시할 게 아니라── 피해자와 그 가족을 직접 만나 성심성의껏 사죄하는 것. 그다음에 어떤 식으로 피해자를 도울 계획인지 피해자 처지에서 고민하고 장기간에 걸쳐 피해자의 의향에 맞게 실천하는 것. 그것이…… 피해는 이미 돌이킬 수 없어도 조금이나마 보상이 될 테고, 또한 피해자나 그 가족이 걸음을 다시 내디디는 데 도움이 되지 않았을까.

"그런데 4사 모두 교섭을 변호사에게 일임하고 개별적으로는 대응하지 않기로 결정해두었기 때문에 R의 요구를 무시했을 뿐 아니라 변호사의 조언에 따라 즉시 PM(경찰관)을 불렀지."

"저런……."

다테하나가 분노인지 슬픔인지 모를 표정이 되었다.

"시계열로 보면 R(류스케)은 제일 먼저 Y다(요네다) 공업을 방문했어. Y다 측은 즉시 변호사와 상담하고 PM에 신고하라는 변호사의 조언대로 따랐고, 또 PM은 변호사 측의 요청으로 불침(불법침입)과 강요(강요죄) 가능성을 R에게 고하고 퇴거시켰지. R은 그다음에 K모토(구스모토) 공업을 찾아가 사죄를 요구했어. 이미 변호사의 연락을 받은 K모토 측은 PM에 신고해서 R을 물리쳤지. 그러자 R은 Y카와(요시카와) 산업을 방문했고, 이번에도 PM이 출동해서 물리쳤다고 해. S(사토) 씨에게도 찾아갔는지는 아직 알 수 없지만…… R은 각사에게 자기가 틀림없이 다시 찾아오겠다는 말을 남겼다고 하더군. Y다 측과 변호사는 R에게 확실하게 대처하겠다고 각사에 알려서 안심시켰고…… 그 후에 실제로 R은 찾아오지 않았어. 뿐만 아니라 재판도 마다하지 않겠다던 피해자의 모회사(하시모토 가)가 합의 제안을 받아들였던 거야."

"……그것이, 피해자 주변에 가짜 PM이 나타난 시기와 일치하나요?"

시바가 의미심장하게 물었다.

구라오카가 한숨을 짓더니 말했다.

"자세히 조사해보기 전에는 확실히 말할 수 없지만…… 아마도."

"그러니까 Y다나 변호사의 의뢰를 받은 것으로 짐작되는 가짜 PM이 피해자를 상대로 부당한 협박을 한 탓에 R의 방문이 중단되었고, 또 피해자들의 정당한 권리(재판)도 묵살되었다는 거군요."

"우리도, 가짜인지 아닌지 신경이 쓰이는 PM이 있다는 이야기를 들었습니다."

요다가 말했다. "진짜 PM이라면 감찰 대상이고, 가짜라면 인물 특정이 필요합니다."

"구라오카 씨가 아는 사람 같더군요."

시바의 지적에 요다와 다테하나가 놀란 얼굴로 구라오카를 쳐다보았다.

"그건……."

구라오카는 일행의 시선을 피하며 말했다. "확인이 필요해. 아직 말할 단계가 아냐."

형사 사건을 수사하는 사람이 이렇게 말하면 직속상관이라도 캐묻지 않는데, 이는 일종의 불문율이다. 시바는 불만스러운 듯하지만 요다와 다테하나는 더 물으려 하지 않았다.

"그럼…… 어제 R은 무엇 때문에 방문한 겁니까?"

요다가 냉정한 얼굴로 물었다.

"S씨 소식을 듣고 불안해졌는지 Y다가 현관 CCTV 화상을 확인해보니……."

구라오키는 설명을 계속했다. "간밤, 그러니까 오늘 오전 0시경 R의 모습이 확인되었어."

"네……?"

다테하나가 놀라는 소리를 냈다가 제풀에 당황하여 입을 막았다.

"무슨 짓을 한 건 아니고 그냥 오륙 분간 주위를 살펴보기만 한 모양이야. 다른 집은 어떤지 궁금해서 연락해보니 K모토 공업에도 약 한 시간 뒤에 나타났다더군. 이 년 전의 그 사건 이래 두 회사 모두 CCTV를 설치했다는데 Y카와 산업은 아파트여서 관리

조합을 통해 현관 CCTV 화상을 확보하느라 시간이 걸렸지만, 오전 2시경 역시 R로 보이는 인물이 잠시 어슬렁거리는 모습이 찍혀 있었다고 해."

"S씨 집은 어떤가요……."

다테하나가 물었다.

"아직 몰라. 적어도 외부에서 보기에 CCTV는 보이지 않았지만."

구라오카가 질문하듯 시바를 쳐다보았다.

"네, 못 봤습니다."

시바가 대답하고, "R의 목적은 뭘까요. 이 년 전 방문이 사죄를 요구하기 위해서였다면, 이번에는…… 더구나, 오늘, 퇴사하겠다고 회사에 전화를 했어요."

구라오카도 잠시 생각하다가 대답했다.

"모르겠군. 직접 만나 얘기를 들어보는 수밖에 없겠지."

"사진을 보면 터프한 운동부 청년처럼 보입니다만……."

요다가 말했다. 혼잣말에 가까웠다.

"역시 연립주택을 감시할 필요가 있지 않을까요?"

다테하나가 말했다. "저도 돕겠습니다."

"멋대로 말하지 마."

요다가 나무랐다. "우리는 오늘 특별히 협력으로 참가했을 뿐이니까."

하지만, 하고 다테하나가 대꾸하려다가 요다뿐만 아니라 구라

오카의 시선을 느끼고,

"……죄송해요."

하고 우물거리며 고개를 숙였다.

"물론 필요할 수도 있어."

구라오카가 위로하는 투로 후배에게 말했다. "수사본부도 전체 그림을 파악하는 데 어려움을 겪는 모양이야. 요원 확보 등 조정해야 할 것도 많으니 일단은 복귀하는 것이 현실적이겠지."

3

구라오카와 시바가 수사본부가 설치된 하치오지 남서의 대회의실에 돌아가 보니 수사원들은 잠복을 위해 나가거나 내일 아침부터 시작될 잠복에 대비하는 중이다. 다들 벌써 도장에 담요를 깔고 이불 속에 들어가 있어서 회의실에는 시노자키 혼자 연락 담당 숙직으로 자리를 지키고 있을 뿐이었다.

"수고하셨습니다. 고후는 어땠어요?"

"아까 보고한 대로야. 들었겠지."

구라오카는 적당한 의자를 골라 앉았다. 고후에 동행한 요다와 다테하나에게는 서까지 돌아갈 것 없으니 바로 귀가해도 좋다는 상사의 허락이 있어서 하치오지 역에서 헤어졌다.

"아, 배고프네."

"네? 고후에 갔는데 호토^{국수나 수제비를 채소와 함께 넣어 된장으로 끓인 요리로 야마나시 현 주변의 향토음식} 같은 거 드시지 않으셨습니까?"

"그럴 시간이 있었으면 탐문을 더 하고 다녔겠지."

"일중독이군요. 비상용 컵라면이라면 있습니다. 그리고 안쪽 테이블에 편의점 주먹밥과 빵도 있고요."

시바가 안쪽으로 걸어가 비닐봉지 속을 들여다보았다. 적당히 자기 몫을 꺼내고는 비닐봉지를 구라오카 앞 테이블까지 가져다주었다.

"오, 땡큐."

그래도 시바는 말이 없다. 가짜 형사의 정체를 빨리 말해달라는 무언의 압박처럼 느껴진다.

"하시모토 류스케, 용의자입니까?"

시노자키도 컵라면을 먹는 중이었는지 자세를 고쳐 앉아 라면을 후루룩거리며 물었다. "하지만 그런 짓을 혼자서 할 수 있을까요?"

"붙잡으면 알게 되겠지. 감시 중인가? 요네다의 집이나 다른 집들."

구라오카는 비닐봉지에서 주먹밥을 골랐다.

"네, 24시간 체제로 감시 중인데 현재까지는 아무 일도 없습니다. 다만 요시카와는 부모 집에서 지내지만 요네다와 구스모토는 도내에서 혼자 삽니다. 하시모토가 그걸 알고 있을지."

"혼자 사는 쪽은 감시하지 않는 건가?"

"인원이 간당간당해서 고민한 것 같은데, 결국 인근 서에 지원을 부탁해서 감시하고 있습니다. 구라 선배한테 일단 돌아오라고 한 것도 수사본부의 인력 운영이 빡빡하기 때문입니다."

"사토 가 쪽은?"

"아, 그 부인은 오후에 퇴원했습니다. 뇌에는 문제가 없다고 해서."

"음, 그거 다행이군."

구라오카가 주먹밥을 크게 베어 물고 나서 물었다. "그럼, 부인에게 상세하게 이야기를 들었나?"

"예. 마침 우리가 담당할 때여서요. 준강간 사건을 우리가 파악하고 있는 걸 알고 놀라는 모습이었지만……'눈에는 눈'이라는 범인의 메시지가 남아 있었다고 구라 선배가 말해주었잖아요. 남편의 사체를 확인한 뒤 그 이야기를 들었을 때는 역시 아들이 저지른 사건이 제일 먼저 떠올랐다고 합니다."

"……그럼, 원한과 관련해서 그밖에 생각나는 것은 없대?"

"없는 것 같았습니다. 말하는 투로 보건대 단나旦那가 바람피운 것도 모르는 것 같았습니다."

"남편(옷토夫)이라고 해."

"네에?"

"피해자 사토 마사타카 말이야. 단나旦那나 주인主人이란 말은 아내를 깔보는 말처럼 들리니까 제삼자인 자네는 남편夫이라고 부르도록 해."

시바는 뒤에 있어서 어떤 표정을 하고 있는지, 다행히 구라오카의 시야에는 들어오지 않았다.

"뭡니까, 갑자기."

"됐으니까. 하던 얘기나 계속해."

"아, 네. 하시모토 류스케가 왔는지도 물어봤습니다. 왔더군요, 이 년 전에. 찾아와서 사죄를 요구했다네요. 부인은 바로 사죄했다고 합니다. 그가 여동생과 가족에게도 직접 사죄하기 바란다고 요구해서, 아들과 단나와 함께…… 아니, 아들과 남편과 함께요?

사죄하러 가고 싶다고 말했답니다. 지금도 피해자에게는 미안한 마음뿐인 것 같았습니다."

"그래……?"

그 말을 들으니 그나마 마음이 놓인다.

"하지만 류스케의 여동생과 부모에게 직접 사죄하러 가겠다는 약속은 지키지 못했답니다. 남편이 말하기를, 변호사에게 일임하기로 다른 가족들과 뜻을 모았는데 우리만 사죄하면 멋대로 사죄했다고 오히려 욕을 들을 테고, 우리 가족만 살겠다고 갈 수는 없다고…… 또 신토는 신토대로, 더 사죄해야 마땅한 놈이 있는데 왜 나만 사죄하러 가야 하느냐고 싫어서 결국 없던 일이 되고 말았다고……."

그렇다면 하시모토 류스케는 배반당한 기분이었는지 모른다.

"부인이 아들 신토에게 연락을 하진 않았나?"

"여러 번 전화했다는데 받질 않았답니다. 제가 보는 앞에서 연락을 했을 때도 전원이 꺼져 있더군요. 그건 제가 확인했습니다. 모친으로서는 아빠의 비보를 빨리 알려서 시신이라도 보게 하고 싶은데, 하며 애를 태웠습니다."

"혹시 신토에게서 연락이 오면 경찰에 알려 달라고 했나?"

"물론 부탁했고, 그렇게 하겠다고 했습니다."

"신토가 우리를 보자마자 도망친 이유로 뭐 짚이는 것은 없대?"

"그 말에도 놀라더군요. 왜 도망쳤는지 모르겠다며…… 다만 삼 년 전 사건 당시 경찰에게 상당히 심한 압박을 받았던 모양입니다. 그게 트라우마로 남은 것 같다는 말을 하더군요."

"뭐? 가해자가 트라우마라고?"

"그러게 말입니다…… 하지만 공포를 느낄 만한 심문 방식이 있었을 수도 있죠. 다시는 범죄를 저지르지 못하도록 겁을 주는 형사도 있으니까. 그게 아니라도 자기 집 앞에 고릴라 같은 남자가 기다리고 있으면 누구라도 내빼고 싶겠지만."

"지금 농담할 땐가."

구라오카가 소리치더니 혼잣말처럼 중얼거렸다. "그 자식, 어디서 뭘 하는지……."

"수사원들 사이에서도 얘기가 있었는데…… 가령 신토가 하시모토 류스케와 손을 잡았을 가능성은, 어떨까요?"

"류스케는 여동생 때문에 신토를 증오하고 있겠지. 있을 수 없는 일이야."

"그렇게 단언할 수만은 없죠."

시바가 가만히 중얼거렸다. "서로, 당장의 목적이 일치한다면……."

"목적이라니, 그게 뭘까요?" 하고 시노자키가 물었다.

시바는 대답하지 않고 샌드위치를 입에 넣으며 문자를 보내고 있었다. 그에게도 문자 보낼 상대가 있다는 사실이 구라오카에게는 뜻밖으로 느껴졌다.

"신토에 대해서는 아무튼 모친에게 듣는 게 좋겠군."

구라오카가 두 번째 주먹밥을 크게 베어 물더니 말했다. "부인은 집에 있나? 지금 찾아가서 얘기를 들어볼까."

"아뇨, 가나가와의 시어머니 집으로 갔습니다. 시어머니가 간병이 필요한 상태인데 꼬박 하루를 비운 상태라며 몹시 걱정하더군요. 장기요양 5등급으로 항상 누워 있는 상태여서…… 하루 두 번 방문요양사가 들여다봐 준다고 하니까 부인이 하루 자리를 비운다고 당장 어떻게 되지는 않겠지만, 이런저런 문제가 나타날 거라고요."

"장기요양 5등급이라…… 그 정도면 이제 시설에 맡기지 않으면 힘들 텐데."

구라오카는 자신의 어머니를 떠올렸다. 아버지가 뇌졸중 후의 만성심부전으로 떠난 뒤 어머니는 인지증이 악화되었다. 장기요양 등급은 3등급이지만 아무데나 배회하곤 했다. 다섯 살 연상이 형은 단신 부임이 짖고 사신도 맞벌이인지라 직접 모시기가 힘들어 어쩔 수 없이 시설에 맡겼다. 어머니도 그편이 낫다고 말해주어서 죄책감은 다소 덜하지만 부끄러운 심정은 남아 있다.

"누가 감시하고 있지? 그 시어머니 집은?"

"예. 저희와 교대로 항상 부인을 따라다니는 조가 있습니다."

"신토가 대학 다닐 때 분명히 그 집에서 지냈었다고 했죠."

시바가 가만히 중얼거렸다. "네리마의 옆집 부인이 그렇게 이야기했어요."

"음, 그랬지…… 그렇다면 잠깐 들여다볼 가치는 있지 않을까."

구라오카의 혼잣말에 시노자키가 쓴웃음을 지으며,

"고후에서 막 돌아온 참이잖아요. 도대체 일중독이 얼마나 심한 겁니까. 지금 경찰차는 다 나가 있고 이 시간이면 택시 잡기도 힘들 텐데. 그냥 내일 가시면⋯⋯."

라고 말하는데 수사본부의 무선기기 하나가 울렸다.

"여기는 가나가와의 사토 가에 나와 있는 나고시와 가마다입니다. 본부 나오세요."

시노자키가 무선을 받았다.

"네, 본부입니다. 무슨 일입니까, 오버."

"집 뒤쪽으로 젊은 남자가 들어간 것 같습니다. 사토 신토일 가능성이 있습니다. 검문해볼까요 대기할까요? 지시를 내려 주십시오. 오버."

구라오카와 시바가 거의 동시에 일어섰다. 시노자키가 구라오카를 돌아다보았다. 지금 이 자리에서는 계급으로 보나 근속연수로 보나 구라오카가 책임자였다. 잠깐 망설이다가,

"대기해."

시노자키에게 말했다. "우리가 지금 그쪽으로 가겠다. 그때까지 지켜보라고 해. 만약 신토가 그 전에 나오면 행동을 개시해서 확보하도록."

같은 말을 시노자키가 무선으로 전했다. 알았다는 대답이 돌아왔다.

"하지만 가나가와까지 어떻게 갈 겁니까?"

시노자키가 돌아보며 물었다. 그러다가 구라오카 뒤쪽을 보더니 의아해하며 말했다.

"어? 시바 경부보는……."

구라오카도 뒤를 돌아보았다. 시바가 보이지 않았다.

"튀었네."

시노자키가 농담처럼 말했다. "그럴 만도 하죠. 구라 선배도 오늘은 그냥 쉬고 내일 아침 일찍 가보는 게 좋잖아요?"

"젠장, 한 마디 상의도 없이 방향전환인가. 치사한 녀석…… 이봐, 거기 주소 알지?"

"압니다."

시노자키가 대답하고 테이블에 둔 자기 스마트폰을 찾았다.

"문자로 줘. 아, 그리고, 하나 더 부탁이 있어."

"네, 뭐죠?"

구라오카는 시노자키도 알고 있는 한 사람의 이름을 꺼냈다.

"놈이 지금 어디서 뭘 하는지 알고 싶은데."

시노자키는 그게 누구인지 기억해내려는지 미간을 찡그리며 말했다.

"흐음, 그 사람이라면…… 말썽 일으키고 경찰을 그만둔 사람 아닌가요?"

"그래, 놈이 경찰을 그만두고 지금 뭐하고 사는지 알 만한 사람, 누구 없나?"

"으음…… 그냥 추측이지만 생활안전과의 도나미 씨가 친하지 않았을까요?"

"넌지시 물어봐. 내일이라도 좋아. 뭐든 알아낸 게 있으면 문자를 줘."

"알겠습니다. 그런데 이 시간대엔 정말 경찰서 앞으로 택시가 다니지 않아요. 부를까요?"

"시간이 걸릴 텐데. 일단 밖에 나가서 찾아보지."

구라오카는 페트병의 물로 입을 헹구고 대회의실을 뛰어나갔다.

1층 접수처에는 당직경관 두 명만 있을 뿐 로비도 한산했다.

현관을 통해 밖으로 나갔다. 경찰서 앞은 넓은 4차선 도로지만 번화가와 거리가 있어서 차량 통행이 적다. 택시 타는 곳까지 뛰어갈까 전화로 부를까 망설이는데 자동차보다 경쾌한 경적소리가 들렸다.

고개를 돌려보니 중형 오토바이가 엔진 소리를 내며 서 있다.

재킷을 입은 운전자가 풀페이스 헬멧의 페이스커버를 올렸다. 시바였다. 그가 동그랗고 하얀 물건을 이쪽으로 던지는 바람에 당황해서 받아보니 헬멧이었다.

"오토바이로 통근하거든요. 이럴 때 요긴하니까."

"⋯⋯하여간 밉살스러운 놈이라니까."

4

"더 꼭 잡지 않으면 못 달려요."

공도로 나와 첫 번째 신호등에서 멈춘 시바가 뒤로 고개를 기울이며 말했다.

구라오카는 가만히 혀를 차고 시바의 허리에 두 팔을 둘렀다.

"경찰서 사람들이 보진 않겠지……."

"그렇게 신경 쓰는 건 자기 내면의 뭔가를 두려워하기 때문입니다."

"무서워해? 내가 뭘?"

"동성애 기질."

"에?"

구라오카는 기겁해서 두 팔을 풀었다.

"신호 바뀌면 밟을 겁니다."

"이봐……."

구라오카는 다시 시바의 허리를 두 팔로 안았다.

"대부분의 남자들이 혹시 자기 내면에도 동성을 좋아하는 기질이 숨어 있는 거 아닌가 하는 두려움을 안고 있답니다. 놀랄 것도 없는 얘기죠. 축제에서 알몸에 가까운 남자들이 떼 지어 미코시ᴹᴬ 쓰리에서 신위=혼백을 모신 가마를 메고, 경기에서 승리하면 부둥켜안고 기뻐하잖아요. 사랑과 우정의 경계가 모호한데다 나한테도 동성을 밝히는 면이 있는 거 아닌가 하고 두려워하기 때문에 동성애를 더욱 혐오하고 배척하려 하죠. 어디까지나 개인적인 생각이지만요. 그러나 알고 보면 두려워할 것도 없는 일이고, 인간에게는 원래 그런 면도 있게 마련이라고 자기 자신과 타인을 너그럽게 바라보기만 해도 세상은 좀 더 편해질 거라고 봅니다만."

구라오카가 부정하고 싶어 망설이는 사이 클러치 떼는 소리가 들렸다. 앞바퀴가 붕 들리도록 급하게 출발하는 바람에 구라오카는 시바의 허리에 매달리는 꼴이 되었다.

금세 대로로 나왔다. 11시가 지났지만 통행 차량은 적당히 있었다. 특히 배송 트럭이 많이 보였다.

시바는 차량 흐름을 거스르지 않고 일정한 속도로 달리다가도 전방이 막힌다 싶으면 핸들을 슬쩍 틀어 차량 사이를 누비며 달렸다.

길을 알고 가는지 의문이지만, 시노자키가 보낸 주소를 휴대폰 내비게이션에 입력해 참고하는 모양이었다.

구라오카가 느끼기에 시바는 운전 솜씨가 좋아 고속으로 달리면서도 거친 느낌이 조금도 없었다. 공중에 붕 떠서 실려 가듯 편안한 부유감이었다.

가로등이 시야 앞쪽에서 흘러오고 잔상 효과로 불빛이 꼬리를 끌어서 마치 빛의 강물을 거슬러 올라가는 듯한 착각에 빠진다.

이런 거 즐길 때가 아닌데…… 생각은 하지만 아름답다고 느꼈다.

사토 신토의 조모가 사는 집은 낡은 2층 목조주택이다. 규모는 크지 않아 문에서 현관까지 겨우 2미터 남짓이며, 문에는 걸쇠만 있을 뿐 자물쇠는 달려 있지 않았다.

이 집을 감시하던 나고시와 가마다 순사부장 일행은 집 안에서 남녀가 언쟁하는 소리를 듣고 차에서 내려 집 앞으로 갔다.

젊은 남자는 화를 내는지 종종 목소리가 거칠어졌다. 연상의 여성이 상대를 열심히 달래는 것처럼 들렸다.

나고시와 가마다는 문 앞에서 귀를 세우고 어떻게 할지 망설였다. 대기하라는 지시를 들었지만 뭔가 일이 벌어지고 나면 늦다. 비상시에 현장에서 스스로 판단하지 않으면 나중에 도리어 질책을 들을 것이다.

"또 잔소리!"

젊은 남자의 격한 목소리가 들렸다. 여성이 뭐라고 대응하는 목소리가 들리는데, 무슨 말인지 알아들을 수는 없었다.

잠시 후,

"그놈이야, 그놈이 죽인 거야!"

더욱 흥분해서 외치는 젊은 남자의 목소리가 문 밖까지 똑똑히 들렸다.

위험을 감지한 나고시와 가마다는 순간적으로 얼굴을 마주보았다가…… 나고시가 인터폰을 누를 때 가마다는 문 걸쇠를 벗기고 안으로 들어섰다.

인터폰은 반응이 없었다. 집 안에서 들리던 목소리도 뚝 끊겼다. 나고시는 거듭 인터폰을 누르고 가마다는 현관문을 세게 두드렸다.

"사토 씨, 안녕하세요, 사토 씨, 잠깐 실례하겠습니다."

대답이 없자 가마다는 다시 문을 두드렸다. 현관문 앞으로 따라 들어온 나고시가,

"사토 씨, 지나가다가 인사하러 들렀는데, 문 좀 열어보세요."

하고 문 앞에서 오른쪽으로 돌아가 방 창문 앞에서 소리쳤다.

가마다가 조금 초조해져서 나고시를 향해,

"뒤로 돌아가 볼게."

라고 말하고 현관 앞을 떠날 때였다. 집 뒤쪽에서 커다란 소리가 들렸다. 양동이나 물뿌리개를 걷어차는 듯한 소리였다.

가마다와 나고시가 재빨리 뒤쪽으로 뛰어갔다.

시바가 운전하는 오토바이가 잠복용 경찰차 뒤에 멈추었다.

구라오카는 뒷좌석에서 내려 헬멧을 벗으며 텅 빈 경찰차를 확인했다.

"뭐 하는 거야, 이 녀석들은."

감시중이던 집 쪽을 바라보는데 그 집 뒤쪽에서 "어이, 거기서!" "서라니까!"라는 목소리가 들렸다. 시야가 닿는 범위에서는 아무것도 보이지 않는다. 그러자 시바가 오토바이를 휙 돌려 방향을 바꾸더니,

"뒤쪽 도로로 돌아가 볼게요."

하고 긴장한 목소리로 말했다.

구라오카가 고개를 끄덕이며,

"나는 현관 쪽으로 가보지."

라고 말하고 현관을 향해 뛰었다. 뒤에서 오토바이가 출발하는 소리가 들린다.

인터폰을 누르자. 잠시 뜸을 두었다가,

"……예."

하는 가느다란 목소리가 흘러나왔다.

"하치오지 남서의 구라오카입니다. 일전에 다치카와대학에서 시신 확인을 하신 뒤에 말씀을 들었던 사람입니다."

"아…… 잠시만요."

인터폰이 일단 끊겼다. 잠시 후 현관문이 열리고 사토 에마가 초췌한 얼굴로 나타났다.

5

구라오카는 우선 안부부터 물었다. 에마는, 괜히 걱정을 끼쳐 드리네요, 하고 인사하더니 현관과 연결된 거실로 그를 안내했다.

안쪽에 보이는 방문이 활짝 열려 있다. 에마가 거실과 연결된 주방에 들어간 사이 구라오카가 집 안을 살펴보았다. 6첩 다다미 방에 간병용 침상이 있고 고령의 노파가 누워 있다. 노파는 의식이 있는지 없는지 눈을 감고 뭔가를 되새김질 하듯이 입을 오물거린다.

실내에는 가지런히 정돈된 간병용품이 보인다. 부인이 거의 혼자 간병을 맡아왔으리라 짐작할 수 있었다. 뭐라고 형용하기 힘든 독특한 냄새가 방 밖에까지 풍겨나왔다.

이와 비슷한 냄새가 구라오카의 기억에 있다. 뇌졸중으로 쓰러진 아버지는 죽음을 맞기까지 삼 년 내내 자리보전을 했다. 어머니가 집에서 혼자 간병을 맡았다. 고향집에 돌아갈 때마다 불쾌하다고 말하면 미안하지만…… 평범한 살림집 냄새를 한참 고아낸 듯한, 저도 모르게 호흡을 멈추게 하는 독특한 냄새가 났다. 그 고향집 냄새와 비슷하다.

"아드님이 방금 전까지 여기 있었군요."

구라오카는 거실로 돌아오며 단도직입적으로 물었다.

주방에서 차를 준비하던 에마가 잠시 망설이다가,

"예."

하고 대답했다.

"무슨 일이 있었는지 말씀해주십시오."

"……앉으세요."

에마가 식탁 의자를 권했다.

그가 앉자 부인이 차를 내놓으며 한숨과 함께 이야기를 시작했다.

"제가 의식을 찾은 뒤 아들에게 남편 소식을 빨리 알려주려고 몇 번이나 연락을 시도했지만 연결이 되지 않았어요. 저는 시어머니가 걱정돼서 방문요양사와 계속 연락하다가 오늘 오후에 퇴원할 수 있게 되자마자 이곳으로 바로 왔습니다. 시어머니를 간병하고 겨우 한숨 돌리는데, 앞으로 어떻게 할지 걱정이 되더라고요. 어쨌든 신토에게 알려야 하니까 일어나서 연락하려는데 마침 아들이 집에 돌아온 거예요."

여기까지 이야기하는 데도 대목마다 뜸을 들이고 연방 한숨을 흘리느라 한참이 걸렸다. 구라오카는 꾹 참고 한 마디도 섞지 않고 듣기만 했다.

"아들이 그러더라고요. 어제 네리마 집에 가보니 인상이 안 좋은 남자들이 집 앞에 있어서, 예감이 안 좋아 자기도 모르게 도망쳤다고. 삼 년 전 사건은 물론 아들이 잘못한 겁니다만, 경찰 조사 때 정신적으로 많이 힘들었는지…… 그 뒤로 인상이 차가운 남자만 보면 몸이 덜덜 떨리고 도망치고 싶어진대요. 그래서 어제도 자기도 모르게 달아났는데, 중간에 스마트폰을 도랑에 빠뜨려 진흙이 들어가는 바람에 서비스센터에 보냈대요. 말썽을 일으킨 삼 년 전부터는 뉴스나 신문을 보지 않아서인지 남편 소식을 모르고 있더군요. 어제는 인터넷카페에서 잤다고 하고요. 아빠가 집에 돌아오지 않았다고 문자로 알려놓기는 했어요. 그래도 답장은 없었지만."

마냥 듣고만 있다가는 요점이 금방 나오지 않을 것 같아서 구라오카가 물었다.

"그래서 아드님에게 아빠 사건을 말했습니까?"

에마는 초점 흐린 눈으로 고개를 끄덕였다.

"아빠가, 죽었다…… 죽었어, 하고 말했죠. 아들은 무슨 엉뚱한 소리를 하느냐는 얼굴이었어요. 내가 경찰관과 함께 가서 시신을 확인했다고 알려주고, 경찰 말로는 아빠가 누구한테 살해된 것 같다는 것도……."

남편의 시신이 떠오르는지 갑자기 얼굴을 양손으로 가리고 눈물을 참던 에마가 잠시 후 호흡을 고른 뒤 가만히 손을 내리며 말을 이었다.

"신토는 차마 믿기지 않는지…… 왜, 하고 묻더군요. 경찰에서 아빠를 원망할 만한 의심 가는 사람이 있는지 물었다, 원한에 의한 범행을 짐작하게 하는 쪽지가 남아 있었다고 말했습니다."

"……그 메시지 내용을 아드님에게 말했습니까?"

그녀는 한숨을 짓고 나서 희미하게 고개를 끄덕였다.

"신토도 그 쪽지에 구체적으로 뭐라고 적혀 있었는지 묻길래…… '눈에는 눈'이라고. 경찰한테 그렇게 들었다고……."

"아드님은 어떻게 반응하던가요?"

"……몹시 충격을 받은 것 같아요. 여하튼 아빠를 만나러 가자고 했습니다. 아빠에게 합장하고 앞으로 어떻게 할지 찬찬히 생각해보자고요. 하지만 아들은 '눈에는 눈'을 몇 번 중얼거리더니 저에게 무슨 의미인 것 같으냐고 물었어요. 저야 알 길이 없죠. 모른다고 하자── '눈에는 눈'이라는 말을 듣고 무슨 생각을 했느냐고, 사나운 목소리로 물었습니다. 대답 안 하면 가만두지 않겠다는 듯이 눈을 부릅뜨고…… 저는, 망설이다가, 삼 년 전 일을 생각했다고 말했습니다."

"그랬더니요?"

"나 때문에 아빠가 살해되었다고 생각하는구나, 하고 소리치는 바람에 깜짝 놀랐어요. 그렇게까지 생각한 건 아니니까요. 하지만 신토는…… 자기 탓을 한다고 받아들인 모양이에요."

그녀는 고통스러운 듯 미간을 찡그리고 잠시 침묵하다가 힘주어 고개를 끄덕이며 말했다. "아이가 그렇게 생각한 이유는 자기도 나쁜 짓을 했다고 생각하기 때문이겠지요. 그러면서도 피해 여성이나 그 부모에게 진심으로 사죄하지 않은 일을 후회하기 때문일 거예요…… 저는 아들에게 그렇게 말하고 이제라도 사죄하러 가자고 했습니다. 진심으로 사죄하고 속죄하겠다는 마음을 행동으로 보여주자, 그렇게 해서 네 인생을 깨끗하게 다시 일으켜 세우자고 말했습니다."

구라오카는 왜 많은 가해자와 부모들이 그렇게 하지 못할까, 하는 생각에 안타까웠다.

"그 아이는…… 또 나 때문이라는 거야, 하고 울부짖더군요. 사과하지 않기로 했잖아, 아빠와 변호사가 절대로 사죄하지 말라고 했잖아, 그래놓고 왜…… 그러다가 문득 고개를 들더니, 그래, 그 거야, 하며 뭔가 떠오른 표정으로…… 그놈이야, 그놈이 죽인 거야, 라고 소리쳤습니다."

"그놈이라니…… 누구를 말하는 거죠?"

"모르겠어요. 당장 그놈한테 가겠다며 집을 뛰어나가려고 했습니다. 누구를 말하는 거냐고 제가 물을 때 인터폰이 울렸어요. 신토는 인터폰 화면에 비친 남자를 보고, 경찰이야, 얼굴만 봐도 알 수 있어, 라고 했습니다. 또 내가 벌인 짓으로 만들려고 찾아온 거야, 삼 년 전에도 나는 실제로 한 게 없는데, 약물도 내가 탄 게 아닌데, 아무도 믿어주지 않고, 요네다보다 더 나쁜 놈처럼 몰아가고……."

그녀가 눈물을 글썽이며 말했다. "피해를 당한 여자분 생각은 하지 않는 거냐고 저는 호소해봤지만 듣지 않았어요. 자기 생각밖에 못하는 한심한 아들입니다. 하지만 그렇게 키운 것은 부모 잘못입니다. 도망치지 말고 정면으로 감당하라고 했습니다. 떳떳하지 못할 이유가 없다면 경찰을 만나서 충분히 이야기하라고.

한데 그 아이는 경찰은 절대 믿을 수 없다, 내 말을 전혀 듣지 않는다며 뒷문으로 나가려고 했습니다. 저는 어떻게든 붙잡으려고 했지만, 밖에서 들리는 남자들 목소리에 정신이 팔린 사이에 아들은 들어왔을 때처럼 뒷문으로 나가버렸습니다……."

정리하자면, 집 안에서 말다툼하는 소리가 들리자 계속 지켜만 볼 수 없다고 생각한 나고시와 가마다가 문을 두드렸고, 신토가 뒷문으로 도망치자 당황해서 뒤를 쫓아간 것이다.

구라오카가 상황을 정리하고 있을 때 인터폰이 울렸다.

인터폰 화면에 헬멧을 든 시바 모습이 비쳤다. 눈길을 내리고 한숨을 짓는 표정을 보건대 신토를 놓친 모양이다.

6

"······여보세요."

"오, 잘 지냈나? 그 뒤에 어때?"

"예······? 뭐가요?"

"알면서 왜 이래. 짭새 아저씨한테 그 뒤에 어때, 하고 물으면 당연히 수사 진척 상황을 묻는 거지. 어리바리한 척 피하지 말라고."

"죄송합니다."

"그래, 유력 피의자가 좀 좁혀졌나?"

"······왜요?"

"오, 궁금해? 말해줄 수는 있는데, 내 얘기 듣는 순간 나랑 손잡은 거다. 실은······."

"아, 잠깐만요, 말하지 마세요."

"어허, 과감하게 쪼금만 타락해 보라니까. 달콤한 꿀이 기다리고 있어요."

"딸린 식구가, 있어서······."

"하아, 나한테도 그런 게 있었지. 지금은 어디서 어떻게 살고 있는지. 찜찜한 추억 떠올리게 하지 말라고."

"······죄송합니다."

"수상한 놈 이름 몇 개만 읊어주면 돼."

"아, 아뇨, 아직 사건의 개요를 파악하지 못하고 있는 것 같아요. 여기저기 잠복 감시도 하고 탐문도 하고 있어요. 조사 대상자가 꽤 불어나서, 몇 명으로 좁힐 만한 단계는 아직……."

"윗놈들은 여전히 띨띨하군. 그럼…… 구라 씨는 지금도 있겠지, 그쪽 서에."

"구라오카, 경부보 말입니까? 그분이라면, 네."

"당연히 수사본부에 들어갔을 테고."

"그야 그분은, 아무래도……."

"그럼 구라 씨가 누굴 추적하고 있는지만 알려주면 되겠네. 그것만 알면 수사 방향은 대강 알 수 있지, 젖혀놓을 수 없는 사람이니까."

"친합니까…… 구라오카 경부보랑."

"구라 씨한테 물어봐. 그 순간 구라 씨가 자네를 의심하겠지. 똘똘한 형사니까. 하지만, 그 친구는 정년까지 못 가."

"네? 그만둔다는 겁니까?"

"하하하, 할 줄 아는 게 형사 일밖에 없는 친구인데 설마 그만두겠나…… 죽는다는 거지."

"예……?"

"죽을 거야, 정년 오기 한참 전에. 총알이 박히거나 칼침을 맞거나 사고로 위장한 트럭에 꽝 해서. 제일 먼저 떠오르는 그림은, 누굴 보호하려고 나서다가…… 그 전에 쪼금만 활용하자는 거지. 그 친구가 누굴 추적하는지 읊어봐. 그냥 혼잣말을 해보라고."

"……제가 들은 건 두 명 정도밖에."

"그래도 상관없어. 자, 이제 전화 끊었어. 끊었다고 믿었던 거야. 그래서 문득 생각난 이름을 아무 생각없이 중얼거렸지."

"……음 ……하시모토, 류스케…… 사토, 신토."

구라오카 일행이 사토 신토를 또 놓쳐서 수사본부 간부들에게 질책을 받고 사흘 뒤 심야, 어느 파출소로 중년 여성이 달려왔다.

"살려줘요, 도와줘요. 딸아이와 저를 죽이려고 해요."

그녀가 핏발선 눈으로 애원하자 파출소에 있던 순사가 일단 흥분을 가라앉히려고 다독였다.

"이렇게 미적거리다가는 당하고 말 거예요."

여성은 초조한 얼굴로 말했다. "그럼, 저어, 구라오카 씨에게, 연락해주세요."

"그게 누구죠?"

미간을 모으며 묻는 순사에게 여성은 바깥을 경계하며 호소했다.

"구라오카 형사 말예요. 예전에 제 이야기를 들었으니까 사정을 잘 알 겁니다. 틀림없이 도와주실 겁니다. 그분을 불러주세요, 어서요! 그놈이 우릴 죽이려고 해요. 제발 딸아이를, 우리 목숨을 구해주세요."

불신의 세계

1

　밤이 되어도 기온은 그리 떨어지지 않아 미지근한 바람이 몸에 감긴다.

　스기나미의 젠푸쿠지 강변 산책로는 가로등이 밝아 밤이 깊어도 조깅을 하거나 애완견 산책을 나온 주민이 끊이지 않는 편이다. 한편 산책로를 벗어나 연못이 있는 넓은 공원으로 들어가면 가로등은 거의 없고 사람도 볼 수 없다.

　연못 중앙에 있는 섬에는 많은 새들이 산다. 휴일이면 새 애호가들이 모이지만 지금은 인기척이 없고 새소리도 들리지 않는다. 연못 가까운 벤치에 과자가 든 편의점 비닐봉지를 내려놓고 언제든지 도망칠 수 있도록 벤치 뒤에 서서 캔 커피를 마셨다.

　약속시간이 십 분이나 지나도록 상대방은 나타나지 않았다. 전화 통화를 할 때 상대는 만남을 망설였었다.

　하는 수 없지, 다시 걸어볼까…… 그렇게 생각할 때 연못 건너편에서 작지만 밝은 빛이 반짝거렸다. 그 빛이 연못을 빙 돌아서 이쪽으로 다가왔다.

　스마트폰 조명일 것이다. 세 번 깜빡이고 꺼졌다가 잠시 후 다시 세 번 깜빡였다. 사전에 정해둔 '나는 혼자다, 안전하다'라는 사인이다. 이쪽도 스마트폰 조명을 켜서 두 번 깜빡였다.

상대방이 신호를 확인하고 옆으로 다가왔다. 조명을 상대방 얼굴로 향하자 상대방이 손으로 빛을 막았다. 주위와 뒤쪽도 비춰 보았지만 다른 사람은 보이지 않았다.

스마트폰 전원을 껐다. 이번에는 상대방이 조명을 이쪽으로 향했다. 손으로 막으며,

"됐어. 눈부셔."

말하자 곧 조명이 치워졌다.

"신토?"

요시카와 다쿠미가 말을 건넸다. "너, 머리 잘랐냐?"

사토 신토는 가나가와의 할머니 집에 경찰관으로 보이는 남자들이 찾아오자 허겁지겁 도망치고 이튿날 고등학생 때부터 늘 눈에 띄게 길었던 머리카락을 짧게 쳤다. CCTV로 추적되지 않도록 변장을 한 셈이다.

어둠이 눈에 익자 주변이 희뿌옇게 보였다. 신토는 벤치 앞으로 돌아가 앉았다.

"좋아, 너도 앉아. 불 *끄고*."

요시카와는 순순히 벤치에 앉아 스마트폰 조명을 껐다.

"신토…… 스마트폰 갖고 있었네. 근데 왜 공중전화로 연락한 거야?"

"응? 좀 사정이 있어서……."

머리를 자른 날 스마트폰 수리가 끝났다. 다만 부팅하는 순간 경찰이 위치추적을 할 것 같은 두려움에 최대한 사용을 자제하고 있다.

"요새 감시당하고 있다고 했잖아. 경찰이 미행하지 않았을까?"

신토의 물음에 요시카와는 어깨를 으쓱해 보이며 말했다.

"아파트 뒷문으로 나왔어. 현관 쪽에는 경찰차 같은 게 있지만 뒤쪽에는 없는 것 같더라고. 어제도 뒷문으로 편의점에 다녀왔는데, 그쪽 골목에도 아무도 없었어. 그리고 엄마가 현관으로 나갈 때 창문으로 지켜봤는데 아무도 미행하지 않았어."

"왜지?"

신토는 캔 커피를 친구에게 내밀었다.

"경찰은 우리를 감시하는 게 아니라 그놈이 또 찾아오는지를 감시하는 거겠지. 네 아빠처럼 우리 부모도……."

요시카와는 잠깐 말끝을 흐리다가 덧붙였다. "노릴지 모르니까. 으음, 아버님 일은, 뭐라고 명복을 빌어드려야……."

신토는 대답하지 않고 가만히 한숨을 흘렸다.

"……그럼, 경찰은 역시, 그 형이 죽인 거라고 생각하는 거네."

"응. 전화로 말했잖아, 요네다네랑 구스모토네 CCTV에도 찍혀 있었대. 공격하기 위한 사전답사라고 우리 부모님은 무서워하고 있어. 빨리 체포하라고 경찰에 요청했지만…… 하시모토라고 했나? 경찰도 행방을 모른다고 했대. 하지만 복수라면 왜 직접 우리를 노리지 않지?"

신토는 캔 커피를 입으로 옮겼다.

요시카와도 어렵게 캔 커피를 따서 한 모금 마시더니 물었다.

"할 얘기라는 게 뭐야? 우리, 직접 만나서 얘기하는 거, 가능하면 피하는 게 좋지 않나?"

"왜? 또 누굴 따먹을지 상의하는 것처럼 비칠까봐?"

"그만해, 그게 아냐."

요시카와가 진저리난다는 듯이 말허리를 잘랐다.

신토가 땅바닥을 가볍게 찼다.

"요시는 지금 뭐 해? 어디 학교 같은 데라도 다니나?"

"다른 전문학교에 다녀. 복지 쪽으로 입학했지만 지금은 애니메이션 쪽으로…… 근데, 이젠 못 다니겠어."

"무슨 일 있었어?"

"다들 내가 무슨 짓을 했는지 아는 것 같아서……."

요시카와가 다리를 떨기 시작했다. "인터넷에서 누가 내 이름과 얼굴을 발견해서 퍼뜨리고 뒷담화를 하는 것 같아…… 부모님은 신경 쓰지 말라고 하지만 늘 누군가 나를 비난하고 경멸하는 기분이 들어서…… 학교 가기가 힘들어."

"진짜, 나랑 똑같네."

신토는 쓴웃음을 짓고, "다른 대학에 다녀볼까 했지만, 매일 얼굴을 보는 놈들이 전부 나를 알고 있는 것 같아서 학교에 가기도 힘들고…… 음악계 전문학교도 일주일 만에 때려치웠어. 알바도 같은 이유로 금방 그만두고."

"너도냐…… 부모님은 요네다 쪽 변호사와 연줄을 동원하고 큰 돈까지 써서 간신히 혐의를 벗겨 주었는데…… 왜 마음을 고쳐먹지 못하고 성실하게 공부하지 못하느냐고…….

맥없이 팔을 늘어뜨렸다가 캔 커피를 바닥에 쏟은 요시카와가 당황하며 다시 들어 올렸다. "열심히 공부해봐야 이젠 취직도 결혼도 힘들겠지. 누군가 인터넷에, 직장이나 배우자에게 과거를 폭로해버리면 그걸로 끝이니까."

신토도 부모에게 비슷한 말을 들었다. 아니, 아버지에게는 더 심한 말도 들었다.

너 때문에 집안이 망가지고 내 인생도 엉망이 되었다, 네가 이렇게까지 멍청한 줄은 몰랐다. 여자가 탐나면 돈으로 사면 되잖아. 2만 엔이면 될 일을 대체 얼마를 쓰게 만들었냐. 게다가 실제로 해보지도 못하고 약물이나 타는 심부름꾼 노릇만 하다가 수백만 엔이라니. 너 진짜 바보냐. 온갖 수단을 다 동원해서 구해줬는데 고마운 줄도 모르고. 이제 조금은 반성하고 공부 좀 하려나 했더니 공부도 틀렸고 음악도 틀렸고, 그냥 인간쓰레기잖아. 너는 이제 한 인간으로서 끝장난 거야.

"……설마, 진짜 죽일 줄이야."

신토가 중얼거리자 요시카와가 뭐? 하고 반응했다.

"요시, 너, 누가 부모를 죽여줬으면 하는 생각 해본 적 없냐?"

"뭐? 무슨 소리야."

"생색이나 내고, 큰돈 써서 구해주었는데 왜 공부를 안 하냐고 잔소리하는 놈이 사라지는 거야. 보험금도 나오겠지. 그 돈으로 외국이나 우리에게 전혀 관심 없는 곳으로 가면 돼. 그 형에게 부탁해줄까? 요시카와네 부모도 죽여 달라고."

상대방이 눈이 휘둥그레져서 숨을 삼키는 것은 안 봐도 알 수 있었다.

신토가 웃음을 터뜨렸다.

"그런데 그 사람한테 연락할 방법이 없어. 너희 집에 찾아왔었다고 하는데, 뭔가 생각하는 게 있는 건가?"

"너, 지금 무슨 얘길 하는 거야."

"말했잖아, 그 형…… 사실은, 우리도, 우리 부모도 다 때려죽이고 싶어 하는 거라고. 하지만 자기 손에 피를 묻힐 가치도 없다고 생각하니까, 일단 사죄하라고, 직접 찾아와 사죄하라고 한 거지. 우리는 사죄하러 가지 않았어. 돈만 던져주고 말았잖아. 당연히 증오스럽겠지…… 그래도 우리 아빠부터 당하다니……."

신토는 문득 앞을 보았다.

잡초가 높이 우거진 호수 가운데 섬이 먼 가로등 때문에 한층 꺼멓게 떠올라 있다. 불온한 분위기를 풍기는 어둠덩어리처럼 보인다.

"……아직 보지 못했어, 아빠 시신. 조만간 모두 그렇게 되겠지만."

"뭐……? 무슨 말이야, 그렇게 될 거라니."

"시신 말이야. 한 명 한 명 야금야금 죽일 작정이겠지. 우리는 나중으로 미뤄놓고. 다음은 누구 차례일까 하는 공포에 빠뜨려 고통을 주고 싶겠지."

신토가 차갑게 웃으며 말하자,

"제발 그만해."

요시카와가 초조한 기색으로 말했다. "너, 방금 그놈을 아는 것처럼 말했잖아. 알고 있다면, 말려줘. 나는 요네다와 구스모토한테 끌려갔을 뿐 직접 하지는 않았다는 거 너도 잘 알잖아…… 사죄해야 한다면 사죄하겠어."

"늦었어."

신토는 상대방 어깨에 손을 올렸다. "요시, 이렇게 살아서 뭐 하려고? 네 입으로 말했잖아. 취직도 결혼도 힘들고 애인도 친구도 사귈 수 없을 거라고. 살아갈 의미가 있나?"

"……왜 약물 같은 걸 가지고 있었던 거야, 신토. 그런 걸 가져가지만 않았어도."

"가져온 건 요네다였어. 놈이 나한테 맡긴 것뿐이야. 내가 타지도 않았어…… 누가 그 여자애들 잔에 탔는지 요시는 알지?"

요시카와는 어깨를 부르르 떨며 입을 다물고 있었다.

"나는, 아무리 그래도 그런 짓은 하지 말자고 했어. 그러자 요네다가 약을 안 타면 너랑 나한테 죽여 버리겠다고 협박했지. 그랬더니…… 요시, 네가 내 손에서 약을 빼앗아 얼른 끝내버리자고 여자애들 잔에 탔잖아."

"……무서웠어, 그 새끼는 툭하면 급소나 옆구리를 때리니까."

"그런데 경찰 조사에서는 내가 탄 것으로 둔갑했지. 요네다도 구스모토도, 그리고 요시 너까지도 내가 탔다고 진술했어. 그 형사한테 다 들었다. 처음에는 요네다가 나한테 뒤집어씌우고 너는 형사가 닦달하니까 어쩔 수 없이 동조한 줄 알았어. 그래서 나는 네가 탔다는 사실은 밝히지 않고 내가 안 했다고 부정하기만 했지. 하지만 심문에서 풀려난 뒤 요네다와 구스모토가 말하더라. 자기들은 여자애들한테 술만 먹였다고 진술했는데, 사토가 약물을 탔다고 요시카와가 불었다며, 그 말을 형사한테 들은 뒤 재미있어서 네 진술에 동조해버린 거라고. ……그렇게 되면 3 대 1이니까, 내가 아무리 아니라고 말해도 형사들이 믿어주지 않은 거지."

"……이젠 상관없잖아, 기소되지 않았으니까."

"그런 문제가 아니잖아? 약물을 탄 놈이 제일 나쁘다고 경찰한테 얼마나 비난을 늘었는데."

"너도 말리지 않았잖아. 여자애가 약물이 든 우롱차를 마시는 걸 너도 잠자코 보고만 있었고 요네다와 구스모토도 말리지 않았지."

"그래, 그랬지…… 난 쓰레기 같은 놈이야."

신토는 상대방을 거칠게 떠밀었다. "제일 정상적인 사람은 그 오빠야. 동생을 위해, 사죄하라고, 우리들 집에 직접 찾아오고…… 아무도 사죄하러 오지 않으니까, 복수하러 나타났지. 솔직하게 말하면 그 새끼가 경찰에 얌전히 체포되게 놔두고 싶지 않아. 아니, 걔네 오빠를 도와주고 싶어."

"너, 이상해……."

요시카와는 겁에 질린 듯 목소리가 떨렸다.

"너는 지금도 부모 집에 살고 있지. 요네다와 구스모토는 아직도 혼자 살고 있냐?"

"응. 하지만 두 사람 모두 예전에 살던 연립에서 이사했어. 요즘 요네다는 아버지나 할아버지 연줄로 도내 건설 현장에서 일하고 있어. 꽤 괜찮은 급료를 받고 있대."

"네가 그걸 어떻게 알아?"

"구스모토하고는 아직 연락하고 있으니까. 가끔 연락이 와. 구스모토도 요네다 직장에 취직했는데, 나한테도 오라고 했거든. 주위에 전과 있는 놈도 있고, 이러쿵저러쿵 뒷담화하는 직장이 아니라고. 달리 갈 데 없으면 거기나 가볼까 생각 중이야."

"집어치워."

신토는 무뚝뚝하게 핀잔을 주었다. "그 새끼들이 누굴 오라고 할 때는 골치 아픈 일을 떠넘기려는 거야. 두 놈이 어디 사는지 알려줘. 요네다의 주소는 구스모토한테 물어보면 알 거 아냐."

"알아서 뭐하게?"

"그 형이 찾아올 가능성이 있잖아. 마음만 먹으면 알아낼 방법이야 있을 테고…… 이미 복수할 마음을 먹었을 거야."

2

구라오카의 시선이 향하는 침대에 여자와 다섯 살짜리 여자애가 붙어서 자고 있었다.

이불이 두 사람의 목까지 덮고 있다. 두 사람이 다쳤는지 아닌지는 알 수 없지만 잠든 얼굴이 평온해 보여서 일단은 안심해도 좋을 것 같았다.

"구라오카 씨."

요다 스미코가 뒤에서 불렀다.

"응."

구라오카는 대답하고 뒤로 물러나 조용히 문을 닫았다.

"구라오카 씨가 도착할 때까지는 깨어 있겠다고 하셨지만, 마음이 놓였는지 어느새……."

"다친 데는?"

"그분도 여자애도 다치지는 않았대요. 제가 봐도 괜찮아 보였어요. 혹시나 해서 체온도 쟀는데 두 사람 모두 열은 없었어요."

"그래? 정말 고맙군."

구라오카는 머리를 깊이 숙였다.

"아뇨. 이 집보다 제대로 된 시설이 더 낫겠지만, 가까운 보호시설에 빈 방이 없었어요. 일반 호텔도 늦은 시간이라 받아주지 않고, 아이도 있다 보니까……."

"잘 했어, 정말 큰 신세를 졌네."

"앉으세요, 금방 차를."

그녀가 식탁에 앉으라고 권했다.

"아냐, 이렇게 늦은 시간에 폐를 끼친 것도 미안한데."

사양하려고 하자,

"마침 차 마시면서 쉬려던 참이니까 같이 어울려 주세요. 시바 씨도 앉아요."

요다는 현관과 연결된 주방에서 기다리던 시바에게 자리를 권하고 주방으로 들어갔다.

"그럼 실례합니다."

시바가 식탁과 세트인 세련된 의자에 앉았다.

구라오카도 미안해하는 몸짓으로, 그럼 잠시, 하며 옆 의자에 앉았다.

몇 시간 전, 구라오카에게 세타가야 구의 파출소에서 연락이 왔다. 야스하라 히로에라는 여성을 아십니까, 하는 문의였다. 기억에 없는 이름이었다. 수화기 저쪽에서 여자 목소리가 들렸다. 결혼 전 성은 고모다였다고 합니다, 라고 전하는 순사의 말에 이어, 구라오카 씨, 도와줘요, 라고 외치는 목소리를 듣고서야, 아, 그 사람이구나, 하고 떠올릴 수 있었다.

남편의 폭력을 피해 도망쳐 나왔다는데 구라오카는 근무 중이라 당장 움직일 수 없었다. 파출소 순사에게 최대한 도와주라고 부탁했지만, 심야시간대에는 세타가야 서로 연결되는 직통전화만 남겨두고 파출소 인력은 철수하게 되어 있었다. 호텔 위치 같은 정보를 알려주는 정도밖에 할 수 없다는 말을 들은 그녀는 급하게 집을 나오느라 당장 수중에 돈이 없다고 했다.

구라오카가 고민 끝에 떠올린 사람이 요다 스미코였다. 그녀라면 가정 폭력을 피해서 가출한 모녀를 도와줄 것이다. 마침 주소도 세타가야 쪽이라고 들은 기억이 있다. 이미 잠들었을 시간이지만, 미안함을 무릅쓰고 전화를 걸었다. 다행히 그녀는 아직 깨어 있었다. 사정을 설명하자, 지금 살고 있는 집은 조후이지만 택시를 타면 그리 멀지 않을 테니 바로 파출소로 가보겠다고 대답해주었다.

잠시 후 요다가 구라오카에게 전화했다. 다섯 살짜리 여자애가 칭얼대는 상황이니 일단 자기 아파트로 모녀를 데려가려고 한다, 그러니 자신에 대하여 부인에게 잘 설명해 달라고 요청하는 전화였다. 히로에는 스마트폰도 집에 두고 나왔다고 한다.

구라오카는 히로에에게 요다는 믿을 수 있는 여성경관이니까 안심하고 도움을 받으라고 전했다. 죄송해요, 구라오카 씨, 달리 부탁할 사람이 없어서, 라며 히로에는 자꾸만 사과했다.

근무를 마친 구라오카가 히로에 모녀에게 달려가려고 했지만 택시가 잡힐 것 같지 않았다. 마침 근무 중이던 시바가 오토바이로 데려다주겠다고 자청해 주었다. 요다의 아파트에 도착한 시바는 밖에서 기다리겠다고 했지만, 구라오카는 요다가 혼자 살거나 동거인이 있을지 모르므로 함께 방문해 달라고 부탁했다. 요다는 기품 있고 청결한 아파트에서 혼자 사는 듯했다.

"히로에 씨가 구라오카 씨를 깊이 신뢰하고 있더군요."

요다가 녹차 석 잔을 내오며 말했다. 요다에게는 경찰서에서 보여주던 딱딱한 인상이 안 보이고, 경찰서에서 처음 만나 구라 씨, 스미 짱이라고 친근하게 부르며 근무하던 시절의 부드러운 인상이 돌아와 있었다.

"구 년 전이라던데. 작은 극단에서 연극을 하던 시절, 무슨 사건 때문에 구라오카 씨를 알게 되었다고…… 한번은 연극도 보러 와 주셔서 기뻤다고 하셨어요."

"구라오카 씨가 연극을?"

시바가 뜻밖이라는 듯 웃음이 묻어나는 목소리로 말했다.

구라오카는 쑥스러운지,

"수사 1과에서 담당했던 강도살인 사건 때문에 알게 됐지."

라고 애써 딱딱한 표정으로 말했다.

남자 네 명이 노부부의 주택에 침입하여 남편을 둔기로 때려 죽이고 부인에게는 중상을 입혀 금품을 강탈했다. 도주에 사용된 렌터카를 추적하자 운전한 자도 특정되었다. 작은 아마추어 극단을 운영하는 서른 살 남자였다.

"그자의 애인이 같은 극단에 있던 히로에였어. 러브호텔 청소나 호스티스 알바를 여러 탕 뛰며 애인과 극단을 돕고 있었지. 명랑하고 소탈하고 맘씨 곱고, 애인은 재능이 있어서 틀림없이 성공할 거라 믿고 있더군. 렌터카 건도 친구에게 속아 운전을 부탁받은 게 틀림없다고 우리 질문에도 순순히 대답해주었지."

한데 남자는 성공할 가망이 보이지 않아 방황하다가 노름으로 크게 잃고 빚을 갚기 위해 스스로 범죄에 끼어든 상황이었다. 체포 직전에는 산속에서 목을 매단 모습으로 발견되었다. 구라오카는 사체를 목격하고 쓰러져 우는 히로에에게 어려운 일이 있으면 말하라며 다독여 주었다.

"일 년쯤 지났나. 히로에는 애인이 남긴 대본으로 소극장에서 추도공연을 했고 나도 초대받았어. 원래라면 바빠서 못 갔겠지만, 마침 그 전날 사건이 종결되어 시간도 나고 해서…… 연극 같은 걸 본 적이 없어서 뭐라고 확실하게 말할 수는 없지만, 죽은 애인에게 재능이 느껴지지는 않는 평범한 코미디더군. 히로에는 남자들에게 번번이 속으면서도 명랑하게 사는 여성을 과하다 싶을 만큼 활기차게 연기했어. 역전 꽃집에서 천 엔짜리 꽃다발을 사다 건네주고, 재미있었다고 감상을 말해주자 히로에는…… 거짓말 못 하는 얼굴이라 다 안다, 그치만 와 주어서 기쁘다고 눈물을 글썽이며 웃더군."

이듬해도, 또 그 이듬해도 히로에는 소극장에서 사흘 동안 연극을 공연했다. 새 애인이 각본을 쓴다고 했다. 재능 있는 사람이라고 했지만 공연을 보러 갈 시간은 없었다.

어느 날 그녀가 연락했다. 애인에게 폭행을 당하고 있다고 눈물로 도움을 청했다. 실력을 인정받지 못해 빛을 보지 못한 남자가 궁지에 몰려 여자에게 손찌검을 한다는 이야기였다. 참을 만큼 참았지만 한계에 다다른 듯했다.

애인을 형무소에 보내고 싶은 것이 아니라 원만하게 헤어지고 싶을 뿐이라고 해서 구라오카의 중재하에 애인을 설득하고 그의 고향집에도 연락했다. 결국 남자는 부모를 따라 시골로 돌아갔다.

"그리고 사 년 전, 결혼했다는 연락이 왔어. 곧 아이도 태어난다고 하더군. 남편이 시나리오 작가라고 했어. 재능이 넘치는 사람이라 조만간 큰 상을 받을 거라고 밝은 목소리로 말했지. 솔직히 예감은 좋지 않았지만…… 아무 말 안했어. 무슨 문제가 생기면 연락하라고만 말해뒀는데."

구라오카는 녹차를 한 모금 마시고 한숨을 쉬었다. "이건 그냥 내 상상이지만…… 히로에는 애인에게 재능이 없다는 사실을 누구보다 잘 알았던 게 아닐까. 알면서도 격려하고 돕는 것이 그녀 나름의 사랑이었는지 몰라. 좋지 못한 모습으로 끝나리라는 것, 상처를 받으리라는 것을 알면서도 자꾸 반복하고 마는…… 어릴 적 성장환경과 관련이 있는지는 모르겠지만, 단순히 가해자와 피해자로 단정할 수만은 없는 남녀관계도 있을 것이고…… 스미 짱은, 아, 요다 경부는, 실제로 폭력을 당한 쪽은 여성이니까 이렇게 남녀 모두 문제가 있다는 식으로 말하면 불쾌하겠지만."

"아뇨……."

요다는 분명치 않은 목소리로 대답했다. "남녀관계뿐만 아니라 사람과 사람 사이에는 남들이 속속들이 이해하기 힘든 관계가 있다는 점은 저도 이해하고 있어요."

구라오카는 말없이 차를 다 마셨다.

"······잘 마셨어. 이렇게 맛난 차는 처음 마셔보는군."

"뭘 그렇게까지."

요다가 겸연쩍게 웃었다.

"아뇨, 정말 맛있네요."

시바도 인사치레로만 들리지 않는 차분한 목소리로 말했다.

"차에는 인품이 우러난다고 하죠."

"겨우 차 한 잔에 그런······."

"겨우 차 한 잔이라는 생각으로 타지 않기 때문이겠지."

구라오카가 혼잣말처럼 말했다. 요다도 시바도 말이 없다. 묘한 침묵이 거북해져서······ 자 그럼, 하며 의자에서 일어섰다.

"내일 히로에 모녀가 묵을 장소는 수배해 둘 테니까."

요다도 의자에서 일어나며 말했다.

"수사본부가 한창 바쁠 때잖아요. 제가 공공기관에 문의해 볼 테니까 구라오카 씨는 수사에 전념해주세요."

사실 구라오카도 따로 믿는 데가 있는 건 아닌지라 미안한 마음은 들었지만,

"그렇게 해준다면야······."

염치 불고하고 맡기기로 하고 살짝 고개를 숙였다.

시바도, 차 잘 마셨습니다, 인사하고 일어나 아파트를 나가려고 했다.

구라오카가 잠깐 망설이다 다시 의자에 앉았다. 두 사람의 시선이 느껴진다.

"……그, 하시모토 가에 찾아왔던 가짜 경관 말인데."

하고 이야기를 꺼냈다. 두 사람이 긴장한 얼굴로 의자에 앉았다.

"이름은 이자키 유키오야. 예전에 수사 1과에서 제법 실력 있던 형사였지."

"경찰이긴 했군요."

시바가 확인하듯 말했다.

"음. 내부 정치에도 뛰어나고 승진시험도 쉽게 합격하고, 나로서는 경박한 구석이 마음에 걸렸지만 윗사람 눈에 들어서 출세가 빠를 것 같았지. 그런데 여자 밝히고 노름을 즐기더니 말썽을 일으켜서 육 년 전이었나, 퇴직했어."

"……기억이 나네요."

요다가 관자놀이를 만지며 말했다. "건달들과 엮여서 증거 은폐와 정보 누설 혐의로 체포될 수도 있다고 했는데 자진 퇴직해서 징계를 면하고 사건 자체도 유야무야되었죠……."

동의를 구하는 듯한 요다의 시선에 시바는 그답지 않게 자신 없다는 투로 말했다.

"아뇨, 저는 당시 다른 사건에 집중하고 있을 때라 기억이……."

"아, 그래. 당시 시바 씨는 올림픽을 목표로 맹훈련 중이었죠."

요다가 대수롭지 않게 말하자 어? 하며 구라오카와 시바가 동시에 놀라는 소리를 냈다.

두 사람이 빤히 처다보자 요다 역시 놀란 표정으로 말했다.

"응? 그야, 시바 씨는…… 근대 5종의 기대주로 올림픽 예비 선수였잖아요?"

구라오카는 요다와 시바를 몇 번이나 번갈아 보았다.

근대 5종…… 시바도 분명히 그런 말을 했지만 올림픽 종목 근대 5종이라고는 생각도 하지 못했다. 펜싱, 수영, 승마, 그리고 사격과 육상으로 구성된 경기이며 '스포츠의 왕'이라 불리지만 일본에서는 잘 알려진 종목이 아니어서 구라오카는 올림픽에 출전했던 선수를 한 명도 알지 못한다.

"……알고 계셨군요?"

시바가 갈라진 목소리로 물었다. "결국은 후보에 들지도 못했지만."

"나도 승마를 해요. 그래서 경찰에 근대 5종 올림픽 예비 선수가 있다는 말을 자연히 귀에 담아두었던 거죠. 한데 나중에 사고를 당해 단념하게 되었다는 이야기를 듣고……."

요다의 말투로 보건대 그 사고가 어떤 것이었는지는 모르는 듯했다.

"제가 부주의해서 잘 풀리지 않은 거죠."

시바는 딱딱한 웃음을 지으며 대답했다.

구라오카는 말없이 시바의 표정을 보았다.

"그럼, 그 퇴직한 형사가 하시모토 가에 찾아왔다는 겁니까?"

시바가 화제를 돌리며 구라오카에게 물었다.

얼렁뚱땅 화제를 피하려는 기미가 엿보이지만 그런 내색은 하지 않았다.

"이자키의 상황을 다소 아는 사람한테 얻은 정보인데…… 퇴직 후 대형 보험회사의 자회사인 리서치회사에 재취직했대. 보험금 청구가 정당한지를 조사하는 일이지. 한편 회사 업무 외에 개인적으로 의뢰를 받고 탐정 비슷한 일도 해왔다더군. 그런 활동을 위해 가짜 경찰수첩까지 만들어서 경찰을 자처하기도 했던 모양이야."

"그럼 하시모토 가에도 그런 식으로……?"

요다가 어이없어하는 표정으로 물었다. "변호사의 의뢰로 하시모토 가를 조사한 걸까요?"

"결과적으로 기소가 무산되었으니 의뢰인은 아마 더 윗선이겠지."

"요네다의 조부가 후원회 부회장으로 있는 오쿠다이라 관방 부장관 말입니까?"

시바의 말에 구라오카는 머리를 긁으며 말했다.

"실은 이자키는 야쿠모 형사부장의 총애를 받았어."

또 오쿠다이라 – 야쿠모 라인인가, 하며 두 사람이 숨을 삼키는 기미가 전해져온다.

그때 침실 문 열리는 소리가 들렸다.

세 사람이 돌아다보니 내의 차림의 여자애가 나타나 눈을 비비
며,

　"쉬마려……."

　하고 귀여운 목소리로 말했다.

3

사무실은 금방이라도 무너질 듯한 빌딩에 있었다.

"들어와. 괜찮으니까 들어오라고."

형사가 말했다. "아까 거기서 체포되고 싶었던 건 아니겠지?"

'거기'는 네리마의 사토 가로 통하는 길목을 말한다.

잠깐, 하며 형사가 그곳에서 길을 막았었다. 계속 걸어서 사토 가로 가면 잠복 중인 경관이 잡아서 임의동행을 했을 테고, 안으로 들어가 대문을 노크했으면 불법침입으로 현행범 체포였을 거야.

전봇대 뒤에 숨어 있다가 나타난 상대를 보고 놀란 후에는 이내 분노가 치밀어 올랐다.

뭐라고 항의하려는데 상대방이 쉿, 하고 말을 막고 사토 가 근처 도로에 주차되어 있던 검은 차량을 손으로 가리켰다. 저게 경찰차야. 저 차 안에 사토 마사타카 살해사건을 수사 중인 형사 두 명이 아들 신토나 자네가 나타나기를 기다리고 있지, 하시모토 류스케 군.

자기 이름이 튀어나와 숨을 삼켰다.

따라와. 이런 데서 체포되고 싶지는 않겠지. 보라고, 나 아무것도 없어, 하며 형사가 재킷을 열어 보였다. 뒤로 돌아 등도 보여준다. 권총이나 수갑은 보이지 않았다.

중요한 얘기가 있으니 따라와. 망설여졌지만 일단 따라가 보기로 했다.

대로로 나서자, 어디로 가는 거요? 하고 물었다. 사무실이 있으니 거기 가서 얘기하자, 라고 형사는 말했다. 살인 이야기를 패밀리레스토랑에서 할 수는 없잖아…….

상대방의 이죽거리는 웃음을 보니 하시모토 가에 대하여 샅샅이 조사했던 자라는 사실이 생각났다. 가족이 또 협박당하는 상황은 피하고 싶었다. 그가 지나가는 택시를 잡았다. 설마 택시 안에서 폭력을 쓰지는 않겠지. 상대방이 요구하는 대로 옆에 앉았다. 어깨에 메고 있던 작은 배낭을 옆에 내려놓았다. 그 안에는 칼이 들어 있었다.

택시가 잠시 달리다가 이케부쿠로 번화가에서 조금 떨어진 뒷골목에 멈추자 안내를 받아 들어오게 된 빌딩이 여기다.

"당신도 형사잖아. 나를 체포할 생각이 없는 거요?"

류스케는 여전히 문 밖에 서서 실내로 들어간 남자에게 물었다.

"경관에는 두 종류가 있지. 말이 통하는 경관과 말귀를 못 알아먹는 경관. 난 전자야."

"우리 집안을 샅샅이 조사해서 협박해놓고도 그런 소리가 나오나."

"그건 고용되어서 했던 일이야. 너희 가족이 합의를 받아들이고 재판을 포기하게 해 달라는 의뢰였지. 받은 돈만큼 일했을 뿐 개인적인 감정은 전혀 없어."

"경찰이 돈 받고 그런 일을 하나. 그런 소리는 들어보지 못했는데."

"경찰도 부업을 하지 않고는 먹고살 수가 없거든. 자, 보시는 바와 같이 트집 잡을 것도 없고 함정도 없는 사무실이야."

류스케가 문을 통해 안을 들여다보았다. 신발을 신고 들어가는 공간에 책상과 의자가 하나씩 있고 맞은편에 낡고 긴 소파가 하나 있을 뿐이어서 휑뎅그렁했다.

"그만 들어와서 문 좀 닫지. 잠그지 않아도 돼. 소파에 앉든 문 옆에 서 있든 알아서 하게. 나는 이 의자에 앉을게."

형사는 데스크 뒤 의자에 앉았다. 의자 용수철이 끽끽 소리를 냈다.

"재개발 때문에 곧 철거될 건물이야. 막판까지 버텨서 보상금을 한 푼이라도 더 우려내려는 놈이 있어서 말이지. 이것도 내가 돈 받고 하는 일이야."

류스케는 일단 공격당할 염려가 없다고 인정하고 안으로 들어와 문을 닫았다.

"얘기라니, 뭐요?"

닫은 문 옆에서 언제든 뛰어나갈 수 있는 자세로 물었다.

"하시모토 군은 무슨 일을 하려고 하지? 회사는 그만두었다며?"

어떻게 그 사실을, 하고 놀랐지만, 경찰이라면 알아낼 방법은 많겠지, 생각하며 잠자코 있었다.

"자네가 요네다와 구스모토의 부모 집과 요시카와의 아파트를 찾아갔던 거…… 인터폰도 누르지 않았으니 방문했다고는 말할 수 없는 건가. 아무튼 모습을 드러낸 것은 CCTV로 확인했어."

류스케는 당황했지만, 이내 그래서 어쨌다는 거냐고 세게 나가는 편이 낫겠다고 생각했다.

"그게 뭐…… 누구네 집 앞을 지나갔다고 죄가 되는 건 아니지 않나."

"좋은 대답이군. 그래, 그 뒤 오늘까지 사토 가에는 찾아간 적 없나? 아니면 오늘이 두 번째였나? 지금까지 어디서 뭘 하고 있었지? 경찰이 잠복하고 있었는데도 걸리지 않은 건가? 생긴 것 같지 않게 제법 똑똑한 건가?"

류스케는 대답을 참았다. 특별히 똑똑한 편은 아니다. 앞날에 대하여 생각이 정리되지 않았을 뿐이다.

사토 마사타카의 죽음이 다른 세 집안에 어떤 영향을 미쳤는지 궁금했다. 그러나 집 앞에 찾아가 본다고 알 수 있는 것도 아니고, 요네다와 구스모토의 집 현관에는 CCTV가 설치되어 있었다. 이래서는 곤란하다 싶어 일단은 물러나 인터넷카페에서 지냈다. 회사로 돌아갈 마음이 없어서 퇴사하겠다고 연락하고 홈센터에서 소형 배낭과 칼, 청테이프도 구입했다.

그리고 사토 가를 찾아가 모친을 만나려고 했다. 약속해놓고 왜 사죄하러 오지 않았는지 물을 생각이었다.

"하긴 무슨 짓을 하든 각오를 굳히려면 시간이 필요하겠지. 나이 어린 범죄자 여러 놈을 상대해 봤지만, 돌발적인 범행처럼 보여도 실행하기까지는 며칠, 몇 개월, 때로는 몇 년을 망설이더군."

"……무슨 말인지 전혀 모르겠군."

"섭섭하구만. 나는 어디 가면 너를 만날 수 있을지 엄청 궁리했는데."

형사가 손가락을 들어 류스케를 총으로 쏘는 시늉을 하며 말했다. "요네다 집과 구스모토 집에서 CCTV를 보았겠지? 눈에 잘 띄게 설치되어 있으니까. 사토 집에는 CCTV가 없어. 게다가 그 집 모친은 친절해…… 그건 이 년 전 찾아갔을 때 알았겠지. 여동생과 부모에게 사죄하라고 네가 요구하자 그 부인은 바로 사죄했어. 그리고 아들과 남편을 데리고 사죄하러 가마 약속했지."

"……어떻게, 그걸?"

류스케의 의문에 남자는 코웃음을 쳤다.

"그런 거 알아내라고 나를 고용했으니까. 네가 녀석들 집을 돌아다니며 사죄하라고 요구하자 변호사는 각 집에 멋대로 사죄하면 안 되거니와 절대로 직접 만나서 대화하려 하지 말고 변호사를 통해 말하라고 지시했어. 그래도 물러가지 않으면 경찰을 부르라고도 했지. 한데 그 집 아주머니가 너희 집으로 다 같이 찾아가 사죄하겠다 약속하고 말았어. 그래서 남편이 부인을 꾸짖고 변호사와 대책을 상의했지. 이대로 두면 네가 더 기어올라서 다른 집도 끈질기게 괴롭혀 사죄를 받아내려 할 거다······ 변호사는 그걸 불안해했어. 그래서는 곤란하니 어떤 사람을 통해서 나에게 의뢰한 거지."

"누굴 통해서?"

"넌 알 거 없어. 요컨대 네가 또 누구 집에 찾아간다면······ 다른 집보다는 사토 가일 가능성이 높지 않을까 싶었거든. 왜 약속해 놓고 사죄하러 오지 않느냐고 추궁할 거리가 있으니까."

류스케는 상대방이 자기 속을 꿰뚫어보는 것 같아서 입을 다물었다.

"여하튼, 손을 본다면, 요네다겠지."

남자가 전혀 형사답지 않은 말을 했다. "네 동생한테 저지른 짓에 복수한다면, 첫 번째 대상자는 주범 요네다야. 놈은 아주 악질이니까. 나는 너희 집을 조사하는 한편 그 대학생 네 명과 그쪽 가족도 조사했어."

"뭐? ······왜 그런 일을."

류스케는 뜻밖이라고 느꼈다. "놈들은 당신에게 의뢰한 쪽인데······."

"의뢰인의 진술이 사실인지를 어느 정도 뒷조사 해봤다는 거야. 그래서 알아냈는데······ 요네다는, 네 동생 건이 처음이 아니더군. 여죄가 있어."

아마 그럴 거라고 짐작은 했지만 막상 이야기를 들으니 새삼 분노가 끓었다.

"그 여죄는, 어떻게 처리됐지?"

"한 건은 피해자가 경찰서까지 찾아왔는데 피해 신고를 내기 전에 상황을 자세히 캐묻는 단계에서 의지가 꺾여버린 듯해. 신고는 포기했지만, 담당자가 동정적이어서 사건을 기억하고 있었고 덕분에 나도 알 수 있었지. 나머지 두 건은 피해자가 억울하게 당하고도 포기한 것 같아. 공범 구스모토가 술자리에서 요즘 그 대학 퀸카가 학교에 나오지 않는 이유는 요네다가 따먹었기 때문이라는 식으로 떠벌인 모양인데. 조금 조사하니까 복수의 증언이 나온 걸로 봐서 아마 사실일 거야."

"……다른 두 놈도 가담했었나? 요시카와와 사토도?"

"아니, 그 두 놈은 네 여동생 때가 초범인 듯해. 마음이 약한 탓에 범죄에 끌려들어가 피해자와 자신의 장래를 다 망쳐버린 멍청한 놈들이지."

"그렇다고 봐줄 생각은 없어. 특히 약물을 탄 사토는."

"그거 아나? 외국에서는 사람들이 다니는 대로나 전차에서도 집단 강간이 벌어지고 말리는 사람도 없대. 그것도 G7이니 G20인지로 꼽히는 선진국 대도시에서. 믿기지가 않아, 이놈의 세상."

남자가 데스크 위에 두 발을 올리며 말했다. "강대국이라는 놈들이 자국과 동맹국을 지킨다는 명목으로 세금을 펑펑 쓰고 있어. 하지만 한마을에 사는 약한 처지에 있는 사람들을 보호하는 데는 세금도 안 쓰고 단속 노력도 안 하지. 지들이 사는 동네도 지키지 못하면서 세계 평화가 무슨 말이야. 엉?"

"무슨 말을 하고 싶은 거요…….."

"너는 바로잡고 싶은 거잖아. 이 말도 안 되는 세상을."

어느새 상대방 페이스에 말려들고 있음을 의식하면서도 류스케는 묻지 않을 수 없었다.

"……그럼, 어떻게 해야 된다는 거요?"

"요네다와 구스모토가 혼자 생활하고 있다는 거 알고 있나? 놈들 주소는?"

그들이 부모 집에서 지내지 않을 수도 있다고는 생각하고 있었다. 하지만 현재 거처를 알아낼 길은 없었다.

"나는, 요네다가 쳐 죽일 만큼 나쁜 놈이라도 처벌할 마음은 없어. 그건 내 일이 아니니까. 다만 놈들한테 받아내고 싶은 건 있지. 너는 어때?"

"……당신, 나한테 뭘 시키고 싶은 건가? 원하는 게 뭐지?"

"뭐긴, 바로잡았으면 좋겠다는 거지. 이 세상을, 조금 더 믿을 수 있는 곳이 되도록."

4

사토 마사타카의 전 애인 주소를 어렵게 알아냈다. 사이타마의 우라와에서 클럽호스티스로 일하며 연립주택에 혼자 살고 있었다.

애써 숨어 지내는 것은 아니다. 편모슬하에서 자랐고, 모친이 재혼한 뒤로는 그마저 연락을 끊었다. 친구도 거의 없어서 추적할 단서가 많지 않았다.

그녀의 진술에 따르면 사토 마사타카하고는 깨끗하게 헤어져서 아무 감정도 없다. 동성동명의 누군가가 죽었다는 뉴스를 얼핏 들었지만, 아, 이름이 똑같네…… 하고 생각했을 뿐 굳이 누구에게 연락해 확인할 마음도 들지 않았다. 아니, 확인을 부탁할 만한 사람도 없었다…… 수사원에게 그렇게 말할 때 그녀의 표정은 어두웠다.

잠시 사귄 남자가 있다고 했다.

그녀가 사토 마사타카와 헤어진 것은 사토가 집안 사정으로 목돈이 필요한 탓에 더는 그녀를 지원해주지 못했기 때문이다. 그 후 경찰을 자처하는 남자가 그녀를 불쑥 찾아왔다. 사토의 신변을 조사하는 중이라고 했다.

남자는 그녀와 사토의 관계를 시시콜콜 캐물은 뒤 얼마 후 또 불쑥 나타나 그녀에게 추파를 던졌다. 실은 경찰이 아니라 보험

회사 조사원이라고 했다.

반년 정도 사귀었나…… 남자가 그녀에게 싫증을 내기 시작했고, 이쪽도 그다지 득이 되지 않는 남자임을 눈치 챈 시기가 거의 같아 자연스럽게 헤어졌다고 한다.

"뉴스에서 사토 씨 이름을 들었을 때는, 조사원이라던 그 사람에게 연락하면 살해된 사람이 내가 아는 사토 씨인지 아닌지 알 수 있겠구나 하는 생각이 얼핏 떠오르긴 했지만요."

남자의 이름을 묻자 이자키 유키오라고 대답했다.

구라오카와 시바는 사토 신토와 하시모토 류스케의 사진을 들고 도쿄 도내의 인터넷카페를 중심으로 젊은이가 값싸게 숙박할 수 있는 장소를 이 잡듯이 뒤졌다.

신토의 사진은 모친에게 빌렸고 류스케 사진은 하시모토 가를 다시 찾아간 요다와 다테하나가 빌려와서 확대 복사했다. 사토 에마가 아들을 걱정하듯이 하시모토 가에서도 회사를 갑자기 그만두고 행방을 감춘 아들 류스케를 걱정하고 있었다.

구라오카와 시바의 수사는 신참이라도 할 수 있는 일이지만, 사토 신토를 두 번이나 놓친 데 대한 벌칙의 의미가 짙었다. 두 사람이 수색을 하던 사흘째에 수사회의에서 사토 마사타카의 전 애인 마쓰시마 지카게의 존재가 발표되었다. 구라오카와 시바는 그녀를 직접 만나게 해달라고 상부에 요청했고, 두 사람의 역량을 아는 간부들도 특별히 허락했다.

"이자키는 사토 씨의 무엇을 캐고 다니던가요?"

구라오카는 시바와 함께 아다치 구에 있는 지카게의 연립주택을 방문하여 이야기를 들었다.

"처음에는 사토 씨 회사에 횡령 사건이 있어서 간부 전원의 행적을 조사하고 있다고 말했지만…… 나중에는 전부 뻥이라며 웃었어요."

그녀는 클럽에 출근하기 전 거울 앞에서 화장을 하고 있었다.

"하루는 술을 마시고 기분이 좋아졌는지…… 신변조사는 누군가의 약점을 잡을 수 있어서 돈이 되는 일이라고…… 사토 씨와 나의 관계도 돈이 될 것 같아서 추적했다더군요."

"그러니까, 두 사람의 은밀한 관계를 빌미로 사토 씨를 협박하려고 했다는 겁니까?"

"그렇겠죠. 그래서 제가 그러지 말라고 말렸어요. 사토 씨가 나쁜 사람도 아니고, 우리가 헤어진 것도 가정 사정 때문이었으니까…… 당시 나는 몰랐지만, 아들이 체포되는 일이 있었다면서요?"

"이자키가 그러던가요?"

"네."

"이자키가 사토 씨 아들과도 접촉했나요? 연락하고 있다고 말하지는 않던가요?"

"아뇨, 그런 말은 못 들었어요. 사토 씨 아들 얘기는 그때 한 번뿐이었나…… 멍청한 아들 때문에 목돈이 필요해져서 사토가 나를 떠난 거라고 했어요."

그녀는 화장이 잘 됐는지 확인하며 말을 이었다. "무슨 사고를 쳤는지는 말하지 않았지만요. 그렇다면 더욱 더 사토 씨를 내버려두라고 했어요. 만약 이상한 짓을 하면 내가 경찰에 신고해버릴 거라고…… 그렇게 말하자 이자키는 실실 웃으며 그것 말고도 돈이 될 만한 놈이 몇 명 있으니까 걱정 말라더라고요."

"그 돈이 될 만한 자들이 누구인지 이름을 말하지는 않았나요?"

"음, 뭐라고 했더라…… 별로 신경 쓰지 않아서 이름까지는."

"하시모토나 류스케라는 이름을 말하지는 않던가요?"

"글쎄…… 기억이 안 나네요."

"그래요?…… 이자키의 연락처는 알고 있나요?"

"삭제해버렸어요. 관계가 자연스럽게 멀어졌을 때."

이지기와 사토 마사타카의 관계에 대하여 몇 가지를 더 묻고, 새로운 내용이 나오기는 힘들겠다고 느낄 때쯤 그녀가 옷을 갈아입어야 한다며 자리에서 일어났다.

일단 물러갈까, 하며 구라오카가 메모하던 수첩을 접을 때,

"마쓰시마 씨."

하고 시바가 그녀를 불렀다. "당신은 정의감이 강한 분이군요."

"네? 그건 무슨 말씀이죠?"

그녀가 쓴웃음을 지었다.

"사귀는 남자에게 전 애인을 해코지하면 경찰에 신고하겠다고

경고했잖아요. 그런 말은 쉽게 할 수 있는 건 아니니까요."

"왠지 싫었으니까, 남의 약점이나 캐는 거."

"그런 분이 왜 이자키 같은 남자와 사귄 거죠?"

"하하, 외로웠나보죠. 그리고 처음에는 제법 능력 있는 형사인
줄 알았거든요. 그쪽 구라오카 씨? 처럼요. 기댈 만한 오라버니
같은 남자는 아니지만요. 본성을 보는 순간 확 깨더군요······ 그
래도 예전에는 능력 있는 형사였다고 하던데."

"누구의 부탁으로 사토 씨를 조사한다고 하던가요?"

"으음, 글쎄요. 남의 약점을 캐는 신변조사 일이란 게 정말 있
느냐고 물었더니 경찰 윗선에서 의뢰하는 경우가 제법 많다고 하
면서 웃었어요. 경찰이 직접 조사할 수 없는 것도 있다. 가령 정
치가의 스캔들 같은 거. 의뢰를 받고 여러 건 처리해 왔다고 했어
요. 그게 사실이라면 경찰이란 것도 순 엉터리 아니냐고 하니까
엉터리지, 하고······ 아, 죄송해요."

"아뇨. 협조해 주셔서 고맙습니다" 하고 시바가 인사했다.

"그랬군요······ 역시 사토 씨, 죽었군요. 불쌍해라. 향이라도 공
양하러 가고 싶지만, 부인한테 미안해서······ 죽은 남편에게 여자
가 있었다는 걸 알면 충격을 받을 테니까요······ 오늘 저녁 가게
에서 혼자 술잔이라도 공양할까 봐요."

5

구라오카와 시바가 다시 인터넷카페를 뒤지는 일을 재개했을 때,

"야쿠모 형사부장을 직접 만나서 이야기를 들어볼까요?"

하고 시바가 말을 꺼냈다.

밤 10시가 지난 시간이다. 이 시간에도 인터넷카페를 찾는 사람이 많다. 한 번 들렀던 곳이라도 점원이 바뀌면 다시 찾아가볼 필요가 있다.

"진심이야?"

구라오카는 당혹스러워하며 물었다. "야쿠모 씨를 만나서, 뭘 물어보려고?"

다음 장소로 가는 길이었다. 두 사람은 나란히 걸었다.

"일단 묻고 싶은 것은, 이자키를 변호사에게 소개해주었느냐? 하시모토 집안 사람들을 직접 만나보라고 지시했느냐. 지금도 그를 컨트롤하고 있느냐."

시바가 냉정하게 말하자 구라오카는 지적했다.

"하지만, 우리가 추적하는 건 사토 마사타카 살인이야. 관계 없잖아."

"이자키의 동향이 신경 쓰이지 않습니까? 피해자 신변을 조사하고, 거기서 알아낸 약점을 빌미로 협박할 것처럼 말했다고 하

잖아요. 마쓰시마 지카게 씨가 말렸다고 하지만 정말 아무 짓도 하지 않았을까요?"

"설사 이자키가 피해자를 협박했다고 해도 그게 살인으로 발전할까?"

"돈을 내놓지 않으니까 생각다 못해 죽였다. 다른 세 가족에게 본보기 삼아 죽였다. 그래서 굳이 잔인하게 죽였다…… 이렇게 보는 건 어떻습니까?"

"그렇다고 해도 거기에 야쿠모 씨가 관련되어 있다고는 도저히……."

"내막이 뭔지는 아직 알 수 없죠. 그러니 형사부장 이야기가 참고가 될 수도 있지 않을까 생각합니다."

구라오카는 망설였다. 그가 수사 1과에 있을 때 어떤 사정으로 야쿠모를 만나고 싶다고 상사를 통해 요청한 적이 있다. 거절을 당한 구라오카는 직접 형사부장실에 전화해서 만나고 싶다고 말했다. 역시 바쁘다고 거절당했다. 결국에는 경시청 앞에 대기하다가, 드릴 말씀이 있습니다, 라고 직접 부딪혔지만 무시당했고, 붙들고 늘어지다가 다른 직원들에게 저지당했다. 그로부터 얼마 후 구라오카에게 하치오지 남서로 전근하라는 사령이 떨어졌다.

"구라오카 씨, 수사 1과에서 좌천당했을 때를 마음에 두고 있는 겁니까?"

"무슨 그런……."

"이번에 또 찍힌다고 해도 현 관할서에서는 더이상 좌천당할 곳도 없잖아요."

시바는 역시 구라오카가 수사 1과에서 좌천당한 내력을 알고 있었다.

"글쎄. 어디 섬으로 단신부임하라고 쫓아낼 수도 있겠지."

구라오카는 코웃음을 치며 말했다. "어차피 지금도 집에서는 단신부임 상태랑 별반 다를 것도 없지만."

"직접 얘기해볼게요, 형사부장에게."

"직접? 무슨 연줄이라도 있나?"

별로 어려운 일도 아니라는 듯 말해서 불쑥 의심이 들었다. "자네, 야쿠모 씨와 어떤 사이야? 수사 1과에 들어갔던 것도 야쿠모 씨의 추천 때문인 게로군. 노기 1과장한테 듣기로 나랑 자네를 짝지은 것도 야쿠모 씨였다고 하던데. 자네, 뭔가 숨기고 있지?"

올림픽 예비 선수였던 사실도 숨기고, 어딘가 믿음이 가지 않는 구석이 있다.

그때 구라오카의 스마트폰이 울렸다. 아내 아야노였다. 도로 가장자리로 비켜 전화를 받았다.

"여보세요, 나야, 무슨 일이야?"

"유나가 돌아오지 않아요."

아야노의 목소리가 갈라져 있었다. 유나는 중학교 2학년, 열네 살이다.

"무슨 소리야, 벌써 10시잖아. 라인이나 전화는?"

"8시 전에 조금 늦을 거라고 라인이 와서 기다리고 있었는데…… 9시가 되도록 돌아오지 않아서 내가 몇 번이나 연락해 봤어요. 전원이 꺼져 있는 것 같아요."

"그럼 좀 더 빨리 알려줬어야지."

"라인에 다 올려놨잖아요. 수사 중일 때가 많으니 연락은 전화보다 라인으로 하라고 해놓고."

바쁘게 돌아다니다 보니 그만 라인을 못 봤지만 순순히 인정하기 싫었다.

"유나가 어디로 갔는지 뭐 들은 거 없어?"

"요즘 친구와 고속도로 고가 밑에서 댄스 연습을 한다던데."

"구체적으로 어디지?"

아야노가 장소를 말하며 덧붙였다.

"렌에게 집을 보라고 하고 내가 아까 가봤어요. 하지만 아무도 없었어요. 경찰에 신고해야 할까?"

"내가 가서 확인해볼 테니까 그다음에 결정하자고. 유나한테 연락 오면 알려줘."

전화를 끊고 택시를 찾았다.

"따님이 돌아오지 않았대요?"

시바가 물었다. 통화 내용을 들은 듯하다.

"음, 잠깐 가서 찾아봐야 하니까, 미안하지만 뒤를 부탁해."

"같이 가죠."

"뭐……?"

"둘이 움직여야 찾을 가능성이 높아지죠."

구라오카는 잠깐 망설이다가 손을 들어 막았다. 이자는 아무래도 민음이 가질 않는다.

"됐어. 이건 집안일이야."

군색하게 말하고 택시가 잡힐 만한 곳으로 뛰어갔다.

6
장

———

미
아
들

1

　구라오카는 딸 유나가 친구와 자주 댄스 연습을 한다는 고속도로 고가 밑 근처에서 택시를 멈추고 아내가 일러준 장소로 달려갔다. 그곳은 일반도로를 벗어나 고가도로를 따라 얼마간 들어가야 하는 인적 없는 공간이었다.

　유나의 흔적을 찾아보았지만 빈 페트병이나 깡통만 굴러다닐 뿐 아이가 있었던 흔적은 보이지 않았다. 아빠가 모르는 장소에서 딸이 주기적으로 시간을 보내고 있었다는 것…… 그것도 아이가 소중하게 여기는 시간이었다는 사실에 왠지 따돌림을 당한 듯 쓸쓸함을 느꼈다.

　택시에서 여러 번 연락을 시도했다. 지금도 다시 연락해본다. 역시 전원이 꺼져 있다. 어디서 딸 목소리가 들리지 않는지 귀를 기울이며 고가도로 밑을 걸었다. 철조망 펜스가 죽 이어지고 안쪽에 건축자재 따위가 쌓여 있다. 조금 앞쪽에서 웃음소리가 들린 것 같다.

　걸음을 서둘러 다가간 곳에는 소년 다섯 명이 고가도로를 지탱

하는 굵은 기둥에 기대어 캔 맥주와 담배를 들고 떠들며 웃고 있었다. 전형적인 요즘 불량소년 모습을 하고 있는 그들은 술에 취했는지 목소리에 전혀 거리낌이 없다. 구라오카는 가까이 걸어가며 말을 걸었다.

"어이, 청소년들. 즐겁게 노는데 미안하지만, 이제 그만 집에 가야지."

아이들 시선이 일제히 이쪽으로 향한다. 그들의 적의가 알코올과 보랏빛 연기로 흐릿해져 있다.

"뭐야, 이 아저씬."

"어디서 튀어나온 거야."

시끄럽게 굴지 말고 꺼지라는 경고처럼 들린다.

구라오카는 재킷 안주머니에서 경찰수첩을 꺼내 보여주며 말했다.

"경시청의 구라오카라고 한다. 너희 목소리가 너무 시끄럽다고 민원이 들어와서."

다섯 명 가운데 세 아이가 긴장했다. 나머지 하나는 술에 취했는지 코웃음을 치고 또 한 아이는 쪼그리고 앉아 고개를 푹 숙이고 있다. 누구를 숨기는 듯한 기미는 보이지 않았다.

"여기서 노는 데도 무슨 허가가 필요한가요?"

"다니는 사람도 거의 없는데."

방금 전처럼 두 아이가 항변한다.

"일단 국유지니까 오래 머무르려면 허가가 필요하지."

건성으로 대답하고는 슬쩍 떠봤다. "이 근처에서 댄스 연습을 하던 여중생이 젊은 남자애 몇 명한테 위협을 받았다는 이야기도 들어왔는데."

"네에? 중딩 여자애들 보면 겁 안 줘요. 귀여워해주지."

"전에 저쪽에서 여자애들이 촌스럽게 춤추긴 하던데."

한 아이가 유나가 연습한다는 곳을 가리키며 말했다. 거짓말은 아닌 듯하다.

"그럼, 어린 여자애들이 보이면 얼른 집에 돌아가라고 말해줘라."

다섯 명 중에 적어도 세 명에게는 말이 통한다 생각하고 타일렀다. "너희도 그만 집에 돌아가."

그러고는 아까 그곳으로 돌아가려는데,

"뭐야, 너 아까부터, 짜치게."

술에 취한 소년이 구라오카에게 덤비려는 기미를 보였다.

야, 그러지 마, 하며 세 소년이 말렸지만 그들을 뿌리치고 구라오카의 멱살을 잡으려 했다.

"어허, 이러다 다친다. 집으로 가는 길을 모르는 건가."

가볍게 물러나 공격을 피했다. 눈앞에 있는 소년보다 고개를 푹 숙이고 웅크리고 앉아 있는 소년이 더 마음에 걸렸다. 헐렁한 바지 뒷주머니로 손을 옮긴다. 칼을 가지고 있을 가능성도 있다.

특별히 이유가 있어서 칼로 찌른 건 아니었다──라고 말하는 아이들이 드물게 있다. 안이하게 등을 보이면 위험하다. 웅크리

고 있던 아이가 손을 뒤로 돌린 채 구라오카 쪽으로 일어서려고
한다.

"참견하지 마, 이 새끼야."

술에 취한 소년이 마침 다시 덤벼들었다. 소년의 다리를 후리
듯이 차고, 균형을 잃은 상대방 가슴을 막 일어서는 소년 쪽으로
밀었다. 부딪힌 두 소년이 자빠지며 뒹굴었다. 구라오카는 재빨
리 상대방과 거리를 좁히고,

"이런! 괜찮나? 이러다 다칠라."

술 취한 소년이 아니라 수상쩍게 움직이던 소년을 부축해주는
척하며 등 뒤로 손을 돌렸다. 주머니에서 접이식 칼이 만져졌다.
재빨리 꺼내 자기 주머니에 넣었다.

"두 사람 모두 많이 취한 것 같은데, 너희 설마 십대는 아니겠
지?"

구리오카는 두 명을 놔두고 일어나 비교적 멀쩡한 세 명을 쳐
다보았다. "얘네들 데리고 빨리 뜨는 게 좋을 거다. 안 그러면 미
아가 목격됐다고 보고해서 지원부대를 출동시킬 거야."

셋은 넘어져 있는 두 사람을 일으켜 번화가 쪽으로 떠나려고
했다.

마침 구라오카의 스마트폰이 울렸다. 시바였다. 젠장, 뭐
야…… 소년 다섯 명이 떠나는 모습을 혀를 차며 바라보면서 전
화를 받았다.

"구라오카다. 무슨 일이야?"

"따님 이름이 유나. 신장 154, 마른 체형. 머리는 어깨까지 내려오는 스트레이트, 오른쪽 눈 밑에 연한 점—— 이거, 맞습니까?"

경관이 이런 식으로 인상착의를 확인할 때는 사건 사고의 피해자에 대한 문의이게 마련이라 대체로 희소식이기가 힘들다.

"……맞는다면, 무슨 일인데?"

목소리가 저도 모르게 갈라진다.

"지금 제 눈앞에 있습니다. 무사합니다."

2

구라오카는 시바가 알려준 곳으로 달려갔다.

걸어온 방향의 반대쪽이었다. 5백 미터쯤 돌아가니 자재를 쌓아둔 곳이 보인다. 그 안쪽에 철조망 펜스를 따라가다 보면 출입구로 쓰는 문이 있는데 자물쇠가 망가져 출입이 가능하다고 한다.

문을 밀고 들어가니 시바가 서 있었다. 그가 밖에서는 보이지 않는 그늘 쪽으로 말없이 시선을 돌렸다.

철판을 벤치 모양으로 쌓아 둔 곳에 유나와 낯선 또래 소녀가 힘없이 앉아 있었다.

"유나."

아빠에게 연락했다는 말을 이미 시바에게 들었는지 소녀는 놀라지도 않고 이미 꾸중 들을 각오를 한 듯했다. 사과하기는 싫고 발끈할 준비를 한 모양이다.

"괜찮니? 다행이다, 아무 일 없어서. 어디 다친 데는 없고?"

애써 상냥하게 물어도 대답이 없고 얼굴도 쳐다보지 않자,

"유나, 입 다물고 있지 말고 대답을 해."

그만 노여움이 묻어나는 목소리가 튀어나오고 말았다.

딸보다 옆에 있는 소녀가 움찔 겁을 먹고 고개를 숙였다.

"왜 소리는 지르고 그래."

유나가 짜증난 목소리로 중얼거렸다.

"네가 제대로 대답을 하지 않으니까 그렇지. 얼마나 걱정했는지 아니."

손목시계를 아이에게 보여주며, "11시가 다 되도록 왜 연락을 안 했어?"

"배터리가 떨어졌어. 충전기를 깜빡하고 와서 휴대전화를 쓸 수 없었다고. 그뿐이야."

"친구 걸 빌려서 연락하면 되잖아. 공중전화도 있고."

"친구도 배터리가 닳았고 공중전화는 아무데도 없어. 걱정 마, 아무 일 없었으니까."

"무사하면 무사하다고 연락을 하란 말이야. 자, 엄마한테 전화하고 돌아가자."

"안 가."

딸의 목소리는 작았지만 콱 밀어내는 듯한 단호함이 있었다.

"무슨 엉뚱한 소리를 하고 있어."

구라오카의 거친 목소리에 딸보다는 옆에 있는 소녀가 더 겁먹은 모습으로,

"유나…… 집에 가는 게 좋겠어."

하고 모기 같은 목소리로 말했다.

유나는 따뜻한 웃음을 짓고 친구의 손을 잡았다.

"괜찮아, 옆에 있을 거니까."

구라오카는 아이들 모습이 조금 심상치 않다고 느꼈지만 그런

내색은 않고,

"친구 부모님도 걱정하시겠다…… 반 친구냐? 내 휴대전화 빌려줄 테니까 무사하다고 알려드리자."

라며 스마트폰을 내밀었다. 그러자,

"아, 귀찮아."

유나가 아빠 손을 거칠게 밀어냈다. 발끈해서 호통을 치려고 하는데,

"구라오카 씨."

그때까지 거리를 두고 말없이 지켜보던 시바가 진정하라는 듯 입을 열었다. 그러더니 밖으로 나가자는 눈짓을 보내며 먼저 철조망 문을 열고 도로로 나갔다.

구라오카는 아이들이 어디로 떠날 기미가 없는지 확인하고 시바를 따라 나왔다.

"따님이 친구를 도우려 하고 있어요."

시바가 목소리를 죽여 이야기를 시작했다.

"잠깐. 그 전에, 아이들을 어떻게 찾아낸 거지? 자네가 왜 여기 있는 거야?"

"말했잖아요, 두 사람이 움직여야 찾아낼 가능성이 높아진다고. 구라오카 씨 댁에 전화했어요."

"뭐? 자네가 어떻게 우리 집 전화번호를 알지?"

"한 팀이 되었으니 만일의 사태를 생각해서 경찰서에 물어봤죠."

"나는 자네 집 전화번호 모르는데."

"알아볼 생각이 없었던 거겠죠. 아무튼, 구라오카 씨의——"

시바가 갑자기 말을 더듬으며, "이럴 때 호칭이, 일본에서는, 정말 어렵네요. 일반적으로는, 구라오카 씨 부인(오쿠사마奧樣부인. '오쿠상'을 높인 말)과 이야기했습니다, 가 되겠지만…… 허즈번드를 주인(슈진)이라고 부르는 것이 여성을 무의식적으로 낮추는 것처럼, 부인(오쿠사마), 아내(오쿠상)라고 부르는 것도 마찬가지인 것 같아서."

"이 사람, 또 까다롭게 구네……."

"그 까다로움이 성차별 문제가 얼마나 뿌리 깊은지를 말해주는 거죠. 만나 뵌 적이 없어서 실례라는 건 압니다만, 성함으로, 아야노 씨라고 불러도 될까요?"

"안된다면, 어떻게 부를래?"

"……미즈 구라오카, 아니면 구라오카 부인夫人?"

"됐어. 그냥 이름으로 불러. 빨리 얘기나 해."

"그럼…… 구라오카 씨의 부인 아야노 씨가 저를 믿을 수 있도록 먼저 경찰서에 전화해서 확인해보라고 한 다음, 다시 전화를 해서 따님 상황을 물어보았습니다."

유나가 댄스 연습을 하는 장소를 아야노에게 전해들은 시바는 구라오카를 뒤쫓듯이 택시를 잡아탔다고 한다.

"따님은 함께 연습하는 친구가 누구인지 엄마에게 말하지 않았다고 합니다. 간섭받는 것이 싫었겠죠. 그래서 아야노 씨에게 따

님이 초등학교 때부터 친하게 지낸 친구를 찾아 친구 쪽에서 따
님에게 전화를 걸어보도록 말씀드렸습니다. 한 명쯤은 댄스크루
가 있거나 적어도 댄스크루를 알고 있을 것 같아서."

"아야노는 아직 친구들 집에는 연락하지 않은 건가?"

"친구들 사이에 소동이 일어날 테니까요. 일단 구라오카 씨에
게 연락하는 것이 먼저라 생각하고 구라오카 씨 연락을 애타게
기다렸다더군요."

구라오카는 딸을 찾느라 애를 태운 나머지 냉정하게 대응하지
못하고 있었다.

"그런데 역시 함께 댄스 연습을 하던 아이가 있었습니다. 요즘
은 발목이 삐어 쉬고 있다고요. 그 아이는 따님이 어디 있는지는
모르지만 오늘도 연습 날이라고 했습니다. 그래서 다시 한 번 그
친구에게 물어봐 달라고 아야노 씨에게 부탁했죠. 댄스 연습 중
에 무슨 안 좋은 일이 있거나 무서운 일이 있을 때 근처에 피해
있을 만한 비밀 장소가 있느냐고…… 잠시 후 아야노 씨의 전화
가 와서, 평소 연습하는 곳에서 4, 5백 미터쯤 떨어진 곳에 자재
쌓아두는 장소가 있는데, 출입문 자물쇠가 고장 나 힘으로 당기
면 들어갈 수 있다고 알려주셔서…… 두 아이를 찾아낸 겁니다."

구라오카의 내부에서 분노를 품은 초조함이 차차 진정되어 간
다.

"참고로 아야노 씨에게는 이미 연락했습니다. 걱정이 많으실
것 같아서."

"그래? 와이프를 뭐라고 부르든 간에…… 아이들을 찾아줘서 고맙다는 말을 하고 싶군. 고맙네."

시바가 한순간 뜻밖이라는 표정을 지었다.

"아, 천만에요……."

"그래, 딸이, 집으로 돌아가지 않는 이유를 말하던가?"

"아뇨. 무슨 비밀이 있는 것 같은데, 자세히는…… 다만 두 아이 모습으로 추측한 겁니다만, 친구를, 뭔가로부터 지켜주려고 하는 것 같습니다."

구라오카는 방금 유나가 친구의 손을 잡을 때 얼핏 시야에 들어온 심상치 않은 모습——손목을 그은 흉터들, 고개 숙인 소녀의 목덜미에 있던 푸른 멍을 떠올렸다.

"……혹시, 학대?"

구라오카의 물음에 시바가 가만히 고개를 끄덕였다.

"신체적인 폭력, 뿐이라고 보나?"

구라오카의 암시를 알아들었는지 시바는 시선을 조금 떨어뜨리며 말했다.

"제가 나타나자 친구 쪽이 도망치려다가 철판 모서리에 걸려 넘어져서 제가 얼른 부축했습니다. 그러자 긴장해서 몸을 떠는데…… 그 반응이나 창백한 표정을 보면…… 성적인 학대까지 의심해보는 게 좋을지도 모릅니다."

"유나가, 그걸 알고 있는 것 같던가?"

"어느 정도, 아는 것 같습니다. 친구 이름은 이시조노 마오입니다. 그 아이가 집에 돌아가고 싶어 하지 않으니까 곁을 지켜주고 있었겠죠."

구라오카는 머리를 거칠게 긁었다.

"……어떡한다? 경찰에서 보호해주는 게 좋을까?"

"경찰에서 보호할 경우, 부모가 데려가도록 연락하게 되어 있습니다. 학대하는 장본인일지도 모르는 부모에게 말입니다. 그전에 아이들이 연락처를 밝힐지 말지도."

"그럼 우리가 아이를 집에 데려다주고 부모와 이야기해보는 건 어떨까."

"지금 따님을 학대하고 있습니까, 라고 묻게요? 아니라고 하면 아이를 넘겨주어야 하는데 보나마나 부인하겠죠. 아이를 넘겨주었다가 더 심한 학대를 당한다면…… 따님은 구라오카 씨를 평생 용서하지 않을지 모릅니다."

시바의 얼굴에 비난하는 기색은 없고 아이들 문제를 진지하게 고민하는 표정이 보였다.

"……뭔가 대책이 있을 텐데."

"제 지인이 오갈 데 없는 여성에게 쉼터를 제공하는 봉사활동을 하고 있어요. 상담 활동도 하고, 필요한 경우 보호시설도 제공하고, 아동상담센터나 공적기관과 제휴해서 활동하는 곳이죠. 최소한 우리보다는 젊은 아이들을 잘 아니까 저 아이들이 원하는 걸 대화로 알아낼 수 있을 겁니다."

"그런다고 문제가 해결되는 건 아닐 텐데."

"네. 근본적인 해결은, 금방은 어렵겠지만…… 두 아이를 데려가서 그쪽 스태프와 만나게 해주고, 아이가 그쪽의 제안을 받아들인다면 따님도 오늘밤 귀가할 수 있지 않을까 해서요."

"……믿어도, 좋을까."

"저 말입니까?"

시바의 표정이 굳는다. 이자는 분명히 뭔가를 숨기고 있다. 믿고 싶어도 끝내 믿지 못하게 만드는 구석이 있다. 하지만 오늘은 큰 도움을 받았다.

"아니…… 그, 봉사활동 한다는 지인 말이야."

"믿을 수 있죠."

시바가 자신있게 대답했다. "틀림없이, 저보다는."

3

신주쿠 가부키초 번화가에 인접한 공립병원의 넓은 부지 한쪽에 푸드트럭과 카페가 자리 잡고 있다.

'G생추어리'라고 적힌 작은 입간판 앞에 내놓은 높은 테이블이 세 개, 오후 11시 반을 지날 무렵인데도 서서 먹는 손님이 있었다.

푸드트럭 뒤쪽에는 대형 캠핑카가 있고, 창문으로 밝은 빛이 새어나온다. 앞뒤 출입문은 열려 있지만 커튼이 쳐져 있다.

구라오카와 시바가 유나와 마오를 데리고 택시에서 내려 주위를 둘러보며 푸드트럭 쪽으로 걸어가는데,

"린리!"

캠핑카 앞에 서 있던 젊은 여성이 이쪽을 향해 손을 흔든다.

흰 셔츠에 청바지로 캐주얼하게 입은 서른 살 전후의 여자다. 의지가 굳세어 보이는 숏컷 얼굴에 밝은 웃음을 짓고 발걸음 가볍게 걸어온다.

"처음 뵙습니다. 걸즈생추어리 대표 구루미야 다마키입니다."

형사 두 명을 앞에 두고도 주눅 들지 않은 씩씩한 말투였다. 그녀는 유나와 마오에게 세련된 명함을 건네주고 구라오카에게도 명함을 내밀었다.

"전화로 통화했던 구라오카 씨."

시바가 다마키에게 소개했다.

"구라오카입니다. 밤늦게 폐를 끼치는군요."

"구라오카 씨의 따님 유나 씨. 유나 씨 친구 이시조노 마오 씨."

"안녕하세요."

다마키가 두 소녀에게 인사하자 두 소녀도 작은 목소리로 인사했다.

"그럼, 먼저 카페에서 뭐라도 드시지 않겠어요?"

일행을 푸드트럭으로 안내한 다마키가 소녀들에게 얼굴을 가까이 하고 권유했다. "따뜻한 코코아나 라테 어때요? 아, 저기 안에 있는 언니들이 라테아트 엄청 잘해요."

푸드트럭 안에는 스무 살 전후로 짐작되는 여성 두 명이 앞치마 차림으로 일하고 있다. 그들이 안녕하세요, 어서 오세요, 하며 웃는 낯으로 인사하더니,

"주문만 하시면 뭐든 그려드립니다."

라고 유나와 마오에게 말했다. "혹시 배고프면 우리 핫샌드가 엄청 맛있으니까 추천드려용."

유나가 구라오카를 돌아다보았다. 늦은 시간에 이런 곳에서 식사를 한다는 것이 망설여지기는 하지만,

"우리도 배 좀 채울까요? 핫샌드, 진짜 존맛이죠."

시바가 눈치껏 나서며 애써 유행어를 구사했다.

구라오카는 딸에게 고개를 끄덕여 보였다. 유나는 마오와 의논하더니 캐러멜라테와 햄치즈 핫샌드를 두 개씩 주문했다.

"그럼, 따님들과 저 차 안에서 얘기해도 될까요?"

다마키가 구라오카에게 캠핑카를 가리키며 물었다.

"이 아이들하고만, 이라는 의미입니까?"

구라오카가 그녀와 캠핑카를 번갈아 쳐다보았다.

"네. 저와 스태프 유키히로가 이야기를 들을 겁니다."

어느새 다마키 뒤에 그녀보다 조금 연상으로 보이는 사무원 같은 여성이 서 있었다.

"유나 씨, 마오 씨, 저 캠핑카에서 이야기를 나눠볼까요? 주문한 음식은 곧 언니들이 가져다줄 거예요."

다마키가 아이들에게 말하고 구라오카에게, "정 걱정되시면 먼저 차량 안을 살펴보시죠."

하며 앞장서 걷기 시작했다. 시바는 이미 잘 아는지 그 자리를 지킬 모양이었다.

구라오카는 그녀를 따라가며 물었다.

"보통 이런 식으로 차량 안에서 젊은애들 이야기를 듣나요? 사무실 같은 곳이 아니라?"

"네."

다마키는 뒤쪽으로 고개를 살짝 기울이며 설명했다. "갈 데가 없어 미아처럼 거리를 헤매는 아이들이 있어요. 저희는 따뜻한 음료와 식사를 준비해 놓고 무슨 사정이 있는지, 일단 당장 어떻게 하고 싶은지를 들어주는 일을 하죠. 자, 안으로 들어오세요."

그녀가 커튼을 치우며 캠핑카 안으로 들어간다. 구라오카도 뒤

따라 들어갔다.

내부는 패밀리레스토랑 좌석처럼 4인용 식탁과 소파가 앞뒤로 두 세트 있었다. 내부 컬러 배합과 장식도 놀이공원 레스토랑 같이 밝고 귀여워, 결코 나쁜 일이나 슬픈 일은 일어나지 않을 것 같은, 보호받을 수 있는 장소라는 느낌을 받았다.

"전에는 아파트를 빌려 사무소로 썼지만 이 근방은 임대료가 비싸 도저히 유지가 안되고 번화가에서 멀면 아이들도 찾아주지 않더군요. 부담 없이 들를 수 있고, 싫으면 바로 거리로 돌아갈 수 있는…… 그런 거리감과 편안한 느낌이 없으면 마음을 열어주지 않아요. 다들 겁 많은 아이들이니까."

"겁이 많다고?"

"세게 나오거나 어른에게 욕을 하는 아이도 있지만 내면은 아주 불안하고 어른을 불신하죠. 돈도 잠자리도 요구하지 않고 친절하게 대해주다니, 뭔가 수상하다, 뭔가 속셈이 있을 거다, 라고요. 그런 경계심을 푸는 것이 첫걸음인데…… 그러자면 이런 형태가 좋은 것 같아서 시행착오를 겪어가며 운영하고 있습니다."

안쪽 화장실을 비롯해 구석구석 깨끗했다. 그 이상으로, 그녀의 행동거지와 언변에서 이 활동의 유효성과 한계를 객관적으로 파악하는 사람의 성실함이 느껴졌다.

"알겠습니다. 그럼 맡기겠습니다."

구라오카는 그녀에게 목례하고 차에서 내렸다. 밖에서는 유키히로라는 여성과 유나와 마오가 기다리고 있었다. 구라오카는 유나와 마오에게 고개를 끄덕여 보이고 유키히로에게 잘 부탁한다고 인사했다.

시바는 푸드트럭 앞 테이블에서 커피를 마시고 있었다. 구라오카 몫으로 보이는 커피도 있다.

"저 사람, 원래 아동상담소 직원이었어요."

시바가 커피를 홀짝이며 알려주었다. "공무원은 대개 이 년이면 부서를 옮기죠. 그녀도 겨우 업무에 익숙해지고 아이들에게 도움이 될 만한 능력을 길렀을 즈음 이동 사령이 떨어져서…… 많이 저항했다고 합니다. 그러다 결국 그만두고 임상심리사 자격증을 따서 꾸준히 실적을 쌓아온 거죠."

"잘 아는군."

구라오카도 커피를 마시며, "사귀는 사이?"

눈치 없는 질문이었다. 두 사람 사이의 말투나 눈빛과 표정으로 이미 짐작하고 있었다.

시바는 못 들은 척 커피를 입으로 옮겼다.

한 시간 뒤 구라오카는 유나와 택시를 타고 집으로 향했다.

친구 마오는 걸즈생추어리가 제공한 아파트에 묵기로 하고 마오의 부모에게는 대표 다마키가 전화했다. 시내에 보호하고 있으며 오늘밤은 보호시설에서 묵게 하겠다고 제안하자 엄마라는 사람은 "아, 네" 하고만 대답하고 전화를 끊었다. 마오를 학대하는 사람은 아무래도 모친이 사귀는 남자 같다. 마오의 앞날에 대해서는 제휴하는 관할 아동상담소와 함께 고민하기로 했다고 다마키는 말했다.

마오는 안도한 듯 유나와 포옹하고 손을 흔들었다.

내일 만날 수 있지? 하고 유나가 묻자 마오는 다마키의 안색을 살피듯이 뒤를 돌아보았다. 미소를 지어주는 다마키를 보고, 내일 라인으로 연락하자, 하고 대답했다.

"오, 유나 왔구나."

엄마 아야노가 맞아주자,

"다녀왔어."

유나는 작은 소리로 말하고 2층 자기 방으로 올라갔다.

구라오카는 아야노와 시선을 교환하고, 일단은 괜찮아, 라는 뜻으로 고개를 끄덕였다.

"밖에 택시 대기시켜 뒀어. 수사본부에 가봐야 해서."

늘 있는 일이어서 아야노도 이해한다는 듯 고개를 끄덕였다.

"네. 조심해요."

"자세한 이야기는 나중에 전화로."

"유나한테도 들어볼게요."

"응. 그럼."

구라오카가 다시 나가려는데 2층에서 계단 내려오는 발소리가 들렸다.

고개를 드니 유나가 얼굴을 살짝 내밀며,

"……고마워."

하고 속삭이듯이 말했다.

구라오카는 내심 놀라며 "어……" 하고 대답했다.

"……같이 있던 형사분에게도 전해줘. 고맙다고."

"그래. 그렇게 전하마."

유나는 뭔가 더 할 말이 있는 표정이었지만 쑥스러운지 얼굴을 거두고 다시 계단을 올라갔다. 가만히 방문 닫는 소리가 들렸다.

4

동이 트고 그날 오후, 요시카와 가에서 110번 신고가 있었다.

통신지령실에서 가장 가까운 파출소로 요시카와 가에 즉시 출동하라는 지시가 떨어졌다.

"알겠습니다. 아, 잠깐만요. 요시카와 가라면, 혹시……,"

파출소 순사장은 요시카와 가가 하치오지 남서에 설치된 수사본부에서 잠복 감시 대상으로 지정한 집이라는 통지를 떠올렸다.

수사본부와 몇 차례 연락을 주고받은 뒤 파출소에서 경관 두 명과, 잠복 중인 수사원 둘 중 한 명, 총 세 명이 요시카와 가를 방문하기로 했다.

현관 앞에서 요시카와 가의 안주인 사토미와 엄마 뒤에 숨듯이 선 고등학교 2학년 딸 하루카가 경관들을 맞았다. 두 사람은 몹시 겁에 질려 있었다.

"이걸, 이걸 보세요."

사토미가 갈라진 목소리로 말하며 현관 앞에 놓인 종이상자를 가리켰다.

상자는 열려 있었다. 경관들이 살펴보니 유명한 토끼 캐릭터 봉제인형이 상자 속에 누워 있다.

더 자세히 살펴보던 그들은 일제히 눈을 휘둥그레 떴다.

봉제인형 복부에 커터 칼이 박혀 있고, 인형 발치에는 흰 종이에 빨간 색으로 글자가 인쇄되어 있었다.

'다음은 너희 차례다'

조금 정체된 기미를 보이던 수사본부가 돌연 활기를 띠었다.

요시카와 가에서 사정청취를 한 수사원과 종이박스를 조사한 감식과원이 본서에 잇달아 보고했다.

종이박스는 택배로 오지 않고 현관 옆에 놓여 있었다고 한다. 발견한 사람은 쇼핑을 하고 돌아오던 사토미. 가끔 문가에 택배가 놓여 있곤 해서 별 의심 없이 집 안에 들여놓았다.

택배 전표는 붙어 있었다. 받는이는 딸 하루카. 보낸이는 유명한 하이틴 패션잡지 편집부로, 품목칸에 '독자 선물'이라는 글자가 인쇄되어 있었다.

하루카는 오전수업이 끝난 뒤 도서관에 들렀다가 2시에 귀가했다고 한다. 보낸이에 적힌 잡지는 평소 하루카가 매장에 서서 들춰보는 것이 고작이었던지라, 혹시 오래 전에 무슨 선물 이벤트에 응모했었나? 혹은 친구 중에 누가 대신 응모해준 건가? 생각하고 상자를 거실로 옮겨서 엄마가 보는 앞에서 개봉했다. 그리고 커터 칼이 박힌 봉제인형과 종이를 발견한 것이다.

상자에서는 모녀의 지문만 발견되었다. 전표, 봉제인형, 커터 칼, '다음은 너희 차례다'가 인쇄된 종이 어디에서도 다른 지문이 나오지 않았다.

즉시 택배업자를 상대로 탐문을 개시했지만 업자는 그 상자를 취급한 적이 없고 패션잡지 편집부에서도 그런 물건을 보낸 적이 없음이 밝혀졌다.

범인이 직접 요시카와 가의 현관에 상자를 가져다 놓은 것으로 추측되지만 잠복한 수사원은 그럴 만한 인물을 보지 못했다. CCTV에도 수상한 인물은 찍혀 있지 않았다. 하지만 아파트 뒷문에는 CCTV가 없고 잠복 감시에서도 벗어나 있다. 뒷문은 바깥에서 열 수 없지만 만약 주민이 뒷문 바로 앞에 있는 쓰레기장에 잠깐 나간 사이 누군가 재빨리 들어온다면 열쇠가 없어도 아파트에 출입하는 게 가능하다.

수사본부 간부들은 이번 사건의 범인이 사토 마사타카 살해범과 동일인물일 가능성이 높다고 판단했다. 주변을 탐문하여 목격자를 찾고, 봉제인형을 비롯해 커터 칼이나 종이박스 등 각 유류물의 입수처를 알아내도록 수사원들에게 지시가 떨어졌다.

"동일범인지 의심스럽다니, 무슨 소리야?"

수사 1과장 노기가 구라오카에게 물었다.

야간 수사회의가 끝나자 노기가 하치오지 남서 옥상에서 잠깐 보자고 했다.

멀리서 차량 소리가 들리고 나란히 늘어선 냉방기 실외기 소리도 제법 컸다.

"살해 방법이 다릅니다."

구라오카는 대답했다. "봉제인형 목을 끈으로 졸랐다면 동일범이라고 봐도 좋겠죠."

"다음번에는 칼로 찔러 죽일 거라는 예고인지도 모르지."

"그럴 수도 있어서 회의 때는 굳이 이의를 제기하지는 않았습니다."

"종이에 협박 문구를 남긴 건 똑같잖아?"

"봉제인형 속에 넣어 둔 것은 아니죠. 더구나 이번에는 손글씨가 아니라 빨간 잉크로 프린트했고. 협박 문구도 '눈에는 눈'보다 구체적이랄까 단도직입적이죠."

"공범인지도 모르지."

"가능성으로는 그쪽이 더 높을 것 같습니다."

"시바도 같은 생각인가? 아니면, 거의 시바의 생각이겠지?"

사실이었는지 구라오카는 표정을 바꾸지 않고 잠자코 있었다.

"어찌 됐든 방침에 변경은 없네. 이번 용의자는 반드시 알아내야 해. 진범으로 연결되면 더 바랄 게 없겠지. 어쨌든 전부터 해오던 작업도 계속하게. 계속 인터넷카페를——"

"이자키를 추적해보고 싶습니다."

구라오카는 상사의 말허리를 자르며, "이자키는 사토 마사타카 건과 뭔가 관련이 있는 것 같습니다. 어쩌면 지금도 관여하고 있을지도요. 그래서."

"그래서, 야쿠모 형사부장을 수사대상에 올릴 셈인가?"

"말씀을 들어보고 싶을 뿐입니다."

"그 요청 때문에 여기서 보자고 했네. 기각이야. 바쁘셔."

"금방 끝내겠습니다."

"이미 답변도 받았어. 이자키 유키오는 퇴직한 뒤로 전혀 연락이 없다고 하셨네."

"야쿠모 부장이 이자키를 총애했습니다. 과장도 잘 아시죠? 퇴직 후 취직자리를 알아봐 주고 그 후에도 가끔 조사 작업을 의뢰했다는 이야기가 있습니다."

"본인이 모른다고 하셨다니까."

대화 분위기를 바꾸려는 듯 한숨을 쉰 노기가 말했다. "구라, 자네는 아직도 그 일에 연연하고 있군. 그만 잊어. 어떻게 보자면 부장도 악역을 떠맡았을 뿐이야…… 떠맡긴 상대가 상대인만큼 어쩔 수 없었겠지. 그때 들이받지 않았으면 부장도 기분상하지 않았을 거고 자네도 계속 수사 1과에 남아 있었을 거야. 누구 하나 다치지 않았을 텐데."

"다치긴 누가 다칩니까. 야쿠모 부장은 조만간 경찰청 차장, 아니 장관 소문까지 있어요. 나도 경찰에서 짤리진 않았죠. 하지만, 그 여자는 어떻습니까."

"어쩔 도리 없는 일인데 이제 와서 들추지 말게. 여하튼 형사부장은 만날 수 없어. 만나려고 하지도 말게. 수사본부 방침과 어긋나는 선을 자네 마음대로 추적하지도 말고. 멋대로 추적하면…… 짜를 거야."

노기가 낮은 목소리로 경고하고 옥상에서 내려갔다.

실외기 소리가 시끄러운 날벌레 소리처럼 울린다.

"역시 안 된다고 하죠?"

옥상에 숨어 있던 시바의 목소리가 들렸다. "정면으로 부딪혀서는 형사부장 못 만납니다."

"뭐, 알고 있었어. 그래도 물어본 보람은 있었다."

"……무슨 뜻입니까."

불빛이 비치는 자리로 시바가 나타났다.

"노기 선배는 변함없더군."

구라오카는 코웃음을 쳤다. "멋대로 추적하면 짜르겠다니……그럼, 어디 한번 짤려볼까."

이튿날 아침 구라오카는 시바와 함께 이자키가 일하는 조사회사를 방문했다.

이자키는 사흘 전 오사카로 출장을 갔다고 한다. 그의 업무는 수사 1과 형사 출신인 만큼 본인 재량에 맡기는 경우가 많고, 성과도 올리고 있다고 한다.

현재 오사카의 모 호텔에 있는데 실제로 어떤 조사를 하고 있는지는 직속 상사밖에 모르며, 비밀엄수 의무도 있어서 영장 없이는 말해줄 수 없다고 했다.

"그 말은, 도쿄에 있을 수도 있다는 거로군."

구라오카는 시바와 함께 이자키의 등록 주소지를 찾아갔다. 며칠 집을 비웠는지 아파트 우편함에 전단지들이 꽂혀 있다.

근처를 탐문하며 그 집에 누가 드나드는지 알아보고 신토와 류스케의 사진도 보여주었지만 두 사람을 보았다는 주민은 없었다.

점심시간이 지날 무렵 구라오카의 전화기가 울렸다.

요다 스미코였다.

5

연락받고 간 연립주택 앞에 다테하나 미우가 서 있었다.

"수고하십니다."

다테하나가 구라오카와 시바에게 인사했다.

"여기까지 오라고 해서 미안하군."

구라오카가 사과하자 다테하나가, 아뇨, 하고 대답했다.

"몇 호지?"

"108호. 1층 제일 끝 집입니다."

구라오카가 그 집으로 향했다. 문패는 없지만 현관 옆에 녹슨 세발자전거가 있다. 인터폰을 누르자 집 안에서 차임벨 울리는 소리가 들렸다.

"나 구라오카요."

예, 하고 이내 밝은 목소리가 들려왔다.

문이 열린다. 일전에 남편의 가정 폭력을 피해 보호를 요청했던 야스하라 히로에가 웃는 얼굴로 나타났다.

"구라오카 씨, 요전번에는 정말 죄송했어요. 그때 오셨다면서요?"

예전보다 조금 통통해진 걸까. 딸과 함께 고생해온 탓인지 역시 예전의 윤기는 사라졌지만 쾌활하고 성격 좋은 모습은 변하지 않은 것 같았다.

"깨워주면 좋았을 걸, 만나 뵙고 싶었는데. 요다 씨한테도 큰 신세를 지고 말았어요. 얼핏 냉정해 보이지만 좋은 분이에요, 그분."

"그런데 요다 씨가 소개해 준 아파트를 금방 떠나버렸더군."

요다는 그날 자기 집에 히로에 모녀를 묵게 하고 이튿날 연줄을 통해 가정 폭력 보호시설로 아파트 한 곳을 소개해주었다. 우선 이 주일간 그 집에서 머물며 이혼이나 자립 등 앞날을 생각해 나가자고 이야기가 되었건만, 그녀는 불쑥 집으로 돌아가겠다고 요다에게 연락하고 나가버렸다.

"아, 음…… 모처럼 어렵게 소개해주신 아파트였는데 너무 미안하지만……."

히로에는 곤혹스런 얼굴로, "지아키가 보육원 친구들이 보고 싶다며 자꾸 우는데 다른 방에 있는 분한테 미안해서…… 제가 파트타임으로 일하는 곳도 보호시설에서 통근하기에는 너무 멀어서요."

하고 구라오카를 외면한 채 시바 쪽을 바라보며 말했다.

"어머, 미남이시네. 구라오카 씨 동료분? 형사로는 많이 아깝네."

하며 화제를 바꾼다. 시바는 말없이 고개를 조금 숙여 인사했다.

"말 돌리지 말고. 보호시설에서 지내며 새 일자리를 알아봤으면 좋았잖아?"

구라오카가 말하자,

"……정말 모르시네, 특히 남자들은."

히로에는 절망적인 표정으로 혼잣말처럼 말했다. 무슨 말이냐고 물으려고 하는데,

"여자에 한정된 이야기는 아니지만, 하던 일 그만두고 바로 새 일자리 찾는다는 게 쉽지 않거든요. 비정규직이면 더욱 그렇고요."

옆에서 다테하나가 말했다.

오, 하며 히로에가 그녀를 쳐다보았다.

다테하나가 경찰수첩을 보여주고 휴대전화 번호가 있는 명함을 건네며 인사했다.

"다테하나라고 합니다. 요다 경부가 업무 때문에 오지 못해서 죄송하다는 말씀을 전하라고 하셨습니다. 앞으로 제가 도와드릴 테니까 무슨 일 있으면 어려워 마시고 말씀해주세요."

"그래서 일삼아 여기까지? 요다 씨에게 너무 신세를 지고 호의를 무시하는 짓까지 저질렀는데, 사과해야 할 사람은 저예요. 앞으로 잘 부탁드립니다."

히로에는 다테하나에게 고개를 숙인 다음 구라오카를 보며 말했다. "아쉬울 때 도움 받아놓고 멋대로 사라져서 죄송해요. 하지만 딸이나 일자리만이 아니라 이혼 문제도 고민이 많았어요. 그러다가 마음먹고 파파에게, 아니, 우리 주인主人에게 전화하니까…… 정말 미안하다, 돌아와 달라고 울면서 빌더라고요. 술만

마시지 않으면 좋은 사람이에요. 술은 죽기 살기로 끊는다고 약속하고 집에 남아 있던 술도 싹 내다버렸대요. 그래서…… 아, 파파, 잠깐 나와서 인사하세요. 내가 말했죠, 경찰에 있는, 신세 많이 진 구라오카 씨."

그녀가 집 안쪽을 향해 말했다. 주방 너머 방에서 한 남자가 굼실굼실 일어나 나왔다. 다섯 살배기 여자애가 텔레비전을 보는 모습도 보였다.

구라오카가 실내를 재빨리 둘러보니 청소가 잘 되어 있고 어수선한 인상은 느낄 수 없었다.

"아, 저번에 큰 폐를 끼쳐서 죄송했습니다."

히로에의 남편 야스하라 고조가 구라오카에게 고개를 숙였다. 마른 체구에 인텔리 같은 얼굴을 하고 있다.

"제가 술이 조금 과해서 집사람과 딸을 괴롭힌 것 같은데…… 전혀 기억이 없네요."

"기억이 없을 정도로 술을 마시면 안 되죠. 술로 인생 망친 사람이 적지 않습니다."

구라오카는 상대방 눈을 노려보듯 바라보며 말했다. "진지하게 술을 끊을 생각이면 병원 진료를 받아보는 게 좋습니다."

"아, 예, 생각해보겠습니다."

히로에의 남편은 눈길을 깔고 맥없이 미소를 지었다.

"괜찮아, 나도 도울 테니까. 큰 상을 받을 때까지는 반드시 끊는 거야."

히로에가 남편의 셔츠 주름을 펴주며 말했다. "이번에요, 남편이, 시나리오 대상 최종 후보에 올랐대요. 틀림없이 될 거예요. 상만 받으면 인기 작가가 되는 거니까."

"그래? 기대 되는데. 상을 받으면 뭔가 축하 선물을 드려야겠군."

"고마워요. 제 상황이 이러니까……요다 씨에게도 잘 좀 말씀해 주세요."

구라오카가 고개를 끄덕이며 대답했다.

"알았네. 그렇게 전하지. 무리하지는 말고."

말을 마친 구라오카는 시바, 다테하나와 함께 집을 나섰다. 돌아보니 집 밖으로 배웅을 나온 히로에가 여전히 이쪽을 향해 손을 흔들고 있었다. 잠깐 망설이다 그녀에게 돌아간 구라오카가 옆에 남편이 없음을 확인하고 조용히 말했다.

"한 마디 하지. 자기가 하는 언어가 어느새 자신을 묶어버리게 마련이야…… 남편夫을 주인主人이라고 부르는 건 그만두는 게 좋아."

놀란 얼굴을 하는 히로에를 격려하듯 기운 있는 말투로 덧붙였다. "당신 주인은 어디까지나 당신이야."

그러자 히로에는 후후, 하고 웃더니,

"왠지 구라오카 씨답지 않네요…… 하지만, 알겠습니다. 조심할게요."

하며 과장된 포즈로 경례를 붙였다.

6

빌딩 건축 현장 일을 마친 요네다 도시후미가 같은 일터에서 일하는 구스모토 게이타로의 뒷덜미를 움켜쥐고 가설사무소 옆 탈의실로 돌아가며 말했다.

"잔말 말고 따라와. 틀림없이 해볼 수 있다니까."

"아냐, 난 너처럼 돈이 있는 것도 아니고."

"돈은 필요 없다고. 가출한 여자애들은 쫄쫄 굶고 다니니까. 밥이랑 술 몇 잔 사주면 마음대로 무슨 짓이든 할 수 있거든."

가설사무소 문이 열리고 중년 여성 사무원이 얼굴을 내밀었다.

"아, 요네다 씨, 마침 잘됐네요. 부르러 가려던 참인데. 다나카 설계사무소란 곳에서 전화 왔어요. 업무상 부탁할 게 있다고."

"네? 나를요? 설계 같은 거 하나도 모르는데?"

"그쪽에서 분명히 요네다 도시후미 씨라고 했다니까요. 급한가 봐요."

요네다는 구스모토를 밖에 두고 가설사무소 안으로 들어갔다.

유선전화가 연결된 채 대기음악이 흐르고 있었다. 수화기를 들면 연결된다는 사무원의 말에 요네다는 수화기를 집어 들었다.

"여보세요, 전화 바꿨습니다. 요네다입니다. 여보세요."

"사토 신토의 아버지 소식은 알고 있겠지."

젊은 남성의 목소리가 흘러나왔다. "다음은 너희 차례다."

"네? 지금 무슨 말을…….."

요네다는 그렇게 대꾸하려고 했지만 목소리가 목에 걸려 제대로 나오지 않았다.

"목소리가 떨리는군. 요네다, 너, 지은 죄가 더 있지. 내 동생이 처음이 아니잖아."

"……동생이라니, 너, 설마."

"다 조사해 봤다. 너한테 당한 여자들 이름."

상대는 요네다의 기억에 남아 있는 이름 두어 개를 나열하며 추궁했다. "기억하겠지, 그 여자들. 이걸 확 까발릴까? 물론 그냥 까발리면 재미없고. 너희 할아버지가 후원하는 국회의원 있지? 현재 관방 부장관이고 총리하고도 친하다며? 너희 할아버지 부탁으로 그 의원이 힘을 써서 가짜 형사가 우리 가족을 협박했지. 이 사실을 네 여죄와 함께 언론사 여기저기에 뿌리고 총리와 대립하는 피벌이나 야당에도 흘려주면 반응이 꽤 재미있지 않을까?"

"너, 뭐하는 놈이야."

그만 험악한 목소리가 튀어나왔다. 가설사무소 사무원들이 쳐다보자 당황한 요네다가 급히 목소리를 죽였다.

"……그런 국회의원이니 뭐니, 나는 몰라."

"몰라도 상관없어. 네 범죄가 도화선이 되어 정치 스캔들이 터지면 국회의원뿐만 아니라 네 할아버지는 어떤 일을 겪게 될까. 뇌물죄 수사가 시작될지도 모르지. 너희 아버지도 지금처럼 한가롭게 사업할 수 있을까? 지금 그렇게 지내는 것도 할아버지와 아버지 덕분이잖아?"

"……대체 뭘 하고 싶은 건데?"

"사죄하길 바랐다. 하지만 너희는 정반대로 행동했지."

"……사죄하면 되는 거냐?"

코웃음 치는 숨결이 흘러나왔다.

"물론이야. 너희가 사죄하는 걸 영상으로 찍어서 세상 사람들에게 보여줘야지. 그리고 우리 가족을 협박한 데 대한 위자료와 사죄가 늦은 데 대한 벌로 1억 엔."

"뭐라고……."

"당장은 어려울 테니까 일단 1천만 엔부터 먼저. 그 정도라면 부모한테 우려낼 수 있겠지. 부모 인감을 슬쩍하면 어지간한 목돈은 만들 수 있잖아. 그리고 휴대전화 번호를 대. 아니면 이렇게 계속 사무실로 연락할까?"

사토 신토는 공공 도서관에서 시간을 죽이고 있었다.

낮에는 도서관이나 공원을 전전하고 저녁에는 패밀리레스토랑처럼 죽치고 앉아 버틸 수 있는 가게, 밤에는 인터넷카페나 만화방을 이용하지만 한 곳에 이틀 연속으로 가는 일은 없었다.

스마트폰도 가끔 부팅해서 연락이 온 게 있는지 확인한다. 기다리던 요시카와 다쿠미의 착신 이력이 있었다. 미리 눈여겨보아둔 공중전화 박스에서 요시카와에게 연락했다.

"신토, 너 진짜 너무하는 거 아냐?"

통화 상대가 신토임을 알고 요시카와가 날카로운 목소리로 말했다. "부모라면 몰라도 여동생까지 협박하기냐? 애가 학교엘 안가잖아. 대체 무슨 생각을 하는 거야."

신토는 잠자코 듣기만 했다.

"무슨 말이든 해봐. 부모님은 이사까지 생각하고 있어."

"……왜 이사를 하지?"

"시치미 떼기냐. 칼이 박힌 봉제인형을 박스에 넣어서 우리 집 앞에 놔뒀잖아. 상자 안에 있던 '다음은 너희 차례다'라는 종이를 보고 네 짓이란 걸 알았다. 부모님이 살해되었으면 좋지 않겠냐는 둥 한 명씩 야금야금 죽일 생각이라는 둥 협박하는 식으로 말했었잖아."

"아, 그러니까……."

"받는이는 여동생 이름이고, 동생 이름과 우리 집 주소를 아는 놈 중에…… 그런 짓을 할 놈은 너밖에 없어."

"그렇겠네……."

"어릴 때부터 그림책을 좋아하던 애여서 똑같은 인형을 동생도 갖고 있었어. 그런데 칼이 박혀서 나왔으니…… 대체 왜 이러는 거야. 나와 부모님을 괴롭히는 방법치고는 너무 수고스러운 짓이잖아."

"……동생에게는 물론 미안하게 됐다."

"그동안 동생이 너무 힘들게 지냈어. 내 얘기가 인터넷에 나오고, 내가 오빠라는 걸 아는 아이들도 있어서…… 고등학교에 들어가기 전에 부모님이 일단 이혼해서 외가 성으로 바꿔주고 학교도 멀리 보냈지. 부모님은 곧 다시 재결합할 예정이지만, 그 사건 이후 동생은 나한테 말도 하지 않아. 이제 그 아이를 가만 놔두었으면 좋겠어."

"알았어…… 경찰에는 신고했나?"

"당연하지. '다음은 너희 차례다'라는 경고문까지 들어 있는데 신고하지 않을 수 있냐."

"누구한테 내 얘기…… 했냐?"

"그런 얘기, 할 리가 없잖아."

"그럼, 경찰은 누구 짓이라고 생각하지?"

"그야, 그 여자애 오빠라고 생각하지. 우리 부모님도 마찬가지야. 용케 동생 이름과 우리 집 주소까지 알아냈다고 신기…… 아니, 기분나빠하고 있어."

"……내가 했다고, 얘기해도 좋아, 요시."

"뭐? 왜……."

신토는 요시카와의 물음에는 대답하지 않고,

"연락은 그거 때문이었어?"

"어, 아니…… 구스모토한테 연락이 왔었어."

"뭐라고."

"요네다가 만나고 싶어 한대. 너랑은 연락이 안 되는 걸 아는지, 일단 셋이 대처하고 싶은 문제가 있대. 나도 나오라고."

"뭘 대처하고 싶다는 거지?"

"나도 물어봤지만 구스모토도 잘 모르는 것 같아. 다만 그 일과 관계가 있는 것처럼 말하긴 하더라. 그러니까 나도 무관하지 않을 거라고…… 이제 와서 뭘 어쩌자는 건지 모르지만."

요시카와는 괴로워하는 목소리로 말하고, "야, 신토, 어떡하면 좋겠냐?"

"만날 장소와 시간은 정해졌어?"

"응."

"그럼, 나한테 알려주고 너는 나가지 마. 말했잖아, 놈들이 만나자고 할 때는 뭔가 골치 아픈 일을 떠넘기려는 거라고."

"뭘 어쩌려고, 신토."

"……모르겠어. 일단 상황을 보고 나서 어떻게 움직일지 정해야지."

신토는 요시카와에게 장소와 시간을 들은 뒤, 인터넷 검색으로 알아낸 사이타마 현의 렌터카 업체에 전화했다. 부모의 승용차와 동일한 차종이 있는지 물어보니 제공할 수 있다는 대답이 돌아왔다.

사이타마 현까지 전차로 이동했다. 도쿄와 사이타마는 관할 경찰서가 달라 수사 정보가 원활하게 공유되지 않는다는 이야기를 드라마인지 만화인지에서 본 기억이 있다.

카페에서 시간을 죽이다가 예약해 둔 렌터카 업체의 접수처로 갔다. 신용카드와 운전면허증을 건네줄 때는 역시 긴장이 되었지만 아무 문제 없이 운전에 익숙한 차종을 빌렸다. 반납 예정일은 이틀 후로 정했다.

　차가 움직이기 시작한 순간 문득 생각이 나서 마침 시야에 들어온 대형 쇼핑몰 주차장으로 들어갔다. 양판점에서 갈아입을 내의를 사고 백엔숍에서 적당한 도수 없는 안경을 골랐다. 안경을 쓰고는 아웃도어용품점에 들어가 장갑과 잘 벼려진 나이프를 샀다.

　이틀 후, 그는 렌트한 차를 반납하지 못했다.

7
장

배
반
의
덫

1

신고는 도요시마 경찰서 형사과에 접수되었다.

성범죄 담당 여성 순사가 피해여성 A씨에게 사정청취를 진행하고 경찰과 제휴한 부인과 클리닉에 데려가 진료를 받게 했다. 손목과 어깨에 강하게 짓눌려 생긴 것으로 보이는 멍이 있고, 질 내에 찰과상이 있으며, 남성 체액도 증거물로 채취되었다.

보고를 받은 상사는 강력계 남성 수사원 두 명을 지명해 A씨의 진술을 기초로 신중하게 수사를 진행하도록 명하고, 처음 사정청취를 한 여성 순사는 A씨를 계속 돌보게 했다.

A씨가 가해자 B씨와 식사를 했던 레스토랑의 접객원은 A씨가 방문할 때만 해도 별다른 점이 없었지만 퇴점 직전에는 몹시 취한 상태여서 B씨의 부축을 받지 않고는 걷지도 못하는 상태였다고 증언했다. 그리고 레스토랑 앞에서 두 사람을 태운 택시기사, 두 사람이 투숙한 호텔의 도어맨과 프런트 담당도 A씨가 자기 힘으로는 걷지 못하는 것처럼 보였다고 증언했다. 보다 못한 도어맨이 부축해 주겠다고 제의했지만 B씨가 거절했고, A씨는 완전히 맥이 풀려서 말 한 마디 없었다고 한다.

레스토랑 CCTV와 호텔 CCTV에는 A씨가 스스로 걷지 못하는 모습이 영상으로 남아 있었다.

A씨는 B씨와 식사할 때 상대가 권하는 대로 와인을 마셨지만, 만취할 만큼 많이 마시지는 않았다고 말했다. 화장실에 다녀온 A씨는 이미 잔에 채워져 있던 와인을 B의 권유로 마신 뒤 잠시 후 의식이 멀어졌고, 정신을 차리고 보니 침대에 누워 있었고 B씨가 몸을 짓누르고 있었다고 했다. 두통과 하복부 통증, 그리고 공포와 혼란에 빠져 비명을 지르며 저항한 것 같지만, 실제로 소리를 질렀는지 어떤지는 모른다고 했다. 마침내 B씨가 비켜나 몸이 자유로워졌지만, 상체를 일으키고 나서야 자신이 침대 위에서 알몸으로 능욕을 당했다는 것을 알았다.

B씨가 웃으며 뭐라고 말했지만 아무 말도 귀에 들어오지 않았고, 바로 샤워해서 온몸을 씻고 싶었지만 B와 같은 공간에 있는 것이 무서워 견딜 수 없었다. 정신이 아뜩해지려는 것을 간신히 참으며 침대 주위에 흩어져 있던 옷을 주워 입고 자기 물건들을 주워 모아서 객실을 뛰쳐나갔다.

복도가 일그러져 보여서 벽을 짚어가며 걸어가니 승강기가 보여서 쓰러지듯이 버튼을 누르고, 승강기 문이 열리자 몸을 던져 올라탔다. 1층에 내려오자 프런트가 보여서 그제야 호텔인 줄 알았다. 그때는 호텔에서 즉시 신고하는 데까지 생각이 미치지 않았고, 오히려 부끄러워 이목을 피하듯 잔달음질로 현관을 나가, 마침 대기중이던 택시를 탔다. 자기가 사는 아파트로 귀가하려고 했지만, 곧 공포와 후회를 누르는 격렬한 분노가 치밀어서 중간에 행선지를 바꿔 가까운 도요시마 경찰서로 향했다.

수사원들은 증언과 영상을 확보한 뒤 B씨의 자택을 방문했다. 고급 주택가에 있는 단독주택에서 처와 중학생 아들과 살고 있는 B는 경찰이 방문하자 크게 당황했다. 설마 신고할 거라고는 생각하지도 못한 모습이었다고 수사원들은 상사에게 보고했다.

B씨는 방송국 피디 출신의 프리랜서로서, 그가 제작한 다큐멘터리 영화가 국내외에서 호평을 받은 이래 시사교양 저널리스트로서 영상을 제작하는 한편 책도 여러 권 집필하고 현재 대학 객원교수로 강의도 하고 있다. A씨는 그의 청강생이며 자신도 단편 다큐멘터리 영화를 제작했고, 다음 작품을 위해 B씨에게 상담을 요청하자 식사 제안을 받았다고 한다.

B씨는 준강간 용의를 부인하며 동의 아래 이루어진 행위였다고 주장했다. A가 말하는 것처럼 와인이나 음식에 수면제나 약물을 탄 것은 아니냐는 질문에도, 있을 수 없는 일이라고 완강히 부인했다. 참고로, 두 사람의 테이블은 다른 손님과 종업원의 시야에 들어오지 않는 자리에 있었는데, 예약할 때 자리를 지정한 사람은 B였다.

하치오지 남서의 형사과는 다수의 증언과 증거에 비추어 A씨의 진술 내용이 신뢰할 만하다는 것, '강제적인 행위였던 것으로 의심된다'는 의사의 진단에 따라 충분히 입건할 수 있다고 판단하고 절차를 밟아 법원으로부터 체포영장을 발부받았다.

구라오카는 이 사건을 담당한 미조구치 순사부장과 원래 친한 사이였다.

아홉 살 연하이지만 같은 중학교 유도부 출신이어서 구라오카가 선배로서 이것저것 보살펴주었고, 미조구치는 그런 구라오카를 존경하여 경찰이 되었다.

미조구치는 성실하고 정의감이 강하지만 기량은 평범한 편이어서, 본청 수사 1과를 꿈꾸며 관할서 형사과에서 일하고 있었다. 업무에 열심이고 특히 성범죄 적발에 힘을 기울였는데, 누이가 치한으로 고통받은 적이 있기 때문이라고 구라오카에게 이유를 밝힌 적이 있다.

당시 구라오카가 담당한 살인사건의 수사본부가 미조구치가 근무하던 도요시마 서에 설치되었기 때문에 종종 만나곤 했다.

미조구치는 관내 형사 사건을 처리할 인력도 필요하다는 서장의 뜻에 따라 수사본부에서 제외되어 있었다. 사건이 끝나 수사본부가 해산되고 구라오카가 서를 떠나려고 할 때, 마침 준강간 피의자를 체포하기 위해 출동하던 미조구치와 마주쳤다.

"이번 피의자가 상당한 거물이라 아마 아침방송 같은 프로그램에서 크게 다룰 것 같습니다. 서장님도 전국방송으로 나가는 기자회견을 하지 않을까 싶어 안절부절못하고 계십니다."

미조구치는 전에 없이 의욕을 보였다.

"서장님은 저를 수사본부에 넣어주지 않고 관내 사건만 맡긴

게 미안하신지⋯⋯ 실은 조만간 기수대기동수사대에 들어갈 수 있도록 힘써주겠다는 이야기가 나오고 있어요."

"그거 잘된 일이군. 인내한 보람이 있네."

구라오카는 후배의 어깨를 다독여주었다.

"네. 그리고 이번 사건이 성범죄 예방 홍보에 도움이 되었으면 하는 바람도 있습니다. 피해 여성에게는 괴로운 일이겠지만."

"⋯⋯다음 피해자를 한 명이라도 줄이는 데 도움이 된다면 그보다 좋은 일은 없겠지."

"구라 선배, 오늘 또 일정이 있으세요?"

구라오카는 퇴근하면 그만이었지만 후배를 생각해서,

"아, 그렇군. 자네가 일하는 걸 여태까지 한 번도 제대로 보질 못했군. 같이 차 타고 가도 될까?"

미조구치의 파트너는 암행순찰차 운전을 맡은 이십대 초반의 순사였다. 미조구치가 조수석에 앉고 구라오카는 뒷좌석에 올라탔다. 차 안에서 미조구치가 들려준 사건 개요에 따르면, 증언과 증거를 충분히 확보했으므로 체포 후 입건해서 검찰에 보내면 그대로 기소되어 유죄 판결이 틀림없어 보였다.

"그런데 다큐멘터리로 큰 상을 받은 영화감독에다 작가 겸 대학 객원교수까지 한다는 사람이 겁도 없이 그런 짓을 저질렀군. 지위도 명예도 다 날아갈 텐데."

"그러게요. 게다가 놈은, 우리끼리만 하는 얘기지만 총리 홍보 영상도 제작했다고 합니다."

구라오카는 저도 모르게 숨을 삼켰다.

"선거 홍보에도 사용하고 긴 버전은 강연이나 파티 석상에서 상영했다고 합니다. 총리와 고등학교 동문이라 꽤 사적인 장면도 찍을 수 있었다고요."

"……자네, 형사과장이나 서장도 그걸 알고 있나?"

구라오카의 목소리가 목에 걸린 것처럼 갈라졌다.

"네. 물론 다 보고했습니다만……."

"아무 문제없다고 하던가?"

미조구치도 구라오카의 달라진 태도가 마음에 걸렸는지 긴장한 모습으로 답했다.

"바로 체포영장이 나왔을 정도로 증언과 증거가 충분하고 피해자도 공표할 의사가 있으니까, 정치인 본인이 용의자가 아닌 한 체포에는 문제가 없다고 했습니다. 다만 기자회견에서는 총리 홍보 영상을 제작했다는 사실은 공표하지 않는 선에서 진행할 거라고 합니다. 무슨 문제될 거라도 있나요?"

"아니…… 뭐 그 정도면 문제 없겠지."

일단 수긍하기는 했다. 다만 지방공무원인 형사과장은 정치적 사안에 둔감하고 국가공무원인 서장은 아직 젊어 경험이 적다일본의 국가공무원은 한국의 행정고등고시에 상당하는 국가공무원 1종 시험을 통해 임명되며, 지방공무원에 비해 요직에 임명되고 승진도 빠르다.

"저는 피해를 호소한 여성에게 약속했습니다."

미조구치가 진지하게 힘주어 말했다. "반드시 가해자에게 대가를 치르게 하겠다고요. 저희 누이가 치한에게 당해서 오랫동안 고통 받는 걸 봐왔으니까. 체포해서 사죄하게 만들겠다고 했습니다. 물론 사죄 받는다고 없던 일이 될 수는 없겠지만, 그게 제가 할 수 있는 일이니까──"

그때 미조구치의 휴대전화가 울렸다.

"과장님이군요. 무슨 일일까."

전화를 받은 그는 상대방 말을 듣다가 어느새 몸이 굳어지고 목소리도 갈라졌다.

"왜죠……? 그러니까 왜냐고요……, 체포영장이 나왔잖아요. 판사가 체포해도 좋다고 인정한 거잖아요. 서장님은 모르십니까……? 그럼 서장님이 결정한 겁니까……? 그럼 누굽니까……? 본청? 본청 형사부장이 직접 체포 중지를 명령했다고요?"

미조구치는 그렇게 말하며 애원하는 눈빛으로 구라오카를 쳐다보았다.

구라오카는 후배의 스마트폰을 가로채듯이 받아들고 따져물었다.

"본청 수사 1과의 구라오카입니다. 멋대로 끼어들어서 죄송합니다. 사정이 있어 미조구치 순사부장 차에 동승하고 있습니다. 본청 형사부장이 체포 중지를 명령했다고 하니 가만있을 수 없어서…… 야쿠모 부장이 서장에게 직접 지시했다는 겁니까? 그럴 권한이 어디 있습니까. 여보세요, 여보세요."

명령에 따르지 않으면 복무규정 위반이라고 밀어붙이니 미조구치도 결국 복종하지 않을 수 없었다.

상부에서 어떤 거래가 있었는지는 알 수 없다. 체포영장을 받고도 집행하지 않은 일은 경찰 전체에서도 문제시되어, 야쿠모 형사부장을 직접 추궁할 수 있는 지위에 있는 사람을 통해 이야기가 조금씩 밖으로 새어나왔다.

B씨는 먼저 수상 비서관에게, 이어서 직접 수상에게 연락해서 억울하게 체포되게 생겼다, 어떻게 좀 손을 써달라고 울며불며 매달렸다고 한다. 그가 체포되면 죄가 있는지 없는지는 둘째치고 일단 화제가 될 게 분명하고, 선거 홍보 영상을 제작한 인물이니 수상에게도 불티가 튈 수 있다. 모두들 못마땅하게 생각하는 가운데 수상은 비서관실과 내각관방에게 처리를 일임했고, 오쿠다 이라 관방 부장관이 친한 야쿠모 형사부장에게 "방법은 맡길 테니까 어떻게 좀 해주게"라고 부탁했다고 한다. 그리하여 야쿠모가 "모든 것은 내 판단이고, 내가 책임진다"라며 체포를 중지시켰다.

한편 A씨는 경찰이 체포영장을 집행하지 않자 경찰 관계 부처에 항의를 했지만 받아들여지지 않았다. 이에 그녀는 함께 일해온 언론사나 여성인권단체, 인터넷에 자신이 당한 피해를 밝히고, 경찰이 체포영장을 받고도 집행하지 않은 사실과 이것이 형사부장의 개입 탓이라는 내부정보를 폭로했다.

언론 보도나 인터넷을 통해 B씨가 저명한 인물이며 수상 홍보 영상을 제작했음이 알려지자, 수상이 지인을 위해 특별히 영향력을 행사한 이른바 '수상 관심 사안'에 대한 비판 여론이 단숨에 확산되었다.

그 후 미조구치는 운전면허시험장으로 이동하라는 사령을 받았다. A씨에게 "부끄럽기 짝이 없습니다"라고 사과하며 체포 중지 사실을 전한 일을, 내부 정보를 발설하였다고 문제삼았기 때문이다.

구라오카는 정의를 짓밟은 체포 중지와 미조구치의 부당한 인사처분에 항의하기 위해 야쿠모 형사부장을 직접 만나려고 했지만 전부 거절당하고 마침내 수사 1과에서 밀려났다.

시바는 그런 일련의 사정을 이미 알고 있었다.

2

입지에나 외관에나 '초' 자가 붙는 일류 호텔, 그중에서도 야경이 훌륭한 고층 라운지였다.

기품 있는 제복을 입은 보이가 앞장서 안내하는 대로 구라오카는 시바 뒤에서 객실을 향해 걸어갔다.

들어서면 왼쪽으로 보이는 커다란 검은 가죽 소파에 야쿠모가 앉아 있었다. 호박색 액체가 담긴 록 글라스를 들고 있다. 안경 너머 눈동자가 시바에게, 이어서 구라오카를 향해 날카롭게 날아왔다.

"오랜만에 뵙습니다."

시바가 정중하게 인사했다.

구라오카도 정중하게, 그러나 아무 말 없이 인사했다.

"일 초도 틀리지 않았군. 라운지 입구에서 객실로 안내를 받으며 올라오는 시간까지 계산했나?"

야쿠모가 굵은 목소리로 물었다.

"설마요. 우연이죠."

시바가 태연하게 대답했다. 라운지에 들어서기 직전, 시바는 구라오카에게, 잠시 기다려주세요, 라고 말하고 삼십 초 이상 멈춰 있다가 보이의 안내를 받아 객실 앞에 도착할 때까지 뭔가를 헤아리는 듯이 천천히 걸었다.

"초 단위까지 딱 맞춤으로써 자기가 운동선수였다는 사실을 내가 상기하길 바랐나?"

야쿠모는 그렇게 말하지만 특별히 불쾌한 표정은 아니다. "앉게."

"그럼 실례하겠습니다."

시바가 그의 맞은편 소파에 앉았다.

구라오카는 여전히 입을 다문 채 시바와 나란히 소파에 앉았다.

"뭐 마시겠나?"

"아뇨, 금방 가봐야 해서."

야쿠모의 시선이 구라오카에게 향했다.

직접 대면하는 것은 삼 년 만이다. 각진 얼굴, 매부리코, 짙은 눈썹 밑에 뒤룩거리는 큰 눈은 위압감을 풍긴다. 하지만 전보다 주름이 늘고 전체적으로 부드러워진 인상이다. 형사 수사를 지휘하는 완강한 얼굴보다 정치가의 얼굴이 드러났는지도 모른다.

구라오카는 묘하게 오기를 부리고 싶어졌다.

"같은 걸로 부탁합니다."

야쿠모는 아무 말 없이 테이블의 버튼을 눌렀다. 곧 보이가 노크를 하고 들어왔다. 야쿠모는 구라오카를 턱짓으로 가리키며, 같은 걸 줘, 하고 보이에게 주문했다.

"건강해 보이는군."

야쿠모가 잔을 기울인다. 시선은 다른 곳을 향하고 있지만 구

라오카에게 던진 말임을 알아차리고,

"감사합니다."

하고 낮은 소리로 대답했다.

"시바 군과는 잘 맞나? 용의자를 두 번이나 놓쳤다고 하던데."

"제 잘못입니다…… 상부 명령을 듣지 않는 버릇이 다 빠지질 않아서겠죠."

야쿠모가 코웃음 치는 숨결이 구라오카의 귀에 불쾌하게 닿는다.

"그럼, 모처럼 만든 콤비도 실패라는 건가?"

야쿠모의 시선이 시바에게 향했다.

"아직 모릅니다."

시바가 냉정하게 대답했다. "두 번 헛스윙했지만 타석에 서 있습니다. 상부 지시나 기다리는 평범한 타자는 벤치에서 나올 수도 없죠."

"자네 커리어에 흠집이나 생기지 말아야 할 텐데."

야쿠모의 말이 구라오카에게는 의아하게만 들렸다. 시바와 내가 조를 이룬 것은 야쿠모의 지시 아니었나?

"흠집이 생기지 않게 하려고 굳이 시간을 내달라고 한 겁니다."

"이런 요구는 오늘이 마지막이었으면 좋겠군."

두 사람의 대화도 뭔가 깊은 사연이 깔린 것처럼 들린다.

"그래, 용건이 뭐지? 수사본부가 한창 바쁠 텐데."

"수사본부 수장이란 분이 이렇게 술을 드시고 계시는데요."

시바의 비아냥거림을 야쿠모는 목을 가볍게 돌려서 뼈 울리는 소리로 응수했다.

"선거가 코앞이라 경비 같은 정치적인 절충이 계속되고 있네. 여기도 내 일터 가운데 하나야. 마냥 노닥거리는 게 아니란 말이지. 사건 수사는 우수한 부하들이 있으니까 믿고 맡기는 것이고."

"그 수사의 일환으로 찾아뵈었습니다. 단도직입적으로 묻겠습니다. 이자키――"

시바가 말을 꺼내려는데 야쿠모가 손을 쳐들어 막았다. 문에서 노크 소리가 들리고 보이가 들어와 구라오카 앞에 호박색 액체가 든 잔을 놓았다. 보이가 나가기를 기다렸다가,

"그 건이라면 이미 노기 군에게 대답했네. 자네도 전해 들었을 텐데."

야쿠모가 냉정하게 대답했다.

"공식적으로는, 들었습니다."

"공식적이란 말은 하지 말게. 진실이 아니면 관심 없으니까."

"저도 그렇습니다. 이자키와 어떤 관계인지, 그에게 뭘 의뢰했는지, 대학생 네 명에 의한 준강간 사건에 이자키가 어떻게 관련되어 있는지. 그게 이번 건의 열쇠를 쥐고 있다고 생각합니다."

"무슨 소리야. 그 사람이 경찰을 그만둔 뒤로는 연락을 끊었네."

"이자키는 조사 과정에서 알아낸 정보를 빌미로 공갈을 하려고 했습니다. 부장님이 그것까지 알고 있었다고 생각하지는 않습니

다. 하지만 그 공갈 상대가 양손이 결박당한 알몸 상태로 살해된 채 발견되었습니다. 강간당한 흔적도 있습니다. 문의 드리는 것이 당연하겠지요."

"노기 군 말로는, 수사본부는 그 준강간 피해자의 오빠를 용의자로 생각하고 있다더군. 그리고 살해된 남자의 아들에게도 공범혐의가 있을지 모른다고 하고."

"이자키 쪽도 추적해야 한다고 생각합니다."

"경찰은 조직 수사를 하는 곳이야. 수사원이 알아낸 정보와 감식이 보고하는 사실을 조합하고 노련한 간부가 상의해서 수사 방향을 정하면 수사원들은 그 선을 따라 수사하지. 경찰학교에서 가르치는 기초를 내가 다시 강의해야겠나? 소수의 개인기는 허용할 수 없어."

"진실을 묵살해서라도 말입니까?"

"묵살하지 않기 위해서 조직 수사를 하지."

이래서는 결판이 나지 않겠다고 생각했는지 시바가 그답지 않게 한숨을 지으며 물었다.

"이자키를 왜 감싸는 겁니까. 우리는 어디까지나 이번 살해 사건이란 범위에서만 그를 추적하려는 겁니다. 달리 영향을 미칠 만한 일은──"

"그 얘기 하려고 온 거라면 그만 물러가주지 않겠나. 다음 손님이 기다리고 있으니까."

시간 낭비임을 알면서도 대꾸하려는데 구라오카가 팔을 뻗어 테이블에서 술잔을 들자 시바가 입을 다물었다.

구라오카는 잔을 살살 흔들고 나서 호박색 액체를 입에 머금었다. 그윽한 향이 코를 찌른다. 몇 겹을 이룬 농후한 맛이 입안에 번지고 목구멍으로 뜨겁게 넘어간다.

"좋은 술이군요…… 처음입니다, 이런 건."

야쿠모는 아무 말도 하지 않았다.

"야쿠모 형사부장님…… 부장님은 예상하셨습니까?"

"……무슨 소리야."

"그 체포영장 집행을 중지시킨 거 말입니다."

구라오카는 가볍게 헛기침을 해서 뜨거운 액체의 여운을 없애고 말했다. "이런 소동이 벌어질 거라고 상상하셨습니까? 부장님도 정치가 분들도 내켜서 한 일은 아니겠죠. 다들 싫지만 어쩔 수 없이…… 뭐 그래 봐야 체포영장 한 장인데. 피해자는 특별한 백도 없는 젊은 여자 하나뿐인데. 검찰이 제 식구 범죄를 기소유예로 처리하고 입을 다물 때와 다를 것도 없는 일인데. 체포 요건에 미비한 점이 있었을 뿐 개별 안건은 원칙상 공표하지 않는다고 발표하면 끝날 거라고 생각했던 거 아닙니까?"

다시 한 모금 호박색 액체를 머금었다. 처음 같은 감동은 없었다. 어차피 주점에서 마시는 싸구려 술에 길들여진 입이지, 하며 단숨에 목으로 넘기고 뜨거운 숨을 후우 토했다.

"섣부른 계산 착오였어요…… 결과적으로, 부장님 이름뿐만 아니라 수상 이름까지 세상에 나돌고 말았죠. 수상이 부당한 개입을 했다고 문제 삼는 사람들만이 아니라 수상을 비호하려는 그룹까지 나서는 바람에 소란은 더욱 확산되었고요. 피해 여성은 가족들까지 억울한 공격을 당하고 인터넷에 주소와 직장이 공개되는 바람에 지금 해외에서 지내고 있습니다. 정말로 고통을 당한 사람은 그녀인데 말이죠. 상대가 진심으로 사죄하고 속죄하기만 바랐을 뿐인데…… 해도 해도 너무한 이야기죠."

잔을 테이블에 내려놓았다. 딸깍, 하는 날카로운 소리가 울렸다.

"즉각 체포하고 송치해서 기소했으면 지금의 형사재판 현실에서는—— 대단히, 대단히 안타까운 결말이겠지만 아마 집행유예 정도로 끝났겠죠. 부장님은 물론이고 수상 이름도 세상에 나돌지 않았을 겁니다. 똥물 뒤집어쓰기도 마다하지 않은 만큼 부장님은 앞으로 출세를 바랄 수 있겠지만, 지금은 예전과 달라서 한 고비만 넘기면 잊히는 시대가 아닙니다. 요즘 같은 인터넷 세상에서는 모든 것이 반영구적으로 남으니까요. 그 점까지 감안하고 후세에 길이 이름을 남길 생각이었다면 얘기는 다르지만."

야쿠모도 시바도 아무 말이 없다. 손가락 하나 까딱하지 않는다.

구라오카가 시바 쪽으로 살짝 고개를 기울이며 말했다.

"영 마음에 안 드는 이 친구와 한 조가 된 건 실패였는지 모르지만…… 적어도 이 친구한테는 실패였겠지만…… 덕분에 저는 내내 품어온 수수께끼 하나가 풀렸습니다. 왜 야쿠모 형사부장님

씩이나 되는 분이, 아무리 친한 정치가의 청탁이 있었다지만, 국가 최고 지도자를 생각해 알아서 처신한 거라고 해도, 자기 장래도 돌보지 않고 그런 청탁을 들어주고 말았을까…… 그것은 여자라는 성을 무의식중에 낮춰보기 때문이겠죠. 성범죄라고 해도, 겨우 그것쯤이야, 하는 마음이 있기 때문이죠. 살인사건이었다면 체포영장 집행을 중지시켰겠습니까? 한 사람의 인생을 망치고 영혼을 죽이는 것이나 다름없는 잔인한 범죄라는 생각을 했다면 최소한 체포는 진행했을 것이고, 그 뒤는 제대로 된 경찰의 역할대로 검찰과 재판에 맡겼겠지요. 이것은 부장님만이 아니고 정치가만도 아니고 이 나라의 바탕에 있는 우리의…….”

구라오카는 제 가슴을 쳤다. “우리의, 죄입니다.”

말이 지나쳤다는 자각은 있었다. 겨우 그만한 알코올에 취할 리도 없다. 내내 쌓아두었던 말이 튀어나온 느낌이었다. 그리고 가슴 속에는 여전히 뭔가가 남아 있다.

눈앞에 있는 사람의 죄가 아니라 자신의 죄가 느껴졌다. 그 죄의식이 밖으로 튀어나오려는 것을 억제하지 못하고 주머니에서 스마트폰을 꺼냈다.

대기화면에 아야노와 유나와 렌의 웃는 얼굴이 뜬다. 그 화면을 야쿠모에게 보여주었다.

“딸이 있어요. 열네 살이죠. 아들도 있습니다. 열두 살이죠. 부장님도 따님이 있죠. 이 나라를, 이 사회를, 지금 이 상태로 물려줄 겁니까? 우리의 죄를 그대로 자식들에게, 손자들에게 짐 지울 겁니까?"

대답이 없다. 헛기침소리도 없다. 구라오카는 자기혐오에 빠졌다. 스마트폰을 주머니에 넣고 얼굴을 들고 야쿠모를 똑바로 쳐다보았다.

"지금은, 현재로서는, 단 하나. 딱 한 가지뿐입니다. 어디 가면 이자키를 만날 수 있습니까. 누구를 경유해도 좋으니, 그것만, 부탁합니다."

구라오카는 소파에서 일어나 차렷 자세를 취하고 인사했다.

상대방의 대답도 기다리지 않고 객실을 나왔다. 잰걸음으로 라운지를 나와 승강기 홀을 향해 걸었다.

뒤따라오는 발소리가 들렸다. 돌아보지 않아도 시바임을 알 수 있다. 어떤 말도 듣고 싶지 않았다. 시바는 아무 말 없이 구라오카를 따라왔다. 마침내 승강기 앞에 나란히 섰다. 시바가 버튼을 누르고 문이 열리자 먼저 타서 열림 버튼을 누른 채 구라오카가 타기를 기다렸다. 말은 없지만 그의 몸짓에서 경의가 느껴졌다.

3

이케부쿠로 번화가를 조금 벗어나 전체적으로 쓸쓸한 거리 한 쪽에 그 빌딩이 있었다.

야쿠모 형사부장을 만나고 이튿날 이른 아침, 구라오카의 휴대 전화에 노기 수사 1과장의 문자가 도착했다. 니시이케부쿠로의 주소와 빌딩 이름, 호수만 적혀 있었다.

구라오카와 시바는 즉시 그곳으로 향했다. 불러도 대답이 없고 문은 잠겨 있었다.

지역 파출소와 관할서 지인에게 물어서 정보를 모아 보니, 근방이 재개발 예정지여서 그 빌딩도 철거 대상으로 지정되어 있다고 한다. 입주자의 9할 이상이 이미 이주한 상태고 남아 있는 사람들은 이주 보상금 인상을 노리는 수상쩍은 단체나 개인들이라고 한다.

건물의 관리회사에 연락하여 수사를 위해 문을 열어 달라고 요구하자 잠시 후 일흔이 넘어 보이는 백발 남성이 나타나,

"모처럼 오셨으니 이 사람들에게 그만 나가달라고 설득해주시오."

하며 문을 열어주는 조건인 것처럼 말했다.

문이 열리자 구라오카는 백발 남성을 밖에 세워두고,

"경찰입니다. 들어가겠습니다."

하고 안으로 발을 디뎠다.

창문에 커튼이 없어 외부에서 들어오는 빛으로도 충분히 밝았다.

아무도 없었다. 사무용 책상과 의자, 그 맞은편에 낡은 소파가 전부인 살풍경한 사무실이었다. 구라오카는 사무용 책상으로, 시바는 소파 쪽으로 걸어가 무슨 흔적은 없는지 살펴보았다.

사무용 책상 위 재떨이에 담배꽁초 몇 개가 있었다. 서랍을 열어보았지만 전부 텅 비어 있다. 책상 옆 쓰레기통에는 빈 캔 맥주 몇 개와 빈 안주 봉지가 들어 있고 사진 주간지도 처박혀 있다.

"누가 먹고 자고 하는 것 같군요."

소파 쪽에서 시바가 말했다.

구라오카가 소파 쪽으로 다가갔다. 소파 위에 모포가 개켜져 있고 아래에는 비닐봉지 두 개가 있었다. 시바가 하나를 들어 매듭을 풀었다.

"편의점 주먹밥과 컵라면도 먹었네요."

"다른 봉지에는?"

시바가 들어 올리자 빈 페트병 소리가 난다.

"소파에서 잔 사람은 쓰레기를 제대로 분리하는 습관이 있고 술 담배는 안 하는 것 같군요."

"그렇다면 성격과 생활습관이 전혀 다르고 아마 나이 차이도 많이 나는 여러 사람이 이 사무실에 있었다는 말이군."

시바가 밖에 있는 백발 남성에게 물었다.

"이 동네에서 타는 쓰레기와 페트병 수거하는 날짜를 아십니까?"

"아, 쓰레기 분리수거장을 제가 관리하고 있습니다. 타는 쓰레기는 내일. 페트병은 다음주 수요일."

시바가 구라오카를 돌아보며 말했다.

"다시 돌아올 예정인 걸까요?"

구라오카는 백발 남성에게 돌아가 다시 물었다.

"이 사무실에 출입하는 사람들을 본 적 있습니까?"

"흐음, 내가 이 사무실만 관리하는 게 아니라서……."

남성이 미간에 깊은 주름을 만들며 말했다. "다만 내가 하루에 두 번, 아침 쓰레기 배출할 때와 저녁 6시 전후에 우편물이나 전단지를 정리하러 오는데, 그때 몇 명인가 본 적은 있습니다."

"이 남자를 본 적 있습니까?"

이자키 유키오가 근무하는 조사회사에서 빌려온 사진을 보여주었다.

"아아, 이 사람이라면, 꽤 자주 드나들어요. 캔 맥주 봉지 같은 걸 들고서요. 입을 꾹 다물고 뚱하니 노려보는 사람이 대부분인데 이 사람은 친절합니다…… 아저씨가 좀 나서서 윗사람들에게어서 보상금 좀 올려주라고 말씀해주세요, 하며 캔 맥주를 건네준 적도 있었지요."

"그럼, 이 사람과 같이 다녔을지도 모르는데, 이 청년은 본 적 없습니까?"

사토 신토의 사진을 보여주었다. 백발 남성은 잠시 바라보다가 고개를 저었다.

"아뇨, 본 적 없어요……."

"그럼, 이 청년은 어떻습니까."

하시모토 류스케의 사진을 보여주었다. 그 사진을 보자마자 남자가 얼굴을 들었다.

4

낡은 단지를 철거하고 큰 정원을 갖춘 아파트 두 동을 지을 예정이다. 시공을 맡은 회사가 부지 안에 가설사무소와 직원용 대기실 겸 탈의실을 짓고 있을 뿐 아직 기초공사 전단계여서 부지 안에 자재를 쌓고 푸른 시트로 덮어 두었다.

본래대로라면 부지 전체에 담을 둘러 막았을 것이다. 하지만 단지가 있던 시절에 두 동 사이의 통로가 지역 주민이 오가는 생활도로로 이용되었던 터라 공사를 본격적으로 시작할 때까지는 주민의 요청에 따라 예전 생활도로를 말뚝과 철망으로 구획해서 지나다닐 수 있도록 조치해두었다.

때문에 생활도로 옆 아파트 건설 예정 부지로 들어가는 일은 어렵지 않다. 다만 부지 밖에서 들어오는 희미한 가로등 빛 말고는 가설사무소 현관에 외등이 하나 켜져 있을 뿐이라 밤이면 너무 어두워 위험한 분위기를 풍긴다. 그 탓인지 야간에는 사람이 없다.

요네다 도시후미는 전화 통화 상대가 만날 장소로 자신이 현재 일하고 있는 현장을 지정하자 놀랐다. 밤에는 사람들 눈에 띄지 않는다는 사실까지 알고 있는 것 같았다.

게다가 가족 구성, 조부가 유력한 정치가와 연줄이 닿는다는 점…… 그 연줄을 이용해서 자신이 곤경에서 벗어났던 일도 알고 있었다. 무엇보다 그에게 성폭력 피해를 당한 또 다른 여성들 이름까지 알고 있다는 사실은(아직 범죄로 조사받은 일이 없으므로 여죄라고 해야 하는지는 모르겠지만) 놀라움보다는 공포였다. 그짓은 아직 외부에 알려진 적이 없기 때문이다.

부모도 모르고 조부도 모르고 변호사에게도 말한 적이 없는 일이다. 그의 죄는 경찰이 개입한 한 건뿐이라고 알려져 있다. 변호사는 역시 전문가답게 의심을 하며 "비슷한 일이 있었으면 모두 말해주세요"라고 요구했지만, 옆에 있는 부모를 의식해서 "이게 처음이자 마지막이에요"라고 대답했다.

그러므로 이 전화 통화에 대해서는 부모와 상의할 수도 없고 스스로 처리해야만 한다.

어릴 때부터 곤란한 일이 생기면 부모나 조부모가 돈으로 해결해주었다. 주먹싸움으로 상대방 뼈를 부러뜨렸을 때도, 길 가던 사람을 자전거로 치어 크게 다치게 했을 때도, 술에 취해 엉뚱한 집 문을 부쉈을 때도, 자동차로 추돌사고를 일으켰을 때도, 치료비와 배상금은 늘 부모와 조부모가 내주었다.

한편 본인은 몹시 인색했다. 부모나 조부모가 자기를 대신하여 남에게 돈을 줄 때는 무감하면서도 스스로는 아무에게도 십 엔한 장 주고 싶어 하지 않았다.

그래서 이번에 상대방이 요구하는 돈을 주어야 한다는 게 고통스럽다. 구스모토, 요시카와, 사토에게 대신 내라고 하고 싶을 정도였다.

"안 돼, 전화를 안 받아."

구스모토 게이타로가 고개를 저었다. 두 사람은 조립식 가건물 사무소 앞에 서 있었다.

"문자는?" 요네다가 물었다.

"없어."

요시카와 다쿠미에게 계속 연락을 시도하는 중이다. 여기로 나오라고 연락했을 때는 알았다고 대답해 놓고 당일이 돼서야 문자로 '경찰이 감시 중이라 못 나가'라고 통보했다. 구스모토가 몇 번이나 문자를 보내도 답신도 없고 전화를 해도 받지 않았다.

"요시카와 이 새끼 봐라. 뒷문으로 나오면 경찰 정도는 쉽게 따돌릴 수 있을 텐데."

경찰은 현관 근처에서 집에 누가 찾아오는지 감시하고 있다고 한다. 요네다와 구스모토는 방에 불을 켜두고 아파트 뒷문으로 빠져나왔다.

"괜찮을까. 한 사람도 빠지지 말고 다 나오라고 했잖아."

"사토는 연락이 닿지 않을 테니까 일단 세 명이면 돼. 어떻게 그런 것까지 알고 있는지…… 여기저기 뒤지고 다녔나? 탐정이라도 고용했나? 젠장, 거머리 같은 새끼."

"그 여자애 오빠겠지? 이번에 또 부모님 댁에 찾아왔다는데, 대체 목적이 뭐야."

"보나마나 또 사죄하라고 하겠지."

요네다는 상대가 돈을 요구했다는 사실은 구스모토에게 밝히지 않았다. 애초에 내줄 생각이 없었으니까.

"그것뿐일까? 놈이 사토 아버지를 죽인 거라면 우리 부모
도…… 역시 경찰에 신고하는 게 좋지 않을까."

구스모토의 목소리가 갈라져 있다.

요네다는 웃어보였다. 남이 공포를 느끼는 걸 보면 자신의 두
려움은 이내 수그러들고 이상하게 배짱이 두둑해졌다. 남을 위협
하거나 여자를 공격할 때도 마찬가지였다. 구스모토 같은 놈을
곁에 두면 녀석의 불안과 긴장이 자신을 오히려 침착하게 만들어
대담한 짓도 태연하게 저지를 수 있게 된다.

"쫄지 마. 우리도 맨손은 아니니까."

재킷 주머니에서 스턴건과 삼단용 호신봉을 꺼낸다.

"우리 둘이면 잘할 수 있을 거야. 매운 맛 좀 보여주고 똥구녕
에다 호신봉 박는 영상이라도 찍으면…… 그걸로 끝장이지. 얘기
빨리 끝내고 고딩 여자애들이나 꼬시러 가자."

신토는 푸른 시트를 씌워둔 건축자재 그늘에 몸을 숨기고 있었
다.

요시카와가 알려준 장소에는 약속시간 한 시간 전에 도착했다.
주위가 깜깜하고 행인도 없었다. 십오 분쯤 전에 건설회사 가설
사무소로 보이는 조립식 건물 앞을 누군가 가로지른 것 같았다.
착각인가 싶어서 시선을 모아보았지만 다시 보이지는 않았다.

그러다가 곧 사람이 두 명 나타났다. 조립식 건물 외등 불빛으

로 요네다와 구스모토임을 확인했다. 두 명은 뭐라고 이야기를 나누고 구스모토가 몇 번인가 스마트폰으로 전화를 걸고는 고개를 저었다.

약속시간이 십 분쯤 지나자 랜턴을 든 누군가가 두 사람에게 걸어왔다.

신토는 세 사람을 시야에 넣기 위해 건축자재 그늘의 가장자리까지 나왔다.

5

"이자키 유키오와 하시모토 류스케는 같이 움직일 가능성이 높습니다."

구라오카가 수사회의에서 주장했다.

이자키의 거점 가운데 하나인 빌딩 사무실에서 두 사람이 며칠간 함께 지낸 흔적이 있고 증언도 있다. 사무실을 어떻게 알아냈는지에 대해서는 "개인적인 정보원이니까 양해해 주십시오"라며 밝히지 않았다. 물론 노기는 시치미 뗀 얼굴을 하고 있었다.

"두 사람이 같이 있는 목적이 뭐지? 왜 같이 지내게 된 거지?"

현장 지휘를 맡은 고구레 관리관이 물었다.

"바로 그 점이 본 사건의 핵심이 될 겁니다."

구라오카가 테이블을 치며 강하게 대꾸했다. "그러니까 두 명을 빨리 체포해서 진술을 들어봐야 합니다."

시바가 그를 대신하여 일어섰다. 두 사람은 꼬박 하루 동안 이자키와 하시모토가 들를 만한 곳을 돌아보았지만 행방이 묘연했다.

"이자키는 요네다, 구스모토, 요시카와, 사토 등 네 명의 가족을 예전에 조사해 두었고 사토 마사타카에게 애인이 있다는 등 약점들을 쥐고 있었던 걸로 보입니다."

시바는 구라오카와는 달리 어디까지나 냉정한 말투로 이야기했다. "사토 마사타카를 협박했는지 여부는 알 수 없지만 협박할 거리는 쥐고 있었습니다. 다른 세 가족에 대해서도 마찬가지일 가능성이 있습니다. 아직은 소문 수준이지만 이자키가 돈이 궁했다더군요. 빌딩에도 돈을 받고 알박기 역할로 있었던 거라고 합니다. 한편 하시모토 류스케는 여동생 사건에 대해 네 가족이 사죄해야 한다는 생각을 항상 갖고 있었습니다. 이자키는 네 가족에게 돈을, 하시모토는 사죄를 요구하는 입장으로 일단 손을 잡았을 가능성이 있습니다."

"아니, 바로 그 부분이 의문이야."

마키메 형사과장이 발언했다. "이자키는 예전에 하시모토 가를 뒷조사한 뒤 협박하다시피 해서 재판을 포기하게 만들었잖아. 하시모토에게 이자키는 얼굴도 보기 싫은 놈일 텐데?"

"이자키니까 가능했겠죠."

구라오카가 대답했다. "제가 그자를 조금 아는데 언변이 좋다고 할까…… 다소 엉터리 같은 이야기라도 제법 합리적으로 들리는 말솜씨로 상대방을 어느새 설득해버립니다. 하시모토에게 접근해서 당분간 협력하자는 식으로 끌어들인 거겠죠…… 어떻게 접근했는지 짐작되는 바가 없는 것도 아니니까 잠시 기다려 주십시오."

"그렇다면, 서로 협력하는 게 이자키에게 무슨 득이 있지?"

고구레 관리관이 물었다.

"교섭 역할이랄까 협박 역할로서 하시모토를 앞장세웠을 가능성이 있습니다."

시바가 대답했다. "어쨌거나 이자키는 예전에 네 가족 편에서 움직였던 자니까 아무래도 앞에 나서기 힘들겠죠. 하시모토 류스케라면 협박이 통할 거라고 생각했을 수도 있습니다."

"그렇다면…… 네 가족의 집에 잠복 감시를 두기 잘한 거 아닌가?"

고구레가 깍지 낀 손에 턱을 얹으며 말했다. "두 사람이 노리는 대상이 네 가족이라면 우리도 여기저기 헤매고 돌아다니는 것보다 지금까지 해온 대로 계속 잠복하면 되겠군요. 자네들 두 사람이 멋대로 빌딩을 조사한 건, 지금 보고한 새로운 정보를 봐서 용서하도록 하지."

"아, 그건 감사합니다만."

구라오카가 머리를 북북 긁었다. "지금 하고 있는 잠복은 하시모토가 방문하기를 기다리는 것이고…… 네 가족 쪽에서 하시모토를 만나러 가는 경우는 상정하지 않았잖아요."

"왜 이쪽 가족들이 살인범일지 모르는 상대를 굳이 만나러 가지?"

마키메가 엷은 미소를 지었다. "사토 마사타카를 살해한 자일지도 모르잖나. 요시카와 가의 경우는 협박장이 무서워서 이미 센다이 쪽으로 피신해 있네."

"아, 그 집 딸은 학교 때문에 지바의 친척 집에서 지내고 있다고 합니다."

시노자키 순사부장이 보충해 주었다.

"네 가족에게는 경찰이 가까이서 보호 중이라고 전해 두었습니다."

고구레가 말했다. "혹시 협박을 받는다면 경찰에서 대응할 테니 알려달라고 분명히 전해 두었네. 뭔가 변화가 생기면 알려주겠지."

"경찰에 말할 수 없는 일로 협박을 당한다면 몰래 만나러 가는 경우도 있지 않을까요?"

시바가 제 생각을 굽히지 않았다. "특히 요네다 같은 자는 이자키에게 협박당할 거리가 여러 건 있을 테니까요. 요네다나 구스모토가 외출한다면 미행도 필요하지 않을까요?"

"현재 본청 관내에 수사본부를 설치한 사건이 여러 건이라 우리도 인원에 여유가 없습니다."

고구레는 시바의 의견을 에둘러 기각하고, "우리 목적은 사토 마사타카 살해 피의자를 특정하고 체포 및 입건하는 것. 사토 신토의 행방을 추적하는 것, 아울러 다른 원한일 가능성에 대해서도 계속 조사할 필요가 있습니다. 그 점에 착오가 없도록."

구라오카가 손을 들며 물었다.

"그럼 잠복반에 연락해서 요네다와 구스모토가 지금 집에 있는지 없는지만이라도 확인해보는 게 어떨까요?"

간부들은 잠깐 상의한 뒤 그 제안은 승낙하겠지만 나머지는 지금까지 해온 대로 수사를 계속한다는 방침을 다시 한번 확인하고 회의를 마쳤다.

구라오카와 시바는 빌딩을 감시하기 위해 회의실을 나섰다.

"아, 잠깐만 기다려주실래요."

시바가 구라오카를 불러 세워 놓고, 방금 회의실을 나간 하치
오지 남서의 히라노라는 수사원을 불렀다.

"아까 그 봉제인형 사진, 확대된 사진을 좀 볼 수 있을까요?"

히라노는 같은 서 후배로, 요시카와 가에 배달된 인기 토끼 캐
릭터 봉제인형의 구입처를 추적하고 있었다. 가게의 CCTV 영상
을 조사하다 보면 언젠가 피의자를 찾아낼 수 있다고 생각했지만
정품 판매처의 점원에 따르면 문제의 봉제인형은 아마도 몇 년
전에 시판된 모조품일 거라고 한다. 이로써 용의자가 봉제인형을
어디서 구입했는지를 파악하기 힘들어졌다고 히라노는 회의에서
보고했었다.

시바는 건네받은 사진 몇 장을 살펴보며 물었다.

"몇 년 전 물건치고는 손때 묻은 흔적이 없군요."

"비교적 깨끗합니다. 오른쪽 다리는 살짝 눌린 것 같지만."

"짓눌린 느낌?"

"오랫동안 꾹 눌러 놔서 짜부라졌다고 할까 구부러졌다고 할
까."

"현물을 한번 볼 수 있을까요?"

"감식에 보관되어 있습니다."

"고맙습니다."

시바가 사진을 돌려주자 히라노는 구라오카에게도 목례를 하고 떠났다.

"뭐 마음에 걸리는 거라도 있나?"

구라오카는 현관을 향해 계단을 내려가며 시바의 표정이 마음에 걸려서 물어보았다.

"아뇨. 조금 생각 중인 게 있는데…… 다만, 사건과 직결된 사항은 아닌 것 같아서."

시바는 말끝을 흐렸다. "그보다 이자키가 하시모토에게 어떻게 접근했는지, 짚이는 게 없지는 않다고 아까 말씀하셨잖아요. 그건 무슨 뜻이죠?"

"아니, 내가 잘못 짚었는지도 몰라. 조금 더 알아보고 말해주지."

두 사람은 1층으로 내려가 그대로 경찰서를 나갔다.

"수고하십니다."

그렇게 말을 건넨 사람은 제복 차림의 다테하나였다. 선배 경관과 함께 외부에서 경찰서로 귀환한 참인 듯했다. 그녀의 인사를 받은 구라오카가 고개를 끄덕였다.

"순찰 다녀오나?"

"네. 하치오지 역 번화가를 돌아보고 왔습니다."

"수고가 많군."

"저어, 야스하라 히로에 씨 건 말인데요."

"오, 무슨 일 있었나?"

"어떻게 지내시나 궁금해서 오늘 점심 때 연락해봤습니다. 아주 밝은 목소리로, 남편 고조 씨에게 방송국에서 와달라는 연락이 왔다네요. 내일 방송국에 가실 거라고 하던데, 아마 시나리오 대상 수상이 결정된 것 같고, 공식발표 후에 열리는 기자회견에 대비하려는 것 같다고 하더군요."

"오, 그거 정말 잘된 일이군."

"네. 굉장하죠. 정식으로 결정되면 경부보님에게도 연락하겠다고 하셨어요."

"그래? 이야, 정말 잘 됐네……."

이제 히로에에게도 행운이 찾아올 만한 때다.

"내가 남 얘기를 이러쿵저러쿵 말할 자격은 없지만…… 남자운이 없다고나 할까 번번이 실패하는 연애가 혹시 부모나 성장환경과 관련 있는 건 아닐까 생각하기도 했거든."

구라오카는 시바도 시야에 두고 이야기했다. "그녀 인생에 조금이나마 관여한 사람으로서 앞으로 그녀가 정말 행복하기를 바란다면, 가령 그녀의 고향에 찾아가서, 왜 재능도 없이 허세나 부리는 남자를 도와주려고 하는지, 왜 가정 폭력으로 치닫는 걸 알면서도 힘든 연애에 빠지는지…… 그녀가 애써 못 본 척하는 배경이 있는 것은 아닌지 조사하고, 있다면 똑바로 직시하게 해서 새로운 삶을 살게 도와줘야 하지 않을까 가끔 생각했었지. 하지만 본인이 바라지 않는다면 괜한 참견이잖아. 해서 나도 바쁘다는 핑계로 방치하고 지냈네. 그래서 더욱 그녀가 선택한 남자가 언젠가 바라는 대로 결과를 내서 그녀에게도 행복이 오기를 진심으로 바랐던 거야."

구라오카는 안도의 한숨을 짓고 다테하나에게,

"아무튼 고맙네, 희소식을 전해줘서——"

라고 말하려다가 그녀의 표정이 굳어 있는 것을 보았다.

"왜?"

"아……."

다테하나는 다른 생각을 하다가 문득 정신을 차린 모양이다. "아뇨, 아무것도. 죄송해요. 저도 희소식을 기다리고 있어요. 그럼, 이만."

"아, 다테하나 순사."

경찰서 안으로 바삐 들어가는 그녀를 시바가 불렀다.

"작은 부탁이 하나 있습니다. 이건 시간이 날 때 하시면 되는데 방문해 주셨으면 하는 곳이 있어서요."

무슨 일이지, 하며 구라오카도 귀를 기울이려는데 그의 휴대폰이 울렸다. 시노자키였다.

"구라 씨, 빨리 오세요."

"왜 그래?"

"좌우지간 빨리요. 황당한 일이 일어났어요."

"황당한 일이라니……."

"요네다 도시후미가 칼에 찔렸습니다."

6

렌터카 반납 예정 시간을 넘겼다.

사토 신토는 핸들을 쥔 채 백미러로 뒷좌석을 확인했다.

상대방은 몹시 고통스러워하고 있다.

"어이…… 어이……."

말을 걸어도 반응을 하는 건지 아닌지 잘 알 수가 없다.

조수석 쪽을 보았다. 바닥에 피 묻은 칼이 뒹굴고 있다. 눈길을 거두고 시트에 던져둔 비닐봉지에서 생수병을 꺼내 들었다.

"물이야. 마실래?"

뒤쪽에 생수병을 내밀었다.

상대방이 확 낚아채듯 생수병을 가져갔다.

아무래도 의식은 있는 것 같아서 일단 마음이 놓인다.

도로는 비교적 한산하다. 평일 심야시간대. 비어 있는 도로로만 핸들을 돌렸다.

뒤에서 목소리가 들렸다.

"뭐라고? 나한테 뭐라고 했나?"

고개를 뒤쪽으로 살짝 돌리고 물었다.

"……어디로."

희미하게 들렸다. "어디로, 가는 거야."

"아……."

알아들었다는 뜻을 비쳤다. 전방을 이리저리 살펴보았다. 여기는 어디지?

"모르겠어."

사실이었다. 어디로 가는 것일까. 대체 왜 이자를 차에 태우고 말았을까.

도대체 무슨 일이 벌어진 거지. 이런 바보 같으니. 나는 어디로 갈 생각인가. 아니, 어디라면 가도 되는 걸까…….

전방 신호가 녹색에서 노란색으로 바뀌었다. 정지하기가 몹시 무서웠다.

차를 세우면 뭔가 거대한 것에 붙들려 아빠처럼, 아니면 아까 그 남자처럼 박살나버릴 것 같았다.

"어디로……" 하는 물음이 다시 들린다.

이자와 어디로 갈 수 있을까. 갈 수 있는 곳이 있기나 한가. 있다고 하면,

"……아마 지옥이겠지."

신토가 혼잣말처럼 대답하고 액셀러레이터를 꾸욱 밟았다.

빨간색으로 변하기 직전에 신호등 밑을 통과했다.

아파트 건설 예정 부지에 구급차와 경찰차가 속속 도착했다.

건설회사 가설사무소 주변 곳곳에 혈흔이 남아 있었다.

팔과 어깨를 다치고도 현장을 자력으로 탈출했다는 이십대로 보이는 남성 두 명은 주택가 도로변에 숨어서 경찰에 신고하고

도움을 청했다고 한다.

두 사람은 현재 구급 지정 병원으로 옮기는 중이다.

사건 현장에 처음 도착한 관할서 순사부장과 순사는 가설사무소 근처 바닥에 쓰러져 있는 남성 한 명을 발견했다.

남성은 불러도 반응이 없고 맥박도 잡히지 않았다. 구급차가 도착할 때까지 심장 마사지를 계속했지만 의식은 돌아오지 않았고, 급하게 달려온 구급대원에 의해 심폐 정지 상태라는 판정을 받았다.

남성의 재킷 안주머니에는 지갑이 들어 있었다. 구급병원으로 옮기는 구급차에서 동승한 경찰관이 지갑을 뒤져 운전면허증을 발견했다.

눈앞에 누워 있는 남자와 일치하는 신분증 사진으로 남성의 이름이 이자키 유키오라는 것을 알 수 있었다.

비뚤어진 바람

1

잠복반을 제외한 수사원 전원이 대회의실에 모였다.

사건 현장은 무사시노서 관할이었다.

이자키 유키오의 사망을 방금 전 확인했다는 연락이 본청을 거쳐 전달되었다. 사인은 실혈성 쇼크. 예리한 칼에 찔린 것으로 보이는 상처가 등에 한 군데, 흉부에 두 군데 있었다.

그리고 요네다 도시후미는 왼쪽 어깨와 왼쪽 상완부, 구스모토 게이타로는 왼쪽 옆구리를 각각 예리한 칼에 찔려, 두 사람 모두 의식은 있지만 현재 응급실에서 치료 중이다.

구라오카를 비롯한 수사원들은 당장 현장으로 달려가게 해달라고 요구했다.

간부들은 무사시노서에 따로 수사본부를 설치할지 아니면 하치오지서 수사본부가 무사시노서 협력을 얻어 수사할지를 본청에 문의하고, 답변을 받은 뒤 수사원 배치를 결정하려고 했다.

"이제 그만 움직입시다. 현장으로 가겠습니다."

구라오카가 간부들에게 고했다.

"아 글쎄 조금 더 기다리라고 몇 번을 말해!"

마키메 형사과장이 초조한 나머지 날카로운 목소리로 만류했다.

"지금 무사시노서 서장에게 연락하고 있습니다."

고구레 관리관이 수사원 전원에게 전했다.

"관할서보다는 더 윗선과 얘기하는 게 빠를 텐데요."

시바가 억누른 목소리로 진언했다.

"그거야 알지. 방금 형사부장에게도 연락해보라고 했네."

말투와는 달리 대답 내용은 시원치 않다.

"사건 현장, 이자키가 실려 간 병원, 요네다 일행이 실려 간 병원으로 인원을 나눠 근처에 대기시켜 두면 될 겁니다."

구라오카가 간부들을 채근했다. "오케이 사인이 떨어진 뒤에야 움직이는 건 시간 낭비입니다. 합리적이지 않아요."

저도 모르게 시바가 쓰던 표현을 내뱉은 걸 의식하고 입을 다물었지만 가까이에 시바는 보이지 않았다. 모두들 긴장한 얼굴로 간부들의 결단을 기다리고 있었다.

하지만 고구레도 노기도 망설이고 있다.

야쿠모 형사부장과의 연결고리가 의심되는 이자키가 사망하는 바람에 두 사람의 관계를 새삼 확인할 필요가 생긴 것이다. 야쿠모 본인이 각오를 굳히기 전에 밑에서 먼저 움직일 수는 없다는 자기검열이 작동하고 있다.

구라오카의 재킷 주머니에서 스마트폰이 진동했다. 문자였다. 재빨리 확인한 구라오카는 표정을 지우며 스마트폰을 다시 주머니에 넣고 짐짓 요란하게 하품을 해 보였다.

"하는 수 없죠. 잠깐 화장실에 다녀올 테니까 그동안 결정해주세요."

구라오카는 대회의실을 천천히 나가 복도로 나서기 무섭게 뛰어 계단을 내려갔다.

'밑에서 기다리고 있습니다.'

시바는 노기가 뜨뜻미지근하게 대답했을 때 회의실을 빠져나갔을 것이다.

현관을 나가자 오토바이 시동 걸리는 소리가 들렸다.

아직 공사가 시작되지 않은 활짝 트인 부지 주위에 경찰차가 빈틈없이 주차되어 있었다. 평소 한밤의 야음에 가라앉아 있었던 곳이 빨간 비상등과 조명, 그리고 경관들의 랜턴 불빛으로 심상치 않은 분위기를 풍기고 있다.

사건 현장 한참 전에 출입금지 규제선이 쳐져 있었다. 현장 보존용 노란 테이프를 감은 전봇대 앞에서 시바는 오토바이를 멈추었다. 보초를 서던 제복경관이 뛰어왔다.

구라오카가 헬멧을 시바에게 건네고 순사에게 경찰수첩을 보여주었다. 수사 상황과 주변 지역 정보를 물은 뒤 간략한 설명을 듣고 테이프를 지나 현장으로 다가갔다.

순사가 알려준 생활도로가 정면에 보이고 그 오른쪽에 건설회사 가설사무소와 종업원 대기실이라는 조립식 가건물이 두 동 나란히 서 있다. 건물 맞은편이 사건 현장이라고 들었다. 현장 앞에 낮은 접사다리가 있고, 사용한 발싸개를 모으는 상자가 그 위에 놓여 있었다.

구라오카와 시바는 구두 위에 발싸개를 신고 앞으로 걸어갔다. 수사원들이 들고 있는 랜턴 불빛이 어지럽게 오가고 감식 카메라의 플래시가 잇달아 터진다.

바닥은 일부만 콘크리트이고 공사 전이라 대부분 맨땅이었다. 콘크리트에 혈흔이 보이고 발자국이 많이 남아 있었다.

구라오카와 시바는 가건물 앞에서 의견을 교환하는 수사원들 쪽으로 발밑을 조심하며 다가갔다. 낯익은 제3기동수사대 대원들, 구라오카가 수사 1과 시절에 수사본부에서 함께 일한 적이 있는 무사시노서 형사들이었다. 3기수 대원이 구라오카를 먼저 알아보고 놀란 표정을 지었다. 무사시노서 형사들도 뒤를 돌아보고 의아한 얼굴이 되었다.

"수고하십니다. 이 사건, 우리 수사본부가 담당하게 될 거라고 합디다."

구라오카가 기선을 제압했다. "알몸으로 결박된 채 살해됐던 사체 사건 수사본부요. 어디 현장을 좀 봅시다."

3기수와 무사시노서 사람들이 얼굴을 마주보더니 상사에게 보고하려는 듯 어딘가로 달려간다. 그들을 시야 한쪽에 두면서 구라오카와 시바는 감식활동이 한창인 곳으로 걸어갔다.

콘크리트에 남아 있는 검붉은 색이 먼저 눈에 띄었지만 맨땅에도 혈흔 같은 얼룩이 보였다. 게다가 이자키가 쓰러져 있었는지 큰 대 자 형태로 테이프를 붙인 자리가 있었다.

휴대전화에 착신 신호가 왔다. 마키메였다.

"지금 어디야? 멋대로 움직이는 건 아니겠지?"

"현장 근처에 대기 중입니다."

"아까 형사부장과 연결이 돼서 노기 과장, 고구레 관리관, 우리 서장님이 달려갔어. 상의 결과 우리 수사본부에서 맡기로 했네."

"예? 그거 의외로군요."

"이죽거리지 마. 그리고 요네다와 구스모토에게 새로운 진술을 받아냈어."

마키메가 한숨을 한 번 길게 쉬며 말했다. "용의자는 하시모토 류스케야."

"하시모토 류스케?"

구라오카가 저도 모르게 뱉은 말에 시바도 반응했다.

"잠깐만요."

구라오카는 주변에 사람이 없는 자리로 이동했다. 시바도 따라오는 걸 알고 스마트폰을 스피커 모드로 바꾸었다.

"여보세요, 말씀하세요. 류스케가 용의자라니, 무슨 말씀이세요?"

"나 노기다."

통화 상대도 바뀌었다. "구라, 벌써 현장에 있나."

"……예. 와 있습니다."

변명해 봐야 소용없는 상대였다.

"요네다와 구스모토한테는 다시 상세한 진술을 받을 거다. 일단 요점부터 말하지. 첫째, 요네다와 구스모토는 하시모토의 전화를 받고 나갔다. 공표되지 않은 폭행 건을 폭로하겠다는 협박을 받고 현금과 누이동생에 대한 사죄를 요구받았다. 둘째, 요네다와 구스모토는 하시모토가 사토 신토의 부친을 죽였다고 의심하고 만일을 위해 스턴건과 호신봉을 준비했다. 셋째, 하시모토는 약속장소에 혼자 나왔다. 요네다는 돈 요구를 거절했다. 1천만 엔이나 되는 거액이어서다. 하시모토는 제대로 사죄한다면 돈은 필요 없다고 말했다. 넷째, 그러자 한 남자가 숨어 있다가 화를 내며 나타났다."

"이자키로군요."

"요네다와 구스모토는 그 남자 이름을 모른다. 그 남자가 갑자기 하시모토에게 주먹질과 발길질을 했다. 정신없이 때렸다고 진술하고 있다. 사죄가 무슨 소용이냐, 돈만 받아내면 끝나는 얘기인데 등신자식아, 라고 남자가 소리쳤다. 다섯째, 남자는 요네다와 구스모토에게 흉기를 내놓으라고 말했다. 뭔가 준비해 왔겠지, 하면서."

이자키도 경찰 출신이다. 그 정도는 예측할 수 있었으리라.

"요네다와 구스모토는 상대방의 기세와 폭력에 주눅이 들어 스턴건과 호신봉을 꺼내 땅바닥에 버렸다. 여섯째, 남자가 사죄는 필요 없다. 중요한 건 돈이다, 라고 말하고 요네다가 남자에게 당신 누구냐고 물었다. 남자는 이름은 밝히지 않고 쓰러져 있던 하시모토를 쳐다보며, 이놈이 또 너희 집에 찾아가는 일이 없도록 내가 이놈 여동생과 가족들을 단단히 협박해 두겠다, 그러니 안심하고 약속한 돈을 내놔라, 라고 요구했다. 일곱째, 요네다는 이렇게 생각했다. 어쩌면 이 남자는 예전에 변호사가 고용했던 탐정인지도 모른다, 그렇다면 골치 아프게 생겼다고 판단했다. 처음부터 돈을 줄 마음은 없었지만 만일에 대비하여 가져온 백만 엔을 보여주고, 이것밖에 가져오지 못했다고 말했다. 여덟째, 남자는 웃었다. 너희가 여기 오는 장면을 스마트폰으로 촬영해 두었다, 너희가 여기 나온 것은 결국 여죄를 인정한 거나 마찬가지다, 나머지 돈을 마저 내놔라, 라고 말했다. 그러고 있을 때……아홉째, 하시모토가 중요한 것은 사죄다, 라고 소리치며 뒤에서 남자를 찔렀다."

구라오카는 고개를 들고 저도 모르게 시바와 시선을 맞추었다.

"하시모토는 쓰러진 남자를 깔고 앉아, 동생을 협박하러 갈 수 있으면 어디 가봐, 하며 칼로 찔렀다. 열째, 깜짝 놀란 요네다와 구스모토가 그만두라고 했지만 흥분한 하시모토는 두 사람에게도 칼을 휘둘렀고, 두 사람은 몇 군데 칼에 찔리면서도 엉금엉금 기다시피 해서 필사적으로 도망쳐 경찰에 신고했다…… 이상이다."

"그럼, 그 뒤에 류스케는?"

"그건 요네다와 구스모토도 모른다고 한다. 남자에게 심하게 얻어맞아 비틀거리고 있었고 옷과 얼굴에도 피가 묻어 있었을 테니까 멀리 도망칠 수 있을 것 같지 않다고 했다."

"긴급수배가 필요하군요."

"방금 수배령을 내렸으니, 나중에 각 조가 맡을 구역을 문자로 알려주지."

"저희는 현장에서 요네다의 진술에 대한 증거를 찾아보겠습니다."

구라오카가 전화를 끊으려고 하는데,

"노기 과장님."

하고 시바가 끼어들었다. "이번 사건에 관한 한 저희가 야쿠모 형사부장을 직접 만나 말씀을 들어볼 기회가 없을 것 같습니다. 그러나 이자키의 행동에 대한 증거를 수집하자면 형사부장의 진술이 필요합니다. 수사원에게는 부담이 클 테니까 과장님이 부장님을 만나 질문하시고 그 답변을 저희에게 가르쳐주실 수 없겠습니까?"

대답은 금방 돌아오지 않았다. 작은 헛기침소리가 들린 뒤,

"생각해보지."

2

구라오카는 요네다와 구스모토의 진술을 근거로 현장 상황을 확인했다.

주위에 3기수 대원들과 무사시노서 형사들, 그리고 감식과원도 모여들었다.

요네다와 구스모토는 하시모토 류스케에게 현장 가설사무소 앞에서 기다리라는 지시를 받았다고 한다. 마침내 류스케가 나타났다고 가정해 보자. 세 명이 잠시 마주서서 이야기하다가 요네다가 돈 지불을 거절하자 류스케가 돈은 필요 없다, 사죄만 하면 된다고 말했을 것이다.

그때 숨어 있던 이자키가, 지금 무슨 소리냐고 화를 내며 나타난다. 아마 세 사람보다 먼저 와서 가건물 뒤에 숨어 있었을 것이라고 구라오카는 추측했다.

이자키가 사죄 따위가 무슨 소용이냐, 헛짓거리 하지 마라, 라며 류스케를 마구 구타한다. 류스케가 쓰러졌을 땅바닥에는 꽤 어지러운 흔적이 남아 있다.

이제 이자키는 요네다 일행과 맞선다. 요네다와 구스모토가 땅바닥에 버렸다는 스턴건과 호신봉은 감식에서 회수한 상태다.

이자키가 류스케의 여동생과 가족은 자기가 잘 협박해 놓을 테니까 안심하고 돈을 내놓으라고 말한다. 분노한 류스케가 뒤에서 이자키를 찌른다. 이자키가 쓰러지자 류스케가 몸에 올라타 또 찌른다. 그 자리로 추측되는 땅바닥이 거칠게 긁히고 피가 스며들어 있고, 테이프가 인간 형태로 쳐져 있다.

흥분한 류스케는 말리려고 하는 요네다와 구스모토에게도 칼을 휘둘러 상처를 입힌다. 콘크리트에 남은 혈흔은 주로 요네다와 구스모토의 것으로 보인다. 두 사람은 주택가 쪽으로 도망쳐 경찰에 전화로 구조를 요청한다——.

3기수 대원 두 사람이 요네다 일행의 발자국과 혈흔을 추적하여, 그들이 숨어서 신고했다는 주택가의 장소를 특정해냈다.

그렇다면 류스케는 그 뒤 요네다 일행을 뒤쫓았을까 반대쪽으로 도주했을까…….

도주가 자연스럽다는 데 수사원들의 생각이 일치했다. 도주를 전제하고 조사하던 감식과원이,

"발자국이 확인됩니다. 두 사람 분 발자국입니다."

라고 힘이 들어간 목소리로 보고했다.

양쪽 다 운동화나 스니커로 보이며 한 명은 지면을 온전하게 밟고 있었다. 그러나 다른 한 명은 다리를 질질 끌었는지 발자국이 어지럽고, 비틀거리다 손으로 바닥을 짚은 듯한 자국도 보인다.

"한 사람이 다른 사람을 부축해서 이곳을 떴다……라는 건가."

구라오카가 자신의 추측을 말했다. "심하게 다친 사람이 하시모토라면…… 또 한 사람은 누구지?"

땅이 질어 걷기가 힘들었는지 발자국은 도중에 철조망을 지나 생활도로로 이어지고, 그대로 안쪽으로 가다가 반대쪽 대로로 나간다. 진흙이 묻은 발자국은 왼쪽으로 꺾어지고, 잠시 이어지다가 끊겼다. 지금 그 자리에는 경찰차가 주차되어 있다.

"누군가가 이 자리에 세워두었던 차에 다친 하시모토를 태우고 떠났다……."

구라오카의 추측을 들은 3기수 대원들과 무사시노 서 형사들이 주변 CCTV 확인과 목격자를 찾기 위해 즉시 흩어졌다.

구라오카는 스마트폰을 꺼내 마키메 과장에게 연락했다.

"하시모토 류스케는 다른 한 명과 같이 움직일 가능성이 큽니다. 그게 누군지는 아직 알 수 없지만 아마 차를 타고 이동했을 겁니다. 그러므로 긴급수배 범위도 확대할 필요가 있습니다. 병원으로 달려갔을 가능성도 없지는……."

하고 말하다가 문득 곁에 시바가 보이지 않는다는 사실을 깨달았다. 뒤를 돌아보니 멀리 생활도로를 되돌아간 현장 반대쪽 어둠 속에서 작은 불빛이 움직이고 있다.

마키메에게 양해를 구하고 전화를 끊었다. 시바에게 전화를 걸려고 하는데 그쪽에서 먼저 걸었다.

"나다, 어디 있어?"

"생활도로를 따라 설치된 철조망 양쪽이 크게 열려 있는 곳이 있습니다. 누군가 강제로 철조망을 벌리고 생활도로를 가로질렀을 가능성이 있어 보여서 현장 반대쪽을 살펴보는 중입니다. 건축자재를 파란 시트로 덮어둔 곳이 있는데…… 누군가 그 뒤에 숨어 있었던 흔적이 보입니다. 현장이 잘 보이는 위치입니다."

"누군가 숨어서 상황을 지켜보고 있었을 가능성이 있단 말인가?"

"요네다 일행이 도망치자 생활도로를 건너 현장에 가서 하시모토를 데리고 떠났을 가능성도…… 어!"

"왜 그래?"

"빈 커피 캔이 있네요…… 새 겁니다."

3

가로등도 없는 산길을 달리고 있다.

시야에 들어오는 표지판에는, 처음에는 다치카와, 이어서 오우메, 그리고 오쿠타마, 라고 적혀 있었던 것 같은데, 신경 써서 확인하지는 않았다. 차량 통행이 적은 쪽으로, 불빛이 적은 쪽으로 핸들을 돌리다 보니 어느새 빌딩이나 주택이 사라지고 가로등도 띄엄띄엄해졌다.

차량에 내비는 있지만, 부팅하면 GPS가 작동해서 렌터카 업소나 경찰이 위치추적을 하지 않을까 두려워 전원을 꺼 두었다.

백미러로 뒷좌석을 확인했다. 상대방은 생수병을 건넬 때 어디로 가는 거냐고 물은 뒤로 내내 침묵하고 있다. 잠이 들었다기보다 의식을 잃은 것처럼 보인다. 심하게 폭행을 당하던 모습을 떠올리니 새삼 걱정이 되었다.

조금 전에 목격한 일은 현실감이 느껴지지 않았다. 스마트폰으로 영상을 찍고 있었던 탓도 있으리라. 현장을 맨눈으로 목격한 것이 아니라 내내 화면을 통해 바라보았기 때문에 갑자기 잔혹한 일이 벌어졌을 때도 영화나 드라마 같은 느낌이 들어 놀랐지만 소리를 지르거나 도망치려 하진 않았다. 아니, 의식에 제대로 담지 못했다.

요네다 일행이 도망친 뒤 스스로 생각해도 의아하지만 저도 모르게 현장으로 다가갔다. 낯선 남자가 피투성이가 되어 큰 대 자로 쓰러져 있었다. 꼼짝도 하지 않았다. 또 한 남자는 칼을 쥔 채 쓰러져 어깻숨을 쉬고 있었다. 스마트폰 조명으로 비추어보니 얼굴이며 손이며 옷이 전부 피로 범벅이 되어 있었지만 정작 그 자신이 피를 흘리는 것 같지는 않았다.

얼굴을 확실하게 본 것은 처음이었지만 그 여성의 오빠임을 바로 알 수 있었다.

경찰에 신고해도 좋았을 것이다. 그런데 왠지 그의 손에서 칼을 거두고 팔을 당겨 일으킨 뒤 어깨로 부축해 세워둔 차량으로 데려갔다.

왜 그렇게 했을까. 무엇을 바랐던 걸까……

그를 살리고 싶었나? 그런 마음은 있었다. 하지만 굳이 부축까지 해서 데려온 데는 상대방이 알아주길 원하는 마음이 컸다.

그를 구해준 사람이 나라는 사실을, 사토 신토가 구해주었다고 확실히 인식하길 바랐다. 대체, 왜……?

"……차 세워."

불쑥 뒤에서 목소리가 들렸다. "세워 줘."

신토는 차를 멈추지 않고 고개를 조금 기울인 채 물었다.

"괜찮나? 피가 나거나 많이 아픈 데는 없나?"

스스로 생각해도 이상한 질문을 하고 있었다. 하지만 지금은 그 점이 제일 중요하다고 생각했다.

"여기저기 아프지만…… 칼에 찔리거나 뼈가 부러진 것 같지는 않아…… 아마도."

상대방은 몸 상태를 확인하는지 잠시 침묵하다가 말했다. "근데, 당신 누구야?"

그 여성의 오빠가 집을 찾아왔다는 이야기는 전에 어머니한테 들었다. 누이동생과 부모에게 직접 사죄하길 바랐다고 한다. 하시모토 류스케라는 이름도 그때 들었다.

어머니는 그의 요구를 따랐다. 합의금만으로 끝낼 이야기가 아니라, 우선 성심성의껏 사죄해야 한다고 신토에게 말했었다.

귀찮은 마음도 있었지만 사죄하고 싶다, 사죄해서 용서를 받고 싶다는 생각도 있었다.

하지만 아버지가 강력하게 반대했다. 모든 대응은 변호사에게 일임하고 피해자들과는 직접 만나지 않기로 다른 가족들과 합의했는데 우리만 멋대로 행동할 거냐고 어머니를 꾸짖었다.

신토는 이번에는 아버지 말이 옳다고 생각했다. 사죄하지 않고 끝낼 수 있다면 그보다 좋은 일은 없다. 귀찮아서라기보다 자신이 해친 사람의 얼굴을 마주하기가 두려웠다. 상대방은 필시 비난하고 울음을 터뜨리고 저주를 퍼부을 텐데…… 자신이 저지른 죄악을 목도해야 한다는 사실을 견딜 수 없을 것 같았다.

"지나가던 사람인데."

일단 되는 대로 대답했다. "그쪽이 너무 고통스러워하기에…… 기억 안 납니까."

"부축 받아 차에 탄 것은 어렴풋이…… 왜 이렇게 깜깜한 도로를 달리고 있지?"

류스케가 상체를 일으켜 창밖을 보았다. "어디로 데려가려는
거지? 병원 가는 거 아니었나?"

"이렇게 병원에 가면…… 그쪽이 경찰에 체포되지 않을까?"

"……당신, 뭘 알고 있는 거지?"

"가능하면 그곳에서 멀리 떨어지는 게 좋을 것 같아서……그리
고 순찰차 같은 것에 걸리지 않고 마주치는 차량도 최대한 적은
게 좋지 않을까 해서…….”

"댁이 왜 이런 고생을 하지?"

"……그쪽을, 돕고 싶으니까."

"그러니까 묻잖아, 왜냐고. 당신, 정체가 뭐야."

류스케의 목소리에 초조함이 묻어났다.

신토는 상대방의 불안한 감정을 등 뒤로 느끼면서도 대답을 할
수 없었다.

"차를 세워줘."

류스케가 불쑥 말했다. "소변이야. 싸겠어."

"아…… 잠깐만."

산자락에 대피소처럼 패여 있는 공간을 발견해 속도를 줄이며
핸들을 돌렸다. 차 한 대가 들어갈 만한 아스팔트 공간과 그 너머
의 깊은 숲 풍경이 헤드라이트 불빛에 떠오른다.

차가 멈추기 무섭게 류스케가 내렸다. 온몸이 아픈지 짤막하게
신음하며 숲으로 걸어간다.

신토도 요의가 느껴졌다. 차에서 내려 류스케의 위치를 확인한 뒤에 그와 거리를 두고 소변을 보았다.

이제 어떡한다……? 그를 구해준 사람이 나라는 걸 알리려면 이름을 밝혀야 한다. 그런데 이름을 들으면 내가 누군지 알까? 과거 행적을 말하면 상대방은 과연 냉정하게 듣고 있을까?

당신이 죽인 남자의 아들이라고 말하면 어떨까. 사죄를 요구할 사람은 오히려 나라고 압박하면…… 아니, 잠시 상황을 지켜보는 게 좋겠다. 운전석으로 돌아왔다가 저도 모르게 숨을 삼켰다.

류스케는 조수석에 앉아 있었다. 대시보드에 있던 신토의 지갑을 들고 있다. 즉시 빼앗으려고 했지만 목에 칼날이 다가왔다.

류스케는 조수석 바닥에 있던 칼을 들고 있었고, 비닐봉지는 발밑에 던져져 있었다. 그가 차량 실내등을 켰다. 지갑에 있던 면허증 사진과 신토의 얼굴을 비교해보고,

"사토 신토? ……어쩐지. 이상하다 했다. 지나가던 사람 좋아하네."

하며 코웃음치더니, "그곳에 있었군. 그래서?"

"그래서, 라니……?"

되묻는 신토의 눈에 류스케가 칼을 바짝 댔다.

"무슨 짓을 하려고 나를 데려온 거지?"

류스케는 전방을 주의 깊게 살피며 물었다. "저기 어디서 누가 기다리는 거지?"

"기다리는 사람 같은 거 전혀 없어. 나는 정말 당신을 구하고

싶었던 거야. 거기 그대로 두면 경찰한테 끌려갈 테니까. 도망치
게 해 주고 싶었어."

"차를 움직여. 천천히."

신토는 눈앞에 번뜩이는 칼날을 보며 시동을 걸었다. 차가 앞
으로 움직이기 시작했다.

"둘러대지 마. 네가 왜?"

류스케가 실내등을 끄고 의심하는 투로 물었다. "왜 나를 도망
치게 해주려는 거지?"

차내에 경고음이 울렸다. 신토는 운전하며 안전벨트를 맸다.

"당신도 안전벨트 해."

"명령하지 마. 내가 묻잖아. 동생 인생을 짓밟아놓고 우리 가족
도 엉망으로 만들어버린 네가 왜?"

띵동띵동 경고음이 계속되었다.

"조수석도 안전벨트를 매야 이 경고음이 그쳐."

"대답해!"

류스케가 조바심을 내며 소리쳤다. "나를 저기 산속에서 죽일
셈이었나?"

"뭐? 지금 무슨 소리 하는 거야."

"네 패거리는 다 어디 있어? 어디서 기다리고 있냐고. 나를 끌
고 가서 뭘 할 생각이야."

"말했잖아. 거기 그냥 내버려두면 당신은 경찰에 잡혀가 형무
소에 들어갈 거야. 그걸 내가, 바로 이 몸이 구해준 거야. 아버지

를 죽인 놈인데…… 구해준 거라고. 생각해봐, 내가 왜 그런 일을 했을지. 내가 당신을 살려준 의미를, 생각을 좀 해보라고.”

말하면서 신토는 비로소 자신이 왜 그를 구하려고 했는지…… 자신이 구해줬다고 알려주고 싶었는지…… 그 의미를 알았다.

“그러니까…… 이제, 내가 한 일을 용서해줘.”

그래, 이제 그만 용서해주기를 원했다…… 이제 끝내주기를 원했던 것이다.

“나는, 아버지가 살해되었어. 아버지를, 너에게, 잃은 거야.”

아버지의 죽음을 내내 실감하지 못했다. 시신을 보지 않은 탓도 있지만, 애써 회피하고 있던 것이라고도 할 수 있다.

자신이 저지른 죄 때문에 살해되었는지도 모르니까…….

분명히 잘못은 내가 했다. 아버지는 기대하던 외아들에게 배반당한 심정이었을 것이다. 아버지가 실성한 사람처럼 분노하고 노골적으로 실망을 드러내도 어쩔 수 없는 일이었다. 약물을 탄 사람은 내가 아니라고 해도 믿어주지 않고, 아들을 잘못 키운 네 탓이라고 어머니까지 비난하는 모습을 지켜보기가 고통스러웠다.

그래도 어릴 때부터 아빠에게 귀여움을 받으며 자란 기억이 전부 사라진 것은 아니다. 놀이동산이나 동물원에 자주 데려가주었고 즐거운 가족여행 추억도 있다. 고등학교 입시에 실패했을 때는 “그럴 수도 있지” 하며 머리를 쓱쓱 쓸어주고, 대학에 합격했을 때는 “오늘만 딱 한 잔이다” 하며 맥주를 따라주고 건배했다. 그 아버지가 살해되었다…….

문득 시야가 흐려졌다. 눈가를 손으로 거칠게 비비며 신토가 말했다.

"그런데도, 당신을 구해줬어…… 계속 도와줄 수 있어. 그걸 모르겠어? 나 아니면 당신을 구해줄 사람이 없어. 나 아니면 당신을 경찰로부터 구해줄 수 없어…… 그러니까, 그러니까 이제, 내가 한 일을 용서해줘."

"……너 지금, 혹시 여동생 사건을 말하는 거냐? 지금 농담하나, 누가 용서한대?"

"그래도 괜찮겠어? 사형 당해도 좋겠냐고."

"상관없어. 내가 죽더라도, 절대로 너희는 용서 못해."

"나는 아버지를 잃었어!"

시야가 흐려져 한순간 눈앞이 보이지 않았다. 소매로 눈가를 닦았다. 경고음이 귀를 울린다.

"씨발, 안전벨트를 해! 하라니까!"

신토가 손을 뻗어 조수석 안전벨트를 잡으려고 했다.

"하지 마, 위험해."

류스케가 어깨를 세게 미는 바람에 핸들이 크게 흔들렸다. 가드레일이 없는 구간이었다. 차체가 어둠 속을 돌진하여 한순간 허공에 붕 떴다. 그 직후에 격렬한 충격이 밑에서 치고 올라왔다.

4

이자키 유키오의 시신을 확인했다. 교활한 자였던 만큼 다른 사람에게 자기 운전면허증을 주고…… 그런 가능성도 생각해 보았지만 틀림없이 그자였다.

구라오카가 그를 마지막으로 본 것이 육칠 년 전이다. 사체인지라 어쩔 수 없지만 볼살이 빠지고 눈주름이 깊어져 늙었다는 생각이 들었다. 한숨을 짓고 합장했다. 무슨 짓을 꾸미고 있었는지는 모르지만, 이봐, 너무 한심하지 않나? 하고 말을 건네고 싶었다.

사체를 살펴본 의사에 따르면 등의 약간 오른쪽에서 중앙 쪽으로 비스듬하게 난 자상으로 볼 때 칼을 직선으로 깊이 찌른 뒤 똑바로 빼냈을 것이라고 한다. 좌흉부의 상처 두 군데는 심장을 노린 것으로 보이며, 찌른 뒤 그대로 빼지 않고 비틀면서 빼낸 점이 특징적이다.

의사인 만큼 가해자의 의도까지 말하지는 않았지만,

"강한 살의가 느껴지는군요."

라는 구라오카의 말에 반론하지 않았다.

다른 병원에서 입원치료를 받는 요네다와 구스모토에게는 담당 수사원이 진술을 들었다.

류스케가 사용했다는 칼은 그가 지닌 배낭에서 꺼낸 것이었다.

갑자기 나타난 남자—이자키에게 마구 구타를 당할 때 배낭이 벗겨져 땅에 떨어졌고, 이자키가 요네다 일행에게 돈을 요구하는 동안 류스케가 칼을 꺼내 뒤에서 찔렀다고 한다. 그리고 그는 쓰러진 이자키를 타고 앉아 가슴을 향해 두 번이나 칼을 내리찍었다. 매우 격렬한 동작이고 너무나 갑작스러운 사태여서 요네다도 구스모토도 즉시 말릴 수가 없었다.

마침내 두 사람이, 그만해, 멈춰, 하고 소리치자 류스케가 흥분한 표정으로 비틀거리며 두 사람에게 달려들어 칼을 휘둘렀다. 어떻게 도망쳤는지 기억나지 않지만 가까스로 주택가에 숨어서 경찰에 신고했으며, 현장에 다른 사람은 없었다고 했다.

류스케 것으로 보이는 배낭은 그 후 현장에서 발견되었다.

구라오카는 요네다 일행을 담당한 수사원에게 류스케가 이자키를 찌를 때의 상황, 그리고 뒤이어 두 사람을 공격할 때의 상황을 더 자세히 물어보라고 요구했다.

오전 2시 지나서 노기에게 연락이 왔다.

구라오카와 시바는 목격자를 찾아 현장 근처에서 도로 확장 공사를 하던 인부나 경비원에게 이야기를 듣고 있었다. 전화를 받고 인기척 없는 도로 가장자리로 이동했다.

"이자키가 퇴직한 후에도 만나고 있었다고 한다."

노기는 주어 없이 말했다. "형사로서 능력 있고 감도 좋고 냉정하다는 점을 높이 평가했다. 현재 다니는 조사회사도 소개해주었지. 실제로 괜찮은 인재라고 생각했고 언젠가 요긴하게 써먹을 수 있을 거라는 계산도 있었고. 정치가의 청탁 중에 공적 기관으로는 응하기 어려운 조사 작업이 있어서 그에게 맡겨보니 기대 이상으로 좋은 성과를 냈다. 그 후 종종 정치적 안건에 그를 이용했다. 물론 역으로 이쪽을 협박할 빌미가 될 만한 정보는 알리지 않았고, 여차하면 이자키를 제거할 수 있는 안전장치도 마련해 놓고 있었다. 하지만 이자키를 항상 감시했던 것은 아니고, 이자키도 대부분의 시간을 자기 업무에 쓰고 있었다고 한다."

즉 야쿠모 형사부장으로서는 이자키의 이번 행동은 어디까지나 그가 멋대로 폭주한 일이라고 말하고 싶은 것이다.

"대학생 네 명의 준강간 사건 당시 요네다의 조부가 손자에게 전과가 남지 않게 해 달라고 자신이 후원회 부회장을 맡은 정치인에게 눈물로 호소했고, 정치인이 다시 야쿠모 형사부장에게 사건을 부탁했다. 형사부장은 어쩔 수 없이 이자키를 이용했다. 방법은 이자키에게 일임했기 때문에 형사부장도 구체적인 내용을 모른다. 재판을 피할 수 있게 해줘서 고맙다는 인사를 받은 뒤 형사부장도 안도하고 사건을 깨끗이 잊고 있었다. 이자키가 그 작업을 끝낸 뒤 대학생 가족의 비밀을 캐내서 협박을 할 줄은 생각지도 못했다. 요즘은 전혀 연락이 없었다고 하는데, 일단 사실인 것 같다."

"이자키가 류스케와 만나 함께 행동하는 이유는 알고 있던가요?"

구라오카는 물었다.

"아니. 이자키의 이번 행동은 파악조차 못했다고 한다. 자, 이것으로 형사부장 건은 끝난 거야, 알겠나?"

"알겠습니다…… 고맙습니다. 일단 수사본부로 돌아가겠습니다."

구라오카는 전화를 끊은 뒤 머리를 거칠게 긁적이고 시바와 얼굴을 마주보았다.

"그렇다면 마음은 무겁지만, 우리가 의혹 하나를 풀어볼까."

"이자키가 어떻게 류스케의 움직임을 알고 있었지, 말입니까?"

두 사람은 현장 주변에서 회수하거나 제공받은 CCTV 영상을 조사하느라 경황이 없는 수사본부로 돌아왔다. 마침 찾던 사람이 작업을 쉬고 잠깐 눈을 붙이려 하는 게 보여서, 먼저 가서 기다리고 있겠다는 말로 옥상으로 불러냈다.

동트기 전이 가장 어둡다고 하지만 너무 고요해서 그렇게 느껴지는지도 모른다. 오늘은 평소보다 더 쌀쌀해서 에어컨 실외기도 조용하다.

"아무것도 묻지 않는군. 왜 그놈이냐고."

구라오카가 시바에게 말했다.

시바가 어깨를 살짝 으쓱해 보이며 대답했다.

"그 일을 할 수 있는 사람은 그리 많지 않으니까요."

"그럴 놈이라고는 생각하고 있었군."

"그렇지 않으면 이자키가 부탁하지 않았겠죠."

옥상 출입문이 열렸다.

"구라 선배. 구라 선배? 어, 없나, 구라오카 경부보님."

"어. 잠을 자두어야 할 텐데 귀찮게 불러내서 미안하군."

"그러게 말입니다. 이른 아침부터 이자키네 회사에 가서 이것 저것 조사했거든요."

"하지만 솔직히 놈이 죽어서 안도하는 구석도 있겠군, 시노?"

네? 하고 시노자키 순사부장이 말을 잇지 못한다.

"이자키는 하시모토 류스케의 움직임을 어떻게 알았을까. 어디 에 가면 그를 만날 수 있을까 정도는 머리를 굴려볼 수 있겠지만 말이야. 애초에 류스케가 요네다 일당에게 접근하려고 도쿄에 올 라와 있다는 사실은 수사에 직접 관여한 사람이 아니면 알 길이 없잖아."

"아…… 그런 건, 저는 모릅니다. 설마 절 의심하시는 겁니까?"

시노자키가 당황하며 대답했다. "생활안전과에 인간 확성기 도 나미가 있잖아요. 이자키와 같은 서에 근무한 적도 있고, 그놈이 겠죠."

"그렇게 입이 가벼운 놈을 이자키가 신용할까?"

구라오카는 쓴웃음을 지으며 말했다. "자기 얘기까지 여기저기 떠들고 다닐지 모르는데? 이자키가 수사 1과에, 자네가 관할서에 있던 한때 수사본부에서 같이 일했었지. 수사의 맥을 제대로 짚 을 줄 아는 친구라고 이자키가 자네를 칭찬했던 것…… 수사본부 가 해산된 뒤에도 자네가 질문하면 이자키가 친절하게 수사에 대해 가르쳐주고 있다고 말했던 게 생각나서 말이야."

시노자키는 뭐라고 말하려다가…… 체념한 듯 입을 다물어버렸다.

"관할서 수사 자료가 몇 개 분실된 일이 있었지. 이자키가 퇴직할 때 자기가 수사에 필요해서 빌렸다가 그만 다른 파쇄 서류와 함께 문서세단기에 갈아버렸다는 말을 남기고 떠났다더군. 이자키에 대해서 다시 조사하다가 나도 그때 처음 알았어. 관할서에서 그 자료를 실제로 다루었던 사람은 시노, 자네였지? 놈에게 넘겨주었나?"

시노자키가 숨을 크게 들이마셨다.

"기수대에 발탁될 수도 있는 시기여서, 워낙 바쁘게 뛰어다니고 서류는 이것저것 잔뜩 쌓였는데 저도 모르는 사이에 헷갈렸는지, 나중에 생각해 보니 실수로 처분해버린 것 같습니다."

시노자키는 각오를 굳혔는지 분명한 말투로 말했다.

"이자키 씨는 수사본부에서 같이 일할 때 경찰법에 어긋나는 일도 아무렇지도 않게 해치우고 그걸 유능한 형사의 증거인 것처럼 자랑스러워했는데…… 제가 가르침을 청한 게 아니라 저를 쓸 만하다고 생각했는지 그 사람이 종종 저에게 정보를 요구했어요. 그래서 수사 자료를 실수로 처분해버린 걸 깨달았을 때 그 사람에게 상의했던 겁니다. 그러자 자기한테 맡기라고 하더니, 세 달 뒤 퇴직할 때 다 자기 탓이라고 떠안아 주었습니다. 정말 좋은 분이라고 생각했는데…… 역시 그것도 나중에 저를 이용하기 위한 거였군요. 교활한 사람이에요."

"놈이 뭘 알고 싶어 했지?"

"사토 마사타카의 사체가 발견되었다는 뉴스가 나가자 수사본부의 수사 방침이 뭐냐, 용의자로 누구를 조사하고 있느냐고 물었습니다. 아직 아무것도 결정되지 않았을 때여서 모른다고 하니까, 그럼 구라 선배의 생각을 말해 달라, 구라 선배의 예측이라면 틀림없다고 하더군요. 그래서, 하시모토 류스케와 사토 신토의 이름을 가르쳐주었습니다."

"직접 만났나?"

"전화 통화만 했습니다."

"자네가 두 사람 이름을 흘린 탓에 이번 사건이 일어났다는 생각은 억측이야. 자네가 가르쳐주지 않았더라도 다른 곳을 통해서 정보를 얻었을 거야. 그렇지만."

"예…… 알고 있습니다."

시노자키가 고개를 숙이고 다시 깊은 한숨을 지었다. "……저, 사표를 써야 합니까."

"자네가 신참형사로 왔을 때 지도를 맡은 게 나였지."

"예. 구라 선배처럼, 대쪽같이 정직하고, 훌륭한 형사가 되겠다고 생각하며 일해 왔습니다. 그런데, 어쩌다 그 사람에게 걸려서…… 우직하게 꾸준히 돌아다니는 수사는 시대에 뒤쳐진 방식이라고 해서, 그런가보다 하고…… 정신을 차렸을 때는 승진 시험도 놓치고 수사 1과에도 올라가지 못하고 남아 있더군요."

"그러니까, 내 지도가 부족했던 거다. 이번 일로 자네가 그만두면 나도 그만둬야겠지."

"무슨 그런 말씀을……."

"어떻게 생각해? 자네는 이제 경찰에도 시민에게도 보탬이 되지 않는 사람인가."

"아뇨, 그건…… 나름대로 도움이 될 수 있다는 자신은 있습니다."

"그렇다면, 자네가 직접 과장에게 말해. 나와 시바가 알고 있다는 것까진 말하지 않아도 돼. 다들 아는 이야기냐 일부 윗사람만 아는 이야기냐에 따라 처분이 달라진다. 가서 바로잡아."

"……죄송합니다. 그럼 이만."

시노자키가 굳은 얼굴로 경례를 하고 옥상 출입문으로 향했다.

구라오카는 잠자코 뒤에 선 시바를 돌아다보았다. 그가 시선을 받아주었다.

"왜? 뭐 하고 싶은 말 있어?"

"아뇨. 구라오카 씨답구나 했습니다."

"나에 대해서 뭘 안다고."

"남의 실수까지 자기 탓으로 돌려버리죠."

구라오카가 미간을 찡그렸다. 시바가 보는 앞에서 누군가의 과오를 떠맡은 적이 있던가? 뭔가 생각이 날 듯 한데 끝내 떠오르지 않는다.

문득 볼이 차갑게 젖은 느낌이 들었다. 비……? 이러면 현장 보존이 어려워질 뿐 아니라 긴급배치가 더뎌져 류스케를 놓쳐버릴지 모른다.

"아무튼 나는 대쪽 같은 사람도 아니고 훌륭한 형사도 아니라는 거다."

빗발이 굵어졌다.

"다 젖겠어요."

시바가 사무실로 돌아가려고 한다. 구라오카가 출입문 안으로 들어설 때 시바의 스마트폰이 울렸다.

"감식에서 메일이 왔네요."

시바가 메일을 열며 구라오카에게 말했다.

"현장에 남아 있던 캔 커피 건인가?"

"네. 캔에 있던 지문…… 삼 년 전 준강간 피의자에게서 채취한 지문과 일치한다고 합니다. 숨어 있던 사람은 사토 신토입니다."

5

후드득 후드득 드럼 치는 듯한 소리가 울린다.

처음에는 작았지만 점차 커져서 스마트폰 알람보다 시끄러워졌다. 잠에서 깨어났다.

얼굴 앞에 하얗고 부드러운 물체가 있어서 눈앞이 매우 밝다. 복부와 어깨에 격렬한 통증이 치달았다. 손으로 만져보니 안전벨트 감촉이다. 몸이 부자연스럽게 앞으로 기울어 있다.

뭐야, 어떻게 된 거야······.

신토는 손을 들어 실내등을 켰다.

차가 비스듬히 기울어 있다. 얼굴 앞을 막고 있는 물체는 에어백이었다. 에어백을 옆으로 밀자 헤드라이트가 눈부시게 앞쪽을 비추고 있다. 불빛이 바로 앞의 무엇인가에 막혀 그 반사광 때문에 이상할 정도로 밝은 것이다. 나뭇가지가 여기저기로 뻗어 있는 정도만 간신히 분간할 수 있었다.

차가 산길을 벗어나 통통 통기면서 벼랑을 떨어지다가 나무에 부딪혀 비탈에서 멈추는 모습이 상상되었다.

그래, 그 사람은······.

옆을 보았다. 팽팽해진 에어백에 머리를 처박고 있는 류스케가 있다. 양손으로 머리를 감싸고 있고 허리는 완전히 떠 있다. 에어백이 없었으면 차 밖으로 튕겨져나갔을지 모른다.

"어이, 괜찮아……? 살아 있는 거야? 뭐라고 대답을 해봐."

조심조심 손을 뻗었다. 옆구리에 닿은 손에서 셔츠를 통해 체온이 느껴졌다.

그때 차가 문득 움직이기 시작했다. 버팀목이 되어 주던 나무가 빠개지는 소리를 내고 비스듬히 매달린 차가 그 각도 그대로 미끄러진다. 설마, 하고 놀라며 핸들을 꽉 잡았다. 이번에는 어디까지 떨어질까. 정말 지옥으로 떨어지나? 싫다, 죽고 싶지 않다……라고 생각한 순간, 쿵, 하고 강한 반동이 느껴지고 차체가 수평을 이루며 멈추었다.

신토는 몸이 흔들리자 시트에 등을 맡겼다.

옆자리 류스케도 몸이 퉁겨 올라 에어백에서 얼굴이 떨어지고 시트에 다시 앉은 자세가 되었다. 눈을 감은 류스케의 얼굴이 온전히 드러났다. 코피를 흘리고 있다.

"어이, 어때? 살아 있는 거야? 하시모토, 군? 이봐, 대답해!"

조심조심 그의 코끝으로 손을 뻗었다. 잠시 기다리자 숨결이 느껴졌다. 안도하며 손을 거두고 다시 앞쪽을 보았다. 앞유리가 빗물에 젖어 경치가 뿌옇게 보인다. 와이퍼 스위치를 켰지만 움직이지 않는다. 안전벨트를 간신히 벗고 창유리를 내렸다.

빗소리가 들린다. 헤드라이트가 비추는 앞쪽은 자갈이 흩어진 평지였다.

스마트폰을 꺼내 손전등 기능을 켠 다음 조심스레 도어를 열고 밖으로 나갔다. 몸이 마디마디 쑤시지만 큰 부상은 없는 것 같다.

내리꽂히는 빗발의 냉기가 몸에 스며든다.

주위에는 나무가 많지만 앞쪽으로 나무 없이 작은 돌과 바위가 뒹구는 평지가 이어진다. 빗소리와는 다른 물소리가 그 너머에서 들린다. 다가가 보았다. 강물이었다. 유속이 빨라 보였다.

돌아와 차 전면을 확인하니 심하게 찌그러지고 헤드라이트도 하나가 깨졌다.

추락한 도로 쪽을 스마트폰 불빛으로 비추었다. 어린 나무들이 쓰러져 있고 비탈에 패인 자리가 보이지만 그 위쪽 도로가 얼마나 높은지는 불빛이 닿지 않아 알 수 없었다.

아무튼 도움을 청하는 수밖에 없었다. 일단 차로 돌아가 스마트폰을 확인했는데 전파가 터지지 않는다. 더구나 배터리도 얼마 남지 않았다.

빗발이 더욱 굵어졌는지 차체를 때리는 소리가 시끄러워진다.

갑자기 헤드라이트와 실내등이 동시에 꺼졌다.

6

신칸센 새벽차를 타고 구라오카와 시바는 센다이로 향했다.

그 전에 이자키 유키오가 사망한 현장 근처의 편의점 CCTV 영상에서 사토 신토의 모습이 확인되었다. 사건이 일어나기 한 시간쯤 전이었다. 신토는 생수와 캔 커피 따위를 샀다. 주차장에 세운 차량 번호판도 찍혀서 렌터카임을 확인하고 긴급 배치된 경관들에게 차량의 특징과 차량번호를 알렸다. 또 차를 빌린 업체를 파악하는 대로 수사원이 달려가기로 했다.

신토가 현장에 숨어서 상황을 지켜보다가 류스케를 차에 태워 도주했다는 추측을 확정하려면 두 사람이 함께 찍힌 영상이 필요하다. 수사본부에서는 수배 지역을 더욱 넓히고 인력을 투입하여 CCTV 영상을 살펴보고 있다.

그리고 요네다와 구스모토에게서 다시 진술을 받았다. 두 사람은 신토가 현장에 있었다는 소식에 크게 놀라는 표정이었다. 고참 수사원들이 보기에 두 사람 중에 구스모토는 거짓말에 능숙하지 않아, 정말로 모르고 있었을 가능성이 크다고 생각했다. 본래 두 사람이 그 자리에 부르려고 한 것은 요시카와 다쿠미였다.

류스케가 전화로 그렇게 요구했다고 한다. 류스케는 사토와는 현재 연락이 되지 않는다는 사실도 알고 있어서 사토를 제외한 세 사람만 나오라고 지시했다는 것이다.

요시카와에게는 구스모토가 연락했다. 처음에는 나가겠다고 했지만 당일이 되자 '경찰이 감시하고 있어서 못 나간다'라는 문자를 보냈다. 그렇다면 요시카와가 신토에게 약속장소를 가르쳐 주었을 가능성이 높다.

구라오카와 시바는 부모와 함께 센다이로 피신한 요시카와 다쿠미의 진술을 받기 위해 센다이로 가겠다고 제안했다. 순조롭게 진행되면 오후에는 도쿄로 돌아올 수 있을 것이다. 간부들은 두 사람의 제안을 허락하는 한편 만일의 사태에 대비하여 권총을 휴대하라고 지시했다.

잠이 부족한 두 사람은 한 시간 반 정도 되는 이동 시간 내내 잠을 잤다. 센다이에는 다쿠미 부친의 고향집이 있다. 수사본부에서 미리 전화 연락을 해 두었고, 역에서는 택시를 타고 이동했다.

낡았지만 규모가 큰 농가 주택으로, 근심 가득한 부모가 참석한 가운데 잠깐 대화를 나눈 뒤 다쿠미를 넓은 마당으로 따로 불러내 꽃산딸나무 밑에서 자세한 이야기를 들었다. 비는 아직 도호쿠까지는 올라오지 않아 부드러운 햇살이 비쳤다.

"요네다와 구스모토가 알려준 약속장소를 제가 신토에게 전화로 전달했습니다."

다쿠미는 이제 체념한 모습으로 구라오카의 질문에 순순히 대답했다.

신토의 부친이 살해되었다는 보도가 나온 뒤 신토의 전화를 받고 한밤중에 공원에서 만났던 사실도 밝혔다. 그런 사정으로 한동안 뜸했던 연락을 다시금 주고받게 되었다고 한다.

"요네다와 구스모토는 그 여자애 오빠에게 만나자는 요구를 받은 것 같아요. 구스모토가 저한테 전화해서, 물론 요네다의 뜻이었겠지만, 너도 나오라고 하도 강하게 요구하기에 그때는 나가겠다고 대답했지만…… 신토에게 연락해서 소식을 전하자 신토가 약속장소와 시간을 나한테 가르쳐달라, 너는 나가지 말라고 해서…… 마침 전날 센다이로 잠시 피해 있기로 결정한 참이어서 신토에게 다 맡기자고 생각했습니다."

"사토는 약속장소에 나가 무엇을 할 생각이었을까?"

구라오카의 질문에 다쿠미는 고개를 갸웃거렸다.

"잘 모르지만…… 어쩐지 결말을 지으려고 했던 게 아닌가 생각했었습니다."

"결말이라면 무슨 결말을?"

"삼 년 전 사건요."

"어떤 식으로 결말을 지으려고 했다는 거지?"

다쿠미는 낯을 찡그리고 뭐라고 말을 하려다가 입을 다물고 다시 생각했다. 그러기를 반복하다가 "잘은 모르지만" 하고 씁쓸하게 털어놓았다.

"녀석은…… 그냥, 자기 자신이 싫어서…… 그건 나도 마찬가지지만…… 딱 용기를 내서, 그만둬, 라는 말 한 마디를 못했어요. 이런 짓 하지 말자고, 겨우 그 한 마디를 못해서, 그 여자애를 가혹하게 다치게 하고 주변 사람들까지 힘들게 만들고, 내 인생까지 망쳐버리고…… 그런 일, 그만 끝장낼 수 없을까, 생각하는 것 같았습니다."

구라오카는 고개를 숙이고 말하는 다쿠미를 보고 분노를 넘어 안타까움을 느꼈다. 한숨을 짓고 옆에 있는 시바에게, 어떻게 생각해? 하고 눈빛으로 물었다. 시바 역시 분노보다 절망적 체념을 풍기는 차가운 표정을 하고 있다. 구라오카가 다시 다쿠미에게 얼굴을 돌리고 물었다.

"그렇다면, 엉뚱한 곳으로 가고 있는 거 아냐?"

"네……?"

"너도 마찬가지 생각이었겠지? 그렇다면 어디로 가야 할까?"

"예? 어디……."

"너는 피해 여성에게 직접 사죄하러 가야 한다고는 생각하지 않나? 그곳 말고 어디로 가려는 거지? 이런 데로 도망치기 전에 먼저 가야 할 곳이 있지 않나?"

"아…… 하지만, 저쪽에서, 만나고 싶어 하지 않은 거, 아닌가요?"

"그런 건 가지 않을 이유가 되지 않아. 가보지도 않고 어떻게 알아. 상대방 생각을 존중해주는 척하며 골치 아픈 일을 회피하려는 것뿐이잖아."

다쿠미가 눈을 꿈쩍이며 고개를 떨어뜨렸다.

"부모님과 잘 얘기해 봐야 해. 너희 네 명의 행동은 결코 용서

받을 수 있는 것은 아니지만…… 부모가 너희를 위한다면서 한 행동에 대해서도 상대방이 어떻게 볼지 생각해 보았나? 너도 여동생이 있지. 만약 여동생이 똑같은 일을 당했다면 어떻겠나. 그리고 가해자 부모가 네 부모처럼 대처했다면 너는 무슨 생각을 했을까…… 응? 어떻게 생각해?"

시바의 손이 제지하듯 어깨를 짚었다. 어느새 흥분해서 궁지로 몰아넣는 말투가 되어버린 듯하다. 구라오카는 부끄러워 입을 다물었다.

"이봐, 요시카와 군."

고개를 숙이고 어깨를 떨고 있는 다쿠미에게 이번에는 시바가 말을 건넸다.

"너, 아직 뭔가 말하지 않은 게 있지?"

"예?"

"너는 방금 자기 자신이 싫다고 말했어. 사토 신토도 자기 자신이 싫으니까, 결말을 짓기 위해 그 장소에 갔다—너는 그렇게 생각했지. 하지만 너도 자신이 싫다면서 아무 일도 하지 않았어. 너 나름대로 결말을 지어야 할 무엇인가가 피해자에 대한 사죄와는 별개로 있는 거 아닌가? 그게 아니라면 방금 같은 말은 하지 않았을 것 같은데. 어때, 지금 말해보지 않겠나?"

다쿠미가 머리카락을 마구 긁어 헝클어뜨리고 목덜미를 거칠게 문질렀다. 망설이는 마음이 눈에 보이는 듯했다.

"너는 여동생까지 힘들게 만들고 있지? 뭔가 숨기는 게 있으니까 결말을 짓지 못하고 문제를 질질 끄느라 적극적이 되질 못하는 거야. 그래서 집안은 어둡고, 여동생까지 휩쓸리게 만들고. 그렇지 않아? 좋은 기회라고 보는데."

다쿠미가 마른침을 삼키고 바지 옆에 늘어뜨린 손에 힘을 꽉 주어 주먹을 쥐었다.

"저어, 그건, 그 일은 늘……."

하고 그가 입을 열었다. "늘 말해야 한다고 생각하고 있었지만…… 무서워서, 말하지 못한 건데…… 그때, 그날 밤, 그 여자애가 마신 우롱차에 약을 탄 사람은, 접니다."

흡, 하고 숨을 삼키는 소리가 들렸다. 구라오카가 시선을 돌리니 다쿠미의 부모가 조금 떨어진 곳에서 이야기를 듣고 있었다. 다쿠미는 그것을 알아채지 못한 채 말을 이었다.

"신토가 아녜요. 그런데도, 그놈 탓으로 돌렸어요. 무서워서, 지독한 거짓말을 했어요. 요네다와 구스모토가 사실대로 말하면 다 드러날 일이었는데…… 놈들도 재미있어하면서 내 말이 맞다고 맞장구 친 겁니다…… 죄송합니다, 죄송합니다, 죄송합니다."

다쿠미가 머리를 깊이 숙이고 맥이 풀린 듯 그 자리에 무릎을 꿇었다.

"……그 말은 피해를 당한 사람에게 전해."

구라오카는 그에게 말하고 부모 쪽으로 시선을 돌렸다. "부모님도 꼭 함께."

7

어느 새 바깥이 밝아져 있었다.

어떻게 해야 좋을지 모르겠다는 무력감과 피곤, 긴장과 공포…… 일단 목숨은 건졌다는 안도감도 있어서인지, 정신을 차리고 보니 시트에 기대어 잠들어 있었다.

한기 때문에 깨기도 했다. 산속이고 비까지 계속 내려서인 듯하다. 몸을 부르르 떨고 양팔로 몸을 안은 채 위아래로 문질렀다.

동이 터서 창밖은 밝았지만, 와이퍼가 움직이지 않아 창유리로 보이는 풍경이 어른거렸다.

목소리가 들렸다. 움찔 놀라 옆을 보았다. 류스케가 낯을 찡그리고 신음했다.

"왜 그래, 어디 아파……? 어이, 뭐라고 말 좀 해봐."

몸을 살펴보니 반대쪽 팔이 이상한 각도로 굽어 있다. 골절이 의심되었다.

잠을 자다가 가위라도 눌린 것인지, 의식이 혼탁한 것인지 알 수 없었다.

"어이, 일어나, 어이!"

류스케의 볼을 가볍게 쳤다. "일어나라고. 상황이 심각해."

"아파."

류스케가 신음했다. "아파…… 아파……."

"어디, 어디가 아픈데?"

하지만 류스케는 고개를 조금 저을 뿐 대답이 없다.

"젠장, 어떡한다…… 구조하러 오려나."

도로에서 이곳으로 추락한 흔적이 남아 있을 것이다. 만약 위쪽 도로로 차량이 지나가면 틀림없이 알아차리겠지. 어쩌면 바로 지금도 위에서 내려다보고 있지 않을까…… 손을 흔들면 구조해주려나…….

도어를 열고 밖으로 나갔다. 빗줄기는 여전히 굵다. 금세 온몸이 푹 젖었다.

하늘은 온통 먹구름에 덮여 있지만 시야는 나쁘지 않다. 뒤를 돌아다보았다.

차량이 미끄러지며 떨어진 비탈은 중간쯤부터 수직에 가까운 벼랑이었다. 그 위에 있을 도로까지는 건물 4층 정도 높이. 그나마 그 정도였기에 살 수 있었던 것일까. 하지만 쉽게 오를 수 있는 높이는 아니다. 차량 소리도 들리지 않는다. 차가 미끄러진 자국이 비에 지워졌을 수도 있다.

계곡물 소리가 더 커진 것 같다.

불안한 마음에, 얼굴을 때리는 비를 손등으로 막으며 강물 가까이 걸어가 보았다. 수위가 높아져서 조금만 더 불어나면 탁류가 넘칠 것 같다.

갑자기 섬광이 번쩍였다. 잠깐 뒤에 격렬한 천둥소리가 숲과 신토의 몸을 뒤흔들었다.

8

다테하나는 수사용 사복 차림으로 시바가 말한 도서관을 찾아 갔다.

비가 계속된 탓인지 도서관에는 사람이 많지 않다. 관장에게 경찰수첩을 제시하고 협조를 부탁하자 흔쾌히 응해 주었다.

시바가 요청한 조사는 시간이 많이 걸리는 일은 아니었다. 재차 확인하고 그 결과를 시바에게 메일로 보냈다. 곧 시바로부터 고맙다는 답신이 왔다. 지금 도쿄역에서 신칸센을 내려 주오선으로 갈아탄 참이라고 한다. 메일을 저장해두었다.

서로 돌아가려고 하는데 전화가 왔다. 혹시 시바일까, 그럴 리 없다고 생각하면서도 기대를 품고 확인했다. 야스하라 히로에였다.

"여보세요, 다테하나 씨, 살려주세요. 저와 딸을 죽이려고 해요."

"네? 무슨 일입니까? 무슨 일이 생겼나요?"

"그이가 또 술을 마시고 이상해졌어요…… 하지 마, 여보, 그만해! 지아키."

그녀의 비명을 끝으로 목소리가 끊겼다.

"야스하라 씨, 히로에 씨, 여보세요, 여보세요, 대답하세요, 지금 어디에요? 여보세요."

계속 부르며 밖으로 뛰어나가려다가 도서관으로 돌아가 자신의 휴대전화를 끊지 않은 채 전화를 빌려달라고 요청했다. 먼저 상사 요다에게 연락했다.

"알았어. 가장 가까운 파출소에 연락하지. 나도 바로 갈게."

요다가 그렇게 말하니 조금 안심이 되었다. 휴대전화는 끊어지지 않고 있었다. 여보세요, 히로에 씨, 하고 부르며 도서관 전화로 구라오카에게 연락했다. 용건을 전하고 있을 때,

"방송국에서 부른 것은 수상 때문이 아니었어요."

히로에 목소리가 다시 흘러나왔다. 내내 이야기하고 있었는데 도망 다니느라 목소리를 휴대전화에 담지 못했는지도 모른다. 스피커 기능을 켜서 구라오카도 들을 수 있게 했다.

"최종 후보에 오르긴 했지만, 심사위원 한 명이 이미 타계한 유명작가가 젊은 시절에 쓴 잊혀진 명작을 이름과 설정만 조금 바꿔서 베꼈다는 의혹을 제기했대요. 그래서 방송국에 와서 해명하라는 거였대요. 그이는 끝까지 인정하지 않았지만 결국 표절로 판정되어 원고는 반환되었어요. 어디서 술을 엄청 마시고 돌아와서는 방송국을 계속 욕하다가…… 이미 끝난 일인데 어쩌겠냐, 다시 도전하자, 하고 내가 달래는데 갑자기 다 너 때문이다, 네가 나를 망쳤다고 난동을 부리기 시작한 거예요."

다시 그녀의 비명이 들렸다. "지아키, 이리 와, 어서, 지아키, 뛰어!"

아이 울음소리가 들리고 음성이 끊겼다.

다테하나는 택시를 타고 히로에가 사는 연립주택으로 서둘러 갔다. 다테하나의 휴대전화와는 계속 연결된 상태였다.

"여보세요, 여보세요…… 다테하나 씨."

다시 불쑥 히로에 목소리가 손에 꼭 쥔 스마트폰에서 흘러나왔다.

"여보세요, 히로에 씨, 무사하세요? 지금 어디에요?"

"강변 제방에 숨어 있어요."

"주소를 아세요? 눈에 띄는 건물이라도 좋아요."

"이 근방이 아마……."

하고 그녀가 주소를 말했다. 연립주택에서 그리 멀지 않은 곳이다. "번지는 틀릴 수도 있어요. 눈에 띄는 거라면…… 강변공원 옆. 아, 하지만 강물이 불어서 공원도 위험해 보여요."

빗소리가 섞여 알아듣기 힘들지만 목소리에 힘이 없어 보였다.

택시기사에게 바뀐 목적지를 말했다. 경찰을 빨리 출동시키고 싶지만 통화를 끊으면 다시 히로에와 연결할 수 있을지 불안했다. 기사에게 경찰수첩을 제시하고 무선으로 본사에 연락해서 경찰과 구급차를 출동하게 해달라고 부탁했다. 택시기사는 즉시 연락해 주었다.

"여보세요, 히로에 씨, 어디 다친 데는 없어요? 목소리에 힘이 없는데, 어디 아프세요?"

"……아, 조금 찔려서, 아픈 것 같기도 하고."

"어디를 찔렸어요? 피가 나요?"

"도망쳐 나오다가 아사히인지 뭔지 하는 아파트 정원수 사이에 지아키를 숨겨놓고 왔거든요. 지아키랑 떨어져 있으면 아이는 무사할 수 있으니까……."

"히로에 씨, 히로에 씨. 정신 똑바로 차리세요. 무리하게 움직이지 마세요. 금방 그리로 갈 테니까."

잠시 후 택시기사가 히로에가 부른 주소 근처를 지나고 있다고 말했다.

나지막이 자리 잡은 제방이 시야에 들어왔다. 아마 그 너머가 강변부지이고 공원도 있을 것이다. 시야 가장자리에 '아사히'라는 글자가 보여서 택시를 세웠다. '아사히그랜드코포'라는 이름의 아파트였다. 철쭉 화단도 보인다. 다테하나가 택시에서 내려,

"지아키 짱, 지아키 짱, 괜찮아, 경찰 언니란다, 엄마한테 얘기 듣고 왔어."

하고 부르자 화단 뒤에서 뭔가가 움직였다. 그리로 뛰어가보니 지아키가 무릎을 안고 쪼그려 앉아 있었다.

"지아키 짱, 이제 괜찮아. 무서웠구나. 이젠 괜찮아."

즉시 휴대전화에 대고, "히로에 씨, 지아키 짱을 찾았어요. 히로에 씨……."

하고 불렀지만 숨소리도 들리지 않는다.

지아키의 온몸을 찬찬히 살펴보았다. 볼이 빨갛게 부어 있다. 아픈 곳은 없냐고 묻자 고개를 저었다. 아이를 안고 택시가 있는

곳으로 갔다.

"협조를 부탁드립니다. 이제 곧 순찰차와 구급차가 올 겁니다. 그때까지 이 아이를 택시에 보호해 주시겠습니까?"

중년의 택시기사는, 알겠습니다, 맡겨주세요, 라며 수락했다.

일단 히로에와 연결되어 있던 전화를 끊고 요다에게 연락하며 제방으로 향했다. 요다는 바로 전화를 받았다. 지아키를 보호 중이라는 사실과 정확한 주소를 전했다. 아파트에서 이십 분 정도 달리면 되는 곳이었다.

"다테하나, 히로에 씨의 안전 확보가 우선이다. 내가 지금 가고 있으니까 무리하게 움직이지 마. 알겠지, 다시 말한다, 무리하게 움직이지 마."

요다의 지시에 응답하는 자신의 목소리가 아득하게 들린다. 볼이 빨갛게 부어오른 지아키가 눈에 어른거린다. 어느 샌가 볼이 빨갛게 부어오른 어린 시절의 자기 모습이 겹쳐보였다.

'네가 그 다테하나 순사장의 딸이니? 아빠는 정말 훌륭한 경찰이었단다.'

'다테하나 순사장처럼 성실하고 친절한 순경은 보기 드물다고 주민들도 고마워하고 있지. 너도 아빠를 배우려무나.'

그 성실하고 친절하다는 훌륭한 남자가 집에서는 처자식을 때리고 있다는 것을 아는가?

살려두지 않겠어…… 다테하나가 중얼거리며 제방을 올라갔다.

이내 제방 위 좁은 도로에 다리를 끌며 걸어가는 여성의 뒷모습이 보였다. 히로에였다. 빗줄기는 가늘어졌지만 여전히 내리고 있다.

"히로에 씨."

달려가서 말을 건네며 비칠거리는 그녀의 어깨를 안았다.

"다행이네요. 이제 괜찮아요. 지아키 짱은 잘 보호해 두었어요. 돌아가요."

"정말? 그이는?"

"못 보았어요. 다친 데는 어디예요?"

블라우스의 어깨가 찢어지고 오른쪽 장딴지에서 피가 나고 있다.

"식칼이 살짝 스쳤을 뿐이니까 괜찮아요."

다테하나는 어깨에 멘 가방에서 손수건을 꺼내 히로에의 장딴지 상처에 감았다.

"아——, 또 망해버렸어. 이젠 구라오카 씨를 볼 낯도 없네. 남자 보는 눈이 그렇게 없냐고 야단칠 텐데. 혹시 구라오카 씨한테 야단맞고 싶어서 매번——"

그렇게 말하던 히로에가 문득 입을 다물었다. 기척을 느끼고 다테하나가 고개를 들었다.

눈앞에 야스하라가 식칼을 들고 서 있었다. 눈빛이 심상치 않다. 뭐라고 중얼거리고 있다. 사람을 뭘로 알고, 지금 장난하는 거냐. 다테하나는 침착하게 일어나,

"칼 버리세요. 칼을 땅에 버리고 두 손을 드세요."

자세를 가다듬으며 엄한 목소리로 말했다. 권총은 가져오지 않았다. 구라오카의 주의를 떠올리고 상대방 정면에서 조금 비껴나며 다가섰다. 같은 말을 반복했다.

웃기지 마, 이 쌍년아, 라며 야스하라가 식칼을 크게 휘두른다. 재차 휘두르는 순간을 노려 식칼을 쥔 오른손 손목을 잡아 힘껏 비틀었다. 상대방이 억, 하고 소리치며 식칼을 떨어뜨렸다. 그대로 팔을 뒤로 꺾어 붙이려고 했지만 바닥이 미끄러워 발이 미끄러졌다. 술에 취한 상대가 몸통을 부딪쳐 오는 바람에 중심을 잃고 무릎을 꿇었다. 야스하라는 비틀거리면서도 버티고 있다.

식칼이 그의 손에 들어가게 해서는 안 된다. 칼이 떨어진 자리를 살피는데 잽싸게 칼을 주워드는 손이 보였다.

"이자가 살아 있으면 지아키가 죽어…… 지아키는 절대로 지킬 거야…… 지아키는 넘겨주지 않아."

히로에가 칼을 들고 서 있었다. 잠깐만! 하지 마요!

다테하나는 재빨리 히로에를 가로막고 섰다. 푹, 하는 충격이 복부를 관통한다. 눈앞에 히로에 얼굴이 있다. 히로에가 눈을 휘둥그레 뜨고 입을 벌리며 뒷걸음질 친다.

다테하나가 시선을 내리니 복부에서 식칼이 쓰윽 빠지고 있었다.

"어, 이런……."

히로에가 탄식을 흘리며 식칼을 떨어뜨렸다. 동시에 다테하나는 다리에서 힘이 쑤욱 빠지는 것을 느꼈다. 눈앞에서 식칼을 주워 드는 손이 있었다. 야스하라였다.

혼란에 빠진 히로에가 비명을 지르며 도망치기 시작한다. 야스하라가 그녀를 쫓아간다.

안 돼, 거기 서, 그만둬…… 손을 뻗으려는 다테하나의 의식이 아득해지는 것을 느꼈다.

"다테하나, 정신 차려, 다테하나! 눈을 떠!"

요다는 다테하나의 얼굴이 빗물에 젖지 않도록 자기 블레이저를 그녀의 머리에 감고 심장 마사지를 하고 있다. 구급대원은 구명기기를 안고 아직 제방 아래에 있다.

"이쪽, 이쪽으로 어서, 서둘러요!"

구라오카가 구급대원에게 손을 흔들어 보였다. 제복경관들이 다섯 살배기 지아키를 보호하는 중이었다.

한쪽으로 시선을 돌리니 시바가 제방 도로를 잰걸음으로 걸어오고 있다. 구라오카는 바로 시바를 따라가며 물었다.

"뭐 해?"

"비 덕분에 발자국이 남아 있어요. 불규칙한 발자국 두 개가 저쪽으로 향하고 있어요."

"그럼 어서 쫓아가야지!"

"……부탁드립니다."

"응……?"

시바가 앞쪽을 바라보며 고백했다.

"못 뜁니다. 예전에 크게 다쳐서 무릎과 고관절에 인공관절을 넣었어요. 빨리 걷는 게 고작이라…… 죄송해요, 이제야 말씀드려서."

그래서 신토가 도망칠 때 쫓아가지 않았던 건가. 달릴 수 없어서…… 자존심 때문에 솔직히 밝히지 못한 모양이다.

"천천히 와."

구라오카가 그 말만 남기고 달리기 시작했다.

전방 강변부지에 공원이 있다. 강물이 넘쳐 조금 잠겨 있다. 사람이 둘 보인다.

공원으로 연결되는 비탈을 달려 내려가려다가 젖은 풀에 미끄러져 엉덩방아를 찧을 뻔했다.

기합을 주며 몸을 오히려 앞으로 던져 유도 낙법 자세로 구른다. 일어나 구르고 일어나 구르고 해서 제방 아래 도착했다. 양복 상하의가 꾸겨졌지만 도망치는 히로에를 잡으려는 야스하라를 똑바로 쳐다보며,

"야스하라, 거기 서!"

큰소리로 외치고 다시 뛰기 시작했다. 강변부지가 강물에 얕게 잠겨 있다.

히로에는 다리를 다쳤는지 피곤한 탓인지 그만 넘어져 어깨를 격하게 들썩였다. 야스하라가 쫓아가, 어딜 남자를 우습게 알고, 하며 그녀의 배를 걷어찼다. 히로에의 몸이 벌렁 눕는 자세가 되

었다. 남자 인생을 조져버리는 년 같으니, 하며 야스하라가 또 히로에의 배를 걷어찼다.

구라오카는 겨드랑이 밑 홀스터에서 총을 뽑았다.

"야스하라, 그만해! 그만하라고!"

야스하라는 히로에에게 안경을 벗어던졌다. 남자를 바꾸겠다고 주접을 떨고! 바뀌어도 니가 바뀌어야지, 여자가 바뀌어야지, 라고 소리치며 다시 걷어찼다. 야스하라까지는 아직 20미터 정도 남았다. 구라오카가 멈춰 서서 허공을 향해 방아쇠를 당겼다.

총소리는 빗소리와 강물소리에 지워져 가까이에만 들린다. 그래도 야스하라의 발길질은 멈췄다.

"야스하라, 칼 버려. 손을 들고 이쪽으로 걸어와."

야스하라가 구라오카 쪽으로 얼굴을 돌리고 눈을 가늘게 떴다. 잘 보이지 않는 듯하다.

"누구야…… 이년의 옛 애인이냐? 고마운 형사가 있다고 하던데, 결국 애인이잖아…… 미안하게 됐군, 이년은 내 여자야. 아무한테도 안 줘."

야스하라가 히로에의 몸에 걸터앉았다.

"야스하라, 쏜다! 칼 버려! 안 그러면 정말 쏜다!"

사격 성적은 늘 형편없었다. 뛰어난 유도와 체포술로 보완해 관대하게도 합격 판정을 받았을 뿐. 총 따위 없이도 어떻게든 대처할 수 있다고 자신을 과신해왔다. 이만 한 거리에서 손이나 어깨를 맞추기는 불가능하다. 몸통을 겨냥해도 빗나갈 수 있고, 히로에가 맞을지도 몰라 두려웠다.

"아무한테도 못 줘. 영원히, 내 여자로 끝나게 해줄게."

야스하라가 식칼을 든 손을 번쩍 쳐들었다.

구라오카는 자신 없는 총보다 뛰어드는 쪽을 택했다.

"하지 마!"

야스하라는 히히 웃었다. 양손으로 쳐든 식칼을 구라오카가 보는 앞에서 내리찍었다.

그 순간 야스하라의 몸뚱이가 뒤로 날아갔다. 축축한 총성이 빗소리 너머로 사라진다.

구라오카는 그대로 몸을 날렸다. 야스하라는 벌렁 자빠져 복부에 피를 흘리며 꼼짝도 하지 않았다.

돌아다보니 시바가 제방 위에 한쪽 무릎을 꿇고 권총을 양손으로 받쳐 든 자세를 취하고 있었다.

9 장

어둠의 저편

1

머리가 지끈거린다. 눈동자 안쪽이 바늘로 찌르듯이 아프다. 왼팔과 양다리가 저리다.

나는 지금 어디에 있고, 무엇을 하고 있는가…… 한순간 빛이 번쩍인다. 이어서 굉장한 굉음이 울리고 몸이 떨린다.

볼에 감촉을 느꼈다.

"어이, 당신…… 그만 일어나…… 위험해."

이명 너머에서 들려오는 목소리는 절박했다.

"천둥번개가 심하고 비도 그치지 않아. 강물도 넘쳐날 것 같고 산사태가 일어날지도 몰라."

꿈인가…… 그렇다면 이 무슨 엉뚱한 꿈인가…….

〈사죄 같은 거 필요 없다. 돈만 받아내면 끝나는 이야기인데, 등신자식.〉

남자 목소리가 문득 떠올랐다.

복부에 강렬한 통증을 느낀다.

〈이놈이 또 너희 집에 찾아가는 일이 없도록 내가 이놈 여동생과 가족들을 단단히 협박해 두겠다.〉

남자의 말에 분노가 치밀어 오른다…… 웃기지 마라, 동생을
위협하게 놔둘 줄 아나.

칼을 쥐고 놈 앞에 선다…… 문득 현기증이 온다.

핏빛이 시야를 물들인다. 뜨뜻하고 끈적끈적한 액체가 손에 뚝
뚝 떨어진다.

〈황당한 짓을 저질렀군, 이 살인자.〉

강렬한 구역질이 올라왔다. 언짢은 덩어리에 목구멍이 꿀럭거
린다.

"……괜찮아? 어이…… 하시모토, 군?"

이름이 나왔다. 천천히 고개를 든다. 검은 그림자가 이쪽을 살
펴보고 있다.

하얀 빛이 번쩍여 상대방 얼굴이 보인다. 낯익다. 면허증 사진
과 견주어 본 기억…… 사토 신토. 이놈에게, 나는, 살해되는구
나. 공포가 치밀어 올라 도망치려고 한다.

"가만있어, 밖에 나가면 위험해. 번개가 계속 내려치고 있어."

다음 순간 지금까지보다 더욱 강렬한 섬광이 주위를 감쌌다.
부지지직, 생전 들어본 적도 없는 굉음이 눈앞에서 터지고 허공
이 찢어져 그 충격으로 몸이 뒤로 날아갔다.

2

아직 숨은 붙어 있다. 구급차를 최대한 빨리 보내라고 연락했다.

야스하라의 몸 절반이 이미 강물에 잠겨 있다. 총탄이 관통했는지 등에서 흐르는 피가 주변을 빨갛게 물들이고 있다. 움직이고 싶지는 않지만 출혈을 멎게 하고 싶다.

"어이, 야스하라, 정신 차려, 내 말 들려? 야스하라, 눈 떠."

권총을 홀스터에 집어넣고 그를 안아 올려 가까운 벤치로 옮긴 다음 똑바로 눕혔다. 벤치 위로 커다란 나뭇가지가 뻗어 있어 빗방울은 거의 떨어지지 않는다.

제방을 돌아보았지만 시바가 보이지 않았다. 강변부지로 내려오는 계단을 이용하려면 제방 도로를 상당 거리 되돌아가야 한다.

"히로에, 괜찮아?"

쓰러져 있던 히로에는 잔기침을 하면서도 상체를 세우고 있었는데 일단은 괜찮아 보였다.

구라오카는 상의를 벗어 야스하라의 몸이 식지 않도록 덮어 주었다. 홀스터를 풀고 와이셔츠를 벗어 둘둘 감아 그의 등에 난 상처에 댔다. 복부의 총상은 출혈이 그리 심하지 않다. 하지만 등에 댄 와이셔츠는 금세 빨갛게 물들기 시작했다.

"어이, 야스하라, 대답을 해, 야스하라."

귓가에 소리치고 뺨을 가볍게 친다.

"구라오카 씨……."

히로에가 곁으로 걸어왔다. "젊은 여성 순경을 실수로 찌르고 말았어요."

"그거, 당신이었나……."

"파파를…… 야스하라를 찌르려고 했는데, 그 사람이 가로막듯이, 내 앞에……."

"그래……? 다테하나는 당신을 지켜주려고 했을 거야."

구라오카는 고개를 끄덕이며 말했다. "당신이 죄를 짓지 않기를 바랐겠지."

"죽나요, 그 사람?"

"구급차가 오고 있으니까 괜찮을 거야. 구해줄게. 이놈도. 죽게 놔두고 싶지 않아. 당신도 이자한테 말해 줘. 옆에서 호소하면 살아날 가능성이 높아져. 경험이 있잖아."

"이제 됐어요, 구해줄 의미가 없어…… 살아 있다가는, 또, 나나 지아키를 괴롭힐 텐데."

히로에의 표정에 분노는 없고 피로와 슬픔이 배어 있다. "이 사람도, 재능도 없는데 매달려서, 술에 취해 마누라와 자식을 패는 게 고작이지…… 죽어버리는 게 낫지 않아요?"

구라오카는 그녀에게서 시선을 거두고 야스하라의 볼을 다시 가볍게 쳤다.

"야스하라, 정신 차려, 사람은 변할 수 있어. 틀림없이 새로 출발할 수 있어, 야스하라!"

옆 벤치에 히로에가 맥이 풀린 듯 털썩 앉았다.

"괜한 위로 따위 하지 말아요…… 그게 어디 말처럼 쉽나."

"이놈이 죽으면 당신도 후회할 거야. 이놈한테 반했을 때도 있었잖아."

"그게 내 병이죠. 나쁜 남자만 고르는 거. 그이나 나나, 그만 편하게 내버려둬요."

"안 돼. 이놈은 죽게 할 수 없어."

경동맥을 짚어보았다. 맥이 잡힌다. "나는, 놈에게 다시 살 기회를 주고 싶어. 당신도 후회하게 만들고 싶지 않아. 그리고……
저 녀석을 위해서라도 죽게 놔두지 않을 거야."

"……저 녀석?"

"야스하라, 살아야 해, 살아 있으라고!"

구라오카가 호소하듯 말했다. "죽으면, 총을 쏜 파트너가 경찰복을 벗을 거야…… 그런 예감이 들어."

"파트너……라면 총을 쏜 경찰은, 일전에 함께 있던 그 사람?
하지만, 나를 살리려고 한 거잖아요. 정당방위인가 하는 거 아닌가요?"

"발포는 정당하지. 내가 경고도 했고. 하지만 녀석은 사람을 죽였다는 중압감을 전부 자기 책임으로 받아들일 거야…… 오래 일해 본 사이는 아니지만, 그런 놈이란 건 알아. 저 거리에서 명중

시킨 건 운동선수로서 기술을 닦았기 때문이겠지. 그 기술로 한 사람을 구했다고 해도 다른 생명을 빼앗았다면, 최소한 경찰복을 벗어서 책임질 것 같다는 예감이 들어. 야스하라, 넌 살아야 해."

"마음에 드는군요, 그분이?"

"까닭 없이 싫은 놈이야…… 하지만 경찰에는 꼭 필요한 인간이지."

"경찰에만? 내가 말려도…… 그분이 그만두지 않도록 할 길을 고르겠죠? 그만두고 싶지 않은 사람은, 구라오카 씨 자신 아녜요?"

"야스하라, 너도 할 수 있는 일이 있다. 죽지 않는 거다. 살아가는 거다."

그렇게 호소하던 구라오카가 고개를 숙이며 한숨을 짓더니 말했다. "그래…… 나도, 녀석이 필요해. 나에게는, 그녀석이 필요해……."

후후, 하고 웃는 히로에의 숨결이 느껴졌다.

"당신, 행복한 사람이네……."

구라오카는 그녀가 말하는 상대가 자신이 아닌 것 같아서 고개를 들었다.

잎이 무성한 커다란 나무의 그늘을 벗어난 곳에 시바가 흠뻑 젖은 채 서 있었다.

3

다테하나 미우와 야스하라 고조는 각각 다른 구급 지정병원으로 급히 실려갔다. 야스하라는 살인미수 용의가 있어서 경관 네 명이 동행했고, 관할서 수사원 네 명이 병원에서 대기했다.

야스하라 히로에와 딸 지아키도 병원에서 치료를 받았다. 히로에에게도 과실치상 용의가 있어 경찰 두 명이 동행했다.

구라오카와 시바가 수사본부에 발포 상황을 보고하자 일단 귀가하여 옷을 갈아입고 다시 본부에 출두하라는 지시가 내려왔다.

평일 오후여서 구라오카의 집에는 아무도 없었다. 현관에서 젖은 옷을 벗어던지고 내의 차림으로 욕실에 들어가 샤워를 했다. 비를 맞은 데다 강물에 오랫동안 발을 담가 체온을 빼앗긴 탓인지 왼쪽 발목이 삐걱거리듯이 아팠다. 이십대 시절 다친 후유증이다.

올림픽 선수 선발을 겸한 유도 전일본선수권대회 전날, 시합을 대비하여 러닝을 하다가 쓰러져 있는 노파를 발견하고 달려갔다. 심폐정지 상태여서 심장 마사지와 인공호흡을 하자 노파는 어렵게 호흡을 되찾았다. 쓰러진 장소가 도로에서 돌계단을 올라간 곳이어서 구급차까지 가려면 노파를 안아서 내려가야 했다. 계단을 내려가다가 웅성거리는 구경꾼에 밀려 중심을 잃었을 때 노파를 떨어뜨리지 않으려고 버티다가 왼쪽 발목을 접질렸다.

노파가 구급차에 실려 가는 모습을 확인하고 보니 발목이 금세 부어올랐다. 정형외과에서 X선 촬영을 한 결과 박리골절이었고, 의사는 안정을 권했다. 그러나 구라오카는 이튿날 대회에서 오랫동안 경쟁해 온 라이벌과 대결하기로 되어 있었다. 시합에 우승한 사람에게 그대로 올림픽 출전권이 주어지리라는 걸 예상할 수 있었다. 그는 경시청 대표로서 많은 기대를 받고 있는 만큼 왼쪽 다리에 테이핑을 단단히 하고 진통제를 먹고 출전하기로 했다.

준준결승과 준결승에서 다리를 집중 공격당해 절반을 빼앗겼지만 두 시합 모두 안다리 공격으로 한판을 따서 역전, 결승 상대는 역시 그 라이벌이었다. 발목의 통증은 한계를 넘어 현기증과 구토가 올라왔다. 그래도 내내 먼저 기술을 걸었다. 그 기백에 주눅이 들었는지 상대는 두 번이나 지도를 먹었다. 교묘하게 도망쳤다면 이겼을지 모른다. 하지만 구라오카는 그런 작전을 허락할 수 없었다. 줄기차게 공격하다가 문득 발목을 버틸 수 없어 무릎을 꿇을 뻔했는데, 그 순간 던지기를 당해 어이없이 바닥에 등을 찧고 말았다.

누워서 올려다본 대회장 천장은 생각보다 높았다. 닿을 수 없는 정상……인가 생각하며 도리어 후련한 심정을 느꼈다. 상대방과 인사할 때는 메달 따와, 하고 흔쾌하게 격려할 수 있었다. 기자들이 발목 부상에 대해 질문했을 때는 승패와는 전혀 관계없다고 대답했다. 패인을 묻기에, 제가 미숙했기 때문입니다, 라고 답했다. 그게 솔직한 심정이었다.

욕조에서 발목을 온수로 찜질하니 통증은 곧 가셨다. 내의를 갈아입고 셔츠를 입었다. 현관에 벗어던진 푹 젖은 옷을 빨래바구니에 넣는데 아들 렌이 문을 열고 들어왔다.

"어, 깜짝이야…… 아빠, 집에 와 있었어요?"

"옷 갈아입으러 왔다. 지금 또 나간다. 렌이 빨리 왔구나."

"보통 이 시간에 와요. 이제 학원 가야죠…… 그럼 아빠, 학원까지 차로 데려다줄래요? 비가 와서 버스를 타야 하거든요."

"그래……? 하지만 차는 엄마가 타고 나갔잖아."

아야노는 산모의 집에 방문을 다니는 산후조리사로 일하고 있다. 가사에 필요한 도구를 나르거나 장을 볼 때 필요한지 차를 타고 가는 일이 잦다.

"이번에 담당한 아파트에 주차할 공간이 부족하대요. 버스정류장이 가까워서 요즘은 하는 수 없이 전차와 버스를 타고 다니세요."

"그거 불편하겠구나."

"양손에 짐을 들고 투덜거리셨어요. 그래서 차는 집에 있어요."

"아…… 오늘도 경찰서에서 자게 될 텐데 내가 타고 나가면 엄마가 필요할 때 사용할 수 없잖니. 그냥 택시로 갈 거야."

"그럼 택시로 바래다줘요. 괜찮죠? 네?"

힘겨운 현실과 대면한 직후여서인지 아들의 응석을 들어주고 싶었다…… 아니, 실은 내가 응석을 부리고 싶은 거겠지. 알았어, 하고 렌에게 말했다. 앗싸, 하고 엄지를 세우는 아들의 웃는 얼굴에 상처 입은 마음이 조금 풀어진다.

렌이 방으로 들어간 사이 권총이 보이지 않도록 재빨리 셔츠 위에 홀스터를 메고 재킷을 걸쳤다. 차고를 들여다보니 역시 차가 있다. 아야노는 차를 쓰지 못해서 고생하고 있겠지. 내일이라도 차를 쓸지 모른다. 역시 택시를 불러 렌과 함께 집을 나섰다.

요다는 다테하나가 실린 구급차에 동승하여 응급실 의사들이 넘겨받는 과정까지 확인한 뒤 귀가해 옷만 갈아입고 바로 병원으로 돌아왔다.

다테하나는 여전히 수술 중이었다. 수혈할 혈액이 부족할 가능성이 있다는 간호사의 말에, 혈액형이 같으니 협조하겠다고 말했다. 채혈이 끝나고 수술실 앞 의자로 돌아오니 다테하나의 모친 요시미가 앉아 있었다.

전에 한 번 만난 적이 있는 부인이었다. 상사로서 다테하나의 행동과 배경을 이해해 두고 싶어서 만남을 요청하고 경찰 출신인 부친 등 가족관계에 대하여 물어보았다.

가정 폭력, 데이트 폭력, 치한, 도촬, 도청, 학대, 동의 없는 성행위, 아동 매춘, 아동 포르노 제조 및 판매, 전 연인의 스토커 행위나 폭력, 불특정 여성이나 아동을 노린 무차별 공격…… 성에 관한 편향된 생각이나 무자각적인 차별의식, 예로부터 내려온 왜곡된 성문화에 기인한 범죄는 워낙 다종다양해서 하나로 뭉뚱그려 표현할 말이 없지만, 다테하나는 이런 범죄에 강렬한 거부반응을 드러내는 경향이 있었다. 감정을 조절하며 수사하는 요령을 신참에게 가르치고 싶었다. 그러자면 신참의 생활환경과 성장환경을 파악할 필요가 있다고 생각했다.

"전에 한번 만나 뵈었던 하치오지 남서 생활안전과의 요다입니다. 이런 일을 겪게 해드려 정말 죄송합니다."

요다의 사죄에 요시미는 말없이 고개를 숙였다. 걱정 탓인지 낯이 창백하다.

그녀는 경찰병원 간호사 출신이다. 두 살 어린 지역과 순사가 그녀가 일하던 병원에 골절로 입원한 인연이 계기가 되어, 남자의 적극적인 구애를 받고 결혼했다.

결혼을 하자 남편은 여자는 가정을 지켜야 한다며 간호사 일을 그만두게 했다. 남편은 남자다움을 과시하는 성향이 있었고, 그런 모습이 유치하기는 해도 믿음직스럽게 느껴지기도 했다. 그러나 남편은 업무에서 실수를 저질러 상사에게 혼나고 승진시험에 떨어지는 일이 거듭되자 주량이 늘고 가정에서 폭력을 휘둘렀다. 처음 얻은 자식이 딸이라는 점도 불만인 모양이었다.

요시미가 분명하게 말하지는 않았지만, 가정교육이라는 이름 아래 다테하나도 아빠에게 매를 맞고 자란 듯하다.

남편은 다테하나가 어릴 때부터 유도를 가르쳤다. 시합에서 남자애를 이기면 흡족해하고 집에서도 친절한 아빠가 되었다. 그래서 다테하나는 더 강해지려고 노력했다. 요시미는 딸이 무리를 무릅쓰는 것처럼 보여서 걱정하는 마음에 적당히 하라고 했지만 다테하나는 "엄마가 맞지 않게 하려면 더 강해져야 해"라며 눈물을 글썽이기도 했다.

남편이 육 년 전 위암으로 세상을 떠나자 요시미는 생계를 위해 근처 의원에 간호사로 취직했다. 다테하나가 올림픽 출전을 목표로 한다고 했을 때는 순순히 응원했지만, 경찰직을 지망할 때는 아무래도 심정이 복잡해졌다.

경찰관 채용시험 면접에서 다테하나는 여성과 아동에 대한 범죄를 근절하고 싶어서 지망했다고 말했다. 부친에 대해서는 일체 언급하지 않았는데, 신원조사에서 드러나자 도리어 부친이라는 배경을 언급하지 않은 겸손함이 채용 심사관의 평가를 좋은 쪽으로 돌렸다는 이야기도 있었다.

하지만 겸손함 때문이 아니라 부친을 언급하고 싶지 않은 감정 때문이었는지도 모른다. 부친의 뒤를 잇는다기보다 오히려 복수하고 싶은 심정이 더 강했던 것은 아닐까. 요다는 경관이 된 그녀의 언동을 지켜보면서 그렇게 느꼈다.

수술이 끝나기를 기다리는 동안에도 부하들에게 연락이 와서 요다는 종종 자리를 떴다.

야스하라 히로에는 어깨와 장딴지에 식칼에 의한 얕은 절상, 옆구리와 등에 타박상을 입었지만 골절은 없었으며, 전반적으로 입원할 정도는 아니라고 했다. 딸 지아키는 볼뿐만 아니라 손과 발에도 멍이 있었다. 앞으로 정신과 치료는 필요하겠지만 일단 크게 다치지는 않았다는 말에 마음이 놓였다.

향후 방침에 대하여 부하들과 상의하고 수술실 앞 의자로 돌아오자 '수술중' 램프가 꺼져 있었다. 의자에 요시미가 보이지 않았다.

어디서 신음 비슷한 소리가 들렸다.

가슴이 이상하게 뛰어서 소리를 좇아 복도 모퉁이를 돌았다. 화장실 입구 옆에 요시미가 웅크리고 앉아 울고 있었다.

서장실로 불려간 구라오카는 시바의 발포가 정당했다고 말했다.

본청 감찰관이 와 있고 서장과 노기, 고구레, 마키메 등도 동석해 있었다.

다테하나와 야스하라의 수술 결과는 아직 보고가 들어오지 않았다.

구라오카의 설명이 끝나자 감찰관이 잇달아 질문했다.

감찰관이 가장 주목하는 부분은, 구라오카가 야스하라에게 경고하고 허공에 공포를 쏜 뒤 그가 아니라 시바가 야스하라를 쏘았다는 점이었다.

구라오카는 그것은 자신의 미숙함 때문이며 시바 경부보에게는 잘못이 없고 오히려 야스하라 히로에 씨, 그리고 경찰 조직도 시바의 발포 덕분에 살아났다는 생각을 말했다.

감찰관이 질문하고 있을 때 마침 히로에의 진술이 올라왔다. 구라오카의 진술을 뒷받침하는 내용이었다. 진술에는 목숨을 구해준 형사에게 진심으로 감사하다는 말도 있었다.

구라오카가 사무실을 나가고 밖에서 대기하던 시바가 불려 들어갔다.

두 사람은 한순간 시선을 맞추었지만 말은 하지 않았다.

이미 담당기자를 중심으로 취재가 시작되었다고 한다. 경관의 발포인지라 언론에 크게 다루어질 것이다. 피의자가 부상인지 사망인지에 따라 보도의 크기는 확연히 달라질 것이고, 그에 따라 발포 경관에 대한 처분에도 영향이 가리라는 점은 부정할 수 없었다.

구라오카는 복도 구석에서 기도했다.

시바가 서장실에 들어가고 약 한 시간 뒤 구라오카의 스마트폰이 울렸다. 시노자키였다.

"구라 선배. 야스하라 고조 쪽입니다. 방금 의사가 수술실에서 나왔습니다."

"어…… 자네, 병원을 지키고 있나?"

"실은 요네다와 구스모토의 진술을 조사하고 있습니다. 하지만 일단 이쪽이 급하다고 생각해서요. 그리고 구라 선배는 감찰에 불려갔을 테니까 병원을 지키고 있었습니다. 아마 지금쯤 노기 과장 쪽에도 연락이 갔겠지만…… 야스하라, 살아났습니다. 수술은 성공입니다."

가슴 밑바닥에서 후우 하고 숨이 새어나온다.

"그래……? 바쁠 텐데 수고했어."

"별말씀을요. 이제 제가 맡은 일로 돌아갑니다. 그리고, 저에 대한 처분 말인데…… 다음 정기 이동 때 어디론가 옮길 것 같고, 일단 퇴직은 하지 않아도 될 것 같습니다."

"알았네. 잘됐군."

"여러 가지로 폐를 끼쳤습니다. 아, 그리고, 요네다와 구스모토 진술에서 위치와 관련해 마음에 걸리는 점이 있어서 사건 당일 저녁 상공에서 현장을 촬영한 드론 사진을 확대해 달라고 감식에 요청해 두었습니다."

4

눈앞에 있는 큰 나무에 번개가 떨어져 줄기가 두 쪽으로 쪼개지며 불길에 싸였다.

후려치듯 쏟아지는 빗발에 불길은 이내 사그라졌다.

의식을 찾는구나 싶던 류스케는 엄청난 천둥소리에 짓눌리듯이 시트에 기대어 다시 의식의 밑바닥으로 가라앉아 갔다. 신토는 류스케를 부르며 어깨를 흔들고 뺨도 가볍게 쳐보았지만 그는 잠깐 신음만 했을 뿐 눈을 뜨지 않았다.

비에 젖은 탓도 있어서 몹시 춥다. 절벽 위 도로로 올라가 도움을 청하는 방법도 생각하며 낙뢰가 계속되는 동안 차에서 나가지 못한 채 가만히 시간을 보내고 있었다.

깜빡깜빡 졸다가 추워서 졸음에서 깨어나기를 반복했다. 졸음이 다시 엄습할 때 갑자기 차가 흔들리고 앞유리에 물보라가 퍼졌다.

이제는 스위치를 눌러도 창유리가 열리지 않았다. 전기 계통은 전부 쓸 수 없었다.

조심스럽게 도어를 열었다. 다리를 내밀고……디뎌야 할 땅은 보이지 않고 진갈색 흙탕물이 차 안으로 들어오기 직전 높이까지 차서 찰랑거리고 있었다. 도어를 더 열고 전방을 확인했다.

강물이 범람했는지 주위는 완전히 물에 잠겨 어디가 강이고 어디가 기슭인지도 분간할 수 없었다.

상류의 거친 파도가 건너편 절벽을 깎아낼 기세로 내려온다. 이쪽으로 파도가 몰려왔다. 차량 전방에 부딪혀 물보라가 앞유리에 흩어지고 열린 도어를 누르며 차 안으로 흘러들어왔다. 놀라서 도어를 닫았다.

밖으로는 도저히 나갈 수 없다. 하지만 도어 절반 정도 높이까지 물이 차오르면 수압으로 도어를 열 수 없게 된다는 이야기를 텔레비전 뉴스인지 뭔지에서 본 기억이 있었다.

어떡하지? 어떡하면 좋을까…….

고민하는 동안에도 시간은 흐르고, 문득 차가 움직이는 느낌이 들었다.

숨을 죽이고 주위를 살펴보았다. 강 쪽에서 다시 파도가 밀려오는 소리가 났다. 앞유리에 전보다 사나운 물보라가 쏟아지고 차가 기우뚱 떠오르는 느낌이 들었다. 차가 조금 움직였다.

"설마, 떠내려가는 건가……?"

5

구라오카는 요다가 보낸 메일을 읽었다.

다시 한 번…… 하며 세 번째 읽으려고 하는데 옥상 문 열리는 소리가 났다. 비는 갠 상태였다. 노기가 나타났다. 구라오카가 스마트폰을 집어넣고 경례를 붙였다.

"요다 군이 보낸 메일, 봤나?"

"예. 아까 왔습니다."

"다행이야."

"예. 이제 마음이 놓입니다."

다테하나의 수술은 성공적이었다. 다만 마냥 희소식인 것은 아니었다.

"신경 손상이 없는지 향후 관찰이 필요하다고 하니까 올림픽 출전은 이번에는 어렵겠죠."

"아직 젊잖아. 다음 기회가 있겠지. 회복하면 구라가 훈련시켜 줘."

"예, 그렇게 하겠습니다."

"실수로 찌른 야스하라 히로에 씨에게도 연락이 갔을 거야. 걱정이 많았을 텐데 이제 안심하겠지. 그래도 다테하나 군의 증언이 없으면 아직 석방할 수는 없네."

"여러 가지로 감사합니다."

"야스하라 고조도 무사하다는 소식은 들었겠지. 우리도 안도가 되는군."

"그런데…… 시바에 대한 처분은?"

"일단 수사본부를 떠나 본청에서 서류 정리 작업을 하게 되었네. 그러자 시바가 유급휴가를 신청하더군. 허락하기로 했네. 앞으로 언론을 비롯해 여론을 살피고 정치적 판단도 참고해서 정식 처분이 내려지겠지. 다만 시민의 생명을 구하기 위해서는 필요한 조처였고, 정당한 절차를 준수한 행위였다는 점, 그리고 해당 시민도 고마워하고 있다는 점은 야쿠모 형사부장이 회견에서 말하겠다고 하더군. 야스하라가 죽었다면 경시총감이 나섰어야 했어…… 용케 살렸어, 구라."

"야스하라 스스로 새출발을 해보겠다는 마음이 있었기 때문인지도 모릅니다."

노기는 고개를 끄덕이고 옥상 구석 쪽으로 걸어갔다. 뭔가 하고 싶은 말이 있는 듯했다.

"시바 얘기를 해두는 게 좋겠군. 두 사람이 한 조가 되기로 결정되었을 때만 해도 금세 공중분해 될 줄 알았는데."

"야쿠모 형사부장은 왜 우리를 한 조로 묶은 거죠?"

"시바가 요청했다고 하더군. 시바가 왜 자네를 원했는지는 야쿠모 형사부장도 모른대. 자네가 시바에게 직접 물어보게. 야쿠모 형사부장이 요청을 수락한 것은, 자네들을 호텔 라운지로 불러 대화에 응했던 때도 그랬지만, 시바에게 미안한 일이 있었기 때문이야.”

“약점…… 야쿠모 형사부장이 시바에게요?”

“시바는 전에 야쿠모 형사부장 따님과 약혼했었어.”

“네……?”

“따님이 승마를 계기로 시바의 팬이 되었다고 하더군. 아빠를 졸라 맞선 비슷한 자리를 마련해 달라고 해서 교제가 시작되었지. 당시 시바는 요즘처럼 삐딱한 인상이 아니었네. 명랑하고 잘생기고 머리도 좋고 근대 5종의 기대주였어. 야쿠모 형사부장도 아주 마음에 들어 해서 주위에 자기 후계자처럼 소개했다고 해.”

“……그런데, 무슨 일이 있었던 겁니까?”

“오 년 전 젊은 여성에게 등유를 끼얹고 라이터로 불을 붙이는 사건이 두 건이나 연달아 일어났었네. 피해자가 죽지는 않았지만 한 명이 중증 화상을 입고 연속성도 있어서 요주의 사건이었지. 시바가 근무하던 서의 관할이었어. 구라는 다른 연속살인 사건을 추적하고 있었으니까, 기억하지 못할지도 모르지.”

“예. 그때는 다른 사건은 안중에도 없었으니까요.”

“탐문을 통해 쓰레기 분리수거장에 방화를 반복하던 이십대 중반 남성이 피의자로 떠올랐지. 가벼운 지적 장애가 있는 자였어. 한편 시바는 과거 사건들을 조사해 이웃 현에서 유사한 사건을 일으키던 남자를 찾아냈네. 하지만 그 남자에게는 알리바이가 있었어. 그러자 서 간부들은 장애가 있는 남성을 끌어다가 자백을 받기로 했네.”

"……음, 지적 장애가 있는 사람은 강하게 다그치면 상대방 주장을 쉽게 인정해버리는 경향이 있어서 신중하지 않으면 안 될 텐데요."

"간부들도 그 점을 알고 있었을 텐데, 피해 여성 가운데 한 명이 그를 범인과 닮았다고 증언한 것이 컸네. 그자는 알리바이도 없었고. 당시 형사부 참사관이던 야쿠모 형사부장은 수사원의 이야기를 듣고 입건에 찬성했네. 시바에게도 그 결정을 받아들이라고 은밀히 설득했다더군. 하지만 시바는 자기 추리에 따라 조사해서 수사대상자의 알리바이를 무너뜨렸네. 그 남자에게 돈을 빌렸던 지인이 가벼운 기분으로 거짓 증언을 해주었던 거었어. 시바 때문에 궁지에 몰린 남자는 지인을 시켜 시바를 불러낸 뒤에서 차로 치었지…… 남자는 그 뒤 도주하다가 전봇대에 들이박아 중상을 입고 체포되었네. 놈의 스마트폰에 여성에게 등유를 끼얹고 불을 붙이는 영상 두 건이 모두 남아 있었어."

"……그래서, 시바는."

"허리부터 다리까지 크게 다쳐서 한때는 하반신불수가 될 거라는 말도 있었을 정도였는데, 다행히 몇 번의 수술을 거쳐 걸을 수 있게 되었지."

"인공관절을 해서 달리지 못한다는 말은 들었습니다."

"……그리고, 또 하나, 이건 아주 미묘한 문제인데다 프라이버시여서 의사도 망설였던 모양이야. 야쿠모 형사부장은 당시 경시청 형사부 참사관으로서 시바에 대한 보상과 직장 내 지원에 필요한 것은 물론이고……. 개인적으로도 자기가 약혼녀의 아버지이고 두 젊은이의 장래가 걸린 일이라고 하면서 의사에게 설명해달라고 설득했다더군. 의사의 설명을 들은 야쿠모 형사부장은 큰 충격을 받았고, 비밀로 해두기 힘들었는지 나에게만 털어놓았어. 그걸 자네한테 이야기해주는 거야."

"왜 저에게."

"시바는 우수하지만 섬세하고 불안정한 구석이 있어. 하지만 자네와 한 조를 이룬 뒤 성과를 올리고 있네. 자네를 신뢰하고 있는 것 같기도 하니까…… 군색한 변명이라는 건 알지만 자네는 알아두는 편이 좋을 것 같아서."

노기는 곁에 누가 있는 것도 아닌데 주위를 살펴보고 귀엣말하듯이 구라오카 귓가에 비밀을 털어놓았다.

구라오카는 옥상 난간에 기대었다.

아아, 그랬구나…… 하며 한숨을 흘린다. 시바의 언행 가운데 몇 가지가 이제야 납득이 갔다. 꼭 그 때문만은 아니겠지만, 영향이 있었음은 틀림없다.

노기가 옥상을 떠난 뒤에도 구라오카는 혼자 남아 있었다.

잠시 후 시바에게 전화가 왔다. 목소리가 어색하지 않도록 헛기침을 두어 번 하고, 여보세요, 하고 받았다.

"휴가 냈어요."

시바의 목소리는 밝았다.

"흠. 부럽군."

구라오카도 밝은 목소리로 대답했다. "어디 여행이라도 다녀오는 게 어때."

걸즈 생추어리 대표로 있는 그녀와 함께 말이야……라는 농담은 해도 좋을지 어떨지 망설여졌다.

"이참에 구라오카 씨가 야스하라 히로에 씨에 대해 했던 말을 실행해보려고요."

"응? 무슨 소리야……?"

"그녀는 왜 그렇게 살고 있을까. 고향에 가서 조사해보고 제대로 자기 자신을 대면하게 한다면……이란 말을 했던 적이 있죠. 저는 이번 사건에서 왜 그런 행동을 하는지 의아해지곤 하는 사람이 둘 있었어요. 이참에 두 사람의 출신지를 알아보니 고향이 같더군요. 그래서 지금 그곳에 다녀오려고요."

"두 사람이라니, 누군데?"

"헛다리로 밝혀지면 창피할 테니까 나중에 다시 연락할게요. 구라오카 씨는 무슨 일을 하게 됩니까? 나 없다고 미아처럼 헤매는 거 아녜요?"

"웃기는 소리. 요네다와 구스모토 청취에 합류하라는 지시를 받았어…… 바쁘니까 끊어."

가슴이 점점 옥죄어들어 말이 제대로 나오지 않을 것 같아 대답도 기다리지 않고 전화를 끊었다.

난간을 잡고 비 갠 하늘을 올려다본다.

일시적으로 맑은 하늘이 보이지만 서쪽에 다시 검은 구름이 보인다. 오쿠타마 근방은 지금도 비가 내리고 있겠지. 노기의 말이 다시 떠오른다.

'시바는 성생활도 불능이 되었다고 하더군…… 야쿠모 형사부장은 약혼을 백지로 돌렸어. 이유를 밝히면 딸이 동정심에 결혼하겠다고 할 것 같아서 시바에게 다른 여자를 좋아하게 되었다고 말해주기를 부탁했다지. 따님은 작년에 결혼해서 아기도 낳았다고 해.'

6

신토는 무릎까지 물에 잠긴 채 조수석에서 류스케를 끌어내려고 했다.

그의 몸을 눕히고 양 겨드랑이 밑으로 손을 넣어 끌어당겼다. 차량이 불안하게 흔들린다.

차량은 강물에 조금 떠내려가다가 삼나무 거목에 걸려 멈추어 있었다. 강물이 더 거칠어지면 다시 하류로 밀려갈 것 같았다.

신토는 발을 물속에서 단단히 딛고 몸을 젖히듯이 해서 류스케를 더 끌어당겼다.

활짝 열린 도어에 신토의 어깨가 부딪힌 탓에 차량의 균형이 무너졌는지 차가 기우뚱 흔들리며 삼나무에서 풀려났다. 신토는 류스케를 필사적으로 끌어당겼다. 그의 다리가 차에서 빠져나와 물로 떨어졌다. 차는 그대로 떠내려갔다.

신토는 류스케를 비탈 위로 끌어올렸다. 아직 물이 차오르지 않은 곳까지 끌어올리자 지친 다리가 꼬여 그를 안은 채 자빠졌다. 낙뢰는 그쳤지만 비는 여전했다. 어떻게든 나무 그늘로 데려가려고 다시 몸을 일으켜 류스케의 몸을 끌어당겼다.

고개를 드니 차량은 20미터쯤 하류에서 거의 잠겨 꼭대기만 보였다.

류스케를 눕히면 등이 젖을 것 같아 나무줄기에 기대게 했다.

"이봐…… 하시모토, 어이, 눈을 떠, 류스케, 류스케."

성 빼고 이름으로만 부르자 고개가 조금 흔들리고, 아아, 우우, 하는 신음이 흘러나왔다. 청바지 뒷주머니에서 스마트폰을 꺼내 확인했지만 역시 전파가 터지지 않는다. 하늘이 내내 어두워서 몰랐지만 시간은 해질녘이었다. 안절부절못하며,

"어이, 어이, 여기 사람이 있어요! 어이, 여기요!"

위를 향해 외쳐보았다. 그러나 빗소리와 탁류 소리에 지워진다는 사실을 깨닫자 허탈해져서 입을 다물었다.

7

사토 신토가 이용한 렌터카 업체를 알아냈다. 서류에 기재된 휴대전화 번호로 몇 번 연락해 보았지만 전원이 꺼져 있다거나 전파가 통하지 않는 곳에 있다는 음성안내만 돌아왔다.

차량에는 반납 후 내비게이션 분석을 통해 운행 경로를 확인하는 기능이 있지만, 현재 위치를 알아내는 기능은 프라이버시 문제도 있어 작동이 불가능하다고 한다.

구라오카는 나이 어린 사토와 류스케가 냉정하게 행동할 수 있다고는 생각하지 않았다. 아마도 지리를 아는 곳으로 가지 않을까…… 그렇게 수사본부에 진언했고, 간부들도 동의해서 신토의 부모나 류스케의 부모 집이 있는 방면의 CCTV를 우선적으로 조사하고 있다.

요네다와 구스모토는 여전히 입원 중이다. 구라오카가 병원에 도착했을 때는 사정청취가 이미 세 번이나 있었다. 다쳤으니 좀 쉽게 해달라는 보호자들의 요청과 의사의 판단도 있어서 추가 사정청취는 이튿날로 미루어졌다.

오늘 밤 할 일이 없어진 구라오카는 다테하나가 입원한 병원에 가려고 택시를 탔다.

면회시간은 지나 있었다. 너스스테이션에 경찰수첩을 제시했다.

"면회객이 와 계십니다"라고 야근 간호사가 알려주었다.

병실 앞에 가보니 문이 열리며 낯익은 젊은이가 나왔다.

상대방은 움찔 놀라다가 구라오카를 알아보고 당황하며 경례를 붙였다.

생활안전과의 가와베 쇼 순사였다. 아동포르노 제작 그룹을 적발하러 출동할 때 차를 운전했던 경관이며, 방검 조끼를 입지 않아 구라오카가 빌려준 기억이 있다.

"왜? 무슨 일 있었나?"

"아뇨, 다테하나 순사가 근무 중에 크게 다쳤다고 해서 병문안으로. 요다 과장님 허락을 받았습니다. 아직 말은 하지 못한다고는 해서 얼굴만이라도 보려고……."

"그래……? 밑에 대합실에서 기다려주게."

구라오카는 노크하고 병실로 들어갔다. 다테하나의 모친이 침상 옆에 앉아 있었다.

다테하나가 괴로워하는 표정 없이 조용히 잠들어 있어서 새삼 안도했다.

"자네, 차 가져 왔나?"

대합실에서 가와베에게 물으니 자차로 왔고 이후 특별한 일정이 없다고 한다.

"수사에 협조해줄 수 있겠나?"

신토와 류스케가 지금 어디 있을지 짚이는 곳은 없었다. 하지만 가만히 앉아 있을 수도 없어, 차를 얻어 타서라도 더 찾아보고 싶었다.

신토가 렌트한 차량의 특징과 부모 집 주소를 가와베에게 알려주고 일단 신토의 부모가 사는 네리마 쪽으로 가달라고 했다.

"다테하나와, 사귀나?"

"어…… 아뇨, 왜요?"

"이런 시간에 굳이 병문안을 오는 게 쉽지는 않잖아."

"아, 근무가 끝나서, 와본 겁니다. 그냥 동료 사이예요."

당황하며 해명하지만 목덜미가 벌겋다. 아직 짝사랑 단계인 듯하다.

수사본부에서 메일로 PDF 파일을 보내주었다. 요네다와 구스모토를 상대로 사정청취한 내용을 정리한 문서였다. 하지만 스마트폰으로는 읽기가 곤란하다.

"태블릿이면 괜찮을까요? 전송해 주시면 바로 띄워드릴 수 있습니다."

정지 신호로 멈춘 사이 가와베의 메일주소를 받아 파일을 전송하고 태블릿으로 열어 요네다 일행의 진술을 읽으며 마음에 걸리는 점은 메모했다. 잠시 후,

"도착했습니다."

가와베가 차를 세웠다. "말씀하신 차가 주차되어 있군요."

신토의 부모 집은 불이 꺼져 있다. 차고에 개인 차량이 주차되어 있었다. 신토가 빌린 것과 같은 차종인 걸 보니 운전에 익숙한

차를 골라 렌트한 모양이다.

"만나실 겁니까?"

"아니. 신토의 모친은 가나가와 시모 집에 있을 거야."

"그럼, 그쪽으로 갈까요? 아니면 고후로 갈까요? 저는 상관없습니다만."

그때 수사본부의 마키메에게 전화가 왔다.

"CCTV로 신토의 렌터카가 오쿠타마 방면으로 간 걸 확인했어. 오우메 서 오쿠타마 파출소에 협조받기로 했대."

그 파출소는 오쿠타마 방면 산악구조본부도 겸하는 곳이다.

"그럼 즉시 그리로 가겠습니다."

"아냐, 아침부터 쏟아진 호우로 산사태가 나서 오쿠타마부터 도로가 막혔대. 교통이 통제되고 있다는군. 내일 아침에나 가보는 수밖에 없겠어."

구라오카는 그래도 가와베에게 부탁해서 오쿠타마로 가보기로 했다.

오쿠타마 파출소 앞에 경찰차가 모여 있었다. 도내에서는 그친 비가 이쪽에서는 가늘게 계속 내리고 있다.

파출소에서 설명을 듣고 교통이 차단된 곳까지 안내를 받아 가보았다.

차에서 내려 규제선 너머를 바라보았다. 가로등도 없어서 캄캄했다. 빗소리와 도로 한참 아래를 흐르는 불어난 강물 소리만 들린다. 저기 너머에 신토와 류스케가 있을까……

구라오카는 일단 가와베의 차를 타고 돌아와 노기에게 연락했
다.

　"오쿠타마 쪽은 맡겨두는 수밖에 없을 것 같습니다. 제가 내일
아침 일찍 구스모토 게이타로를 상대로 사정청취를 해도 되겠습
니까? 진술을 읽다가 마음에 걸리는 점이 있어서요."

8

지방도시의 역전 근처에는 호텔이 세 곳밖에 없었다. 관광 성수기지만 다행히 주말이 아니어서 당일 전화로 객실이 잡혔다.

연줄을 동원하고 탐문을 한 결과 어느 사건에 다다랐다. 당시 상황이나 사건 경위를 아는 경관도 만날 수 있었다. 아주 오래 전 일이라 기억이 불분명한 데다 사건 내용이 내용인지라 상대방의 입은 무거웠지만, 적어도 사실 자체는 인정했다. 이튿날 당사자의 친척과도 만날 약속을 잡을 수 있었다. 오후 10시가 지나서야 겨우 호텔 객실로 돌아왔다.

객실 책상에서 노트북을 켜고 수집한 정보를 생각나는 대로 정리해 나갔다.

머릿속에 아른거리던 생각들을 글자로 바꾸자 냉정하게 정리되었다. 시간 순서로 나열한 글을 반복해 읽고 나서 시바는 긴 한숨을 흘렸다.

휴대전화가 울렸다. 착신음을 보니 구루미야 다마키였다. 여보세요, 라고 대답하는 목소리가 어두웠는지,

"왜 그래, 린리. 무슨 문제라도 있었어? 괜찮아?"

걸즈 생추어리 대표인 그녀의 위안 넘치는 따뜻한 목소리에 술렁이던 감정이 잔잔해졌다. 시바는 책상에서 일어나 침대에 쓰러지듯 누웠다.

"제때 전화해주었어…… 잠이 안 와 뒤척이던 참이야."

"정말? 나도 이대로는 잠자기 틀렸다 생각하고 목소리 듣고 싶어서 전화한 거야."

"그래? 무슨 일이 있었는지 얘기해 봐. 힘들게 하는 아이가 있었나? 아니면 진상 부모?"

"아냐, 린리 목소리 들었으니 됐어. 린리는? 힘든 사건이야?"

"아냐, 나도, 다마키 목소리가 듣고 싶었을 뿐이야."

후후, 하는 그녀의 웃음소리가 귀를 간질인다.

"서로가, 서로를, 필요로 하는 거네."

"……음. 필요해."

"누군가에게, 필요한 사람이라는 거, 정말 기뻐."

"……음."

한순간 빗속에서 들었던 구라오카의 말이 떠오른다. "……기쁜 거야."

"린리. 이런저런 일로 바빠서 자기한테 시간 내지 못해서 미안해."

"바쁜 거야 내가 더했지. 그보다……."

그만 말끝을 흐리고 만다. "다마키는, 정말, 나여도 괜찮아……? 나는……."

말투 때문에 그녀도 무슨 뜻인지 짐작하는지,

"또, 그 얘기?"

가볍게 숨을 토하는 소리가 들린다. "사랑하는 사람과 함께할 수 있는 방법, 그것만 있는 게 아니잖아? 남자는, 그런 거에 너무 연연해."

"……그럴지도 모르지만."

"저기…… 옆에, 베개 있어? 가능하면, 아주 큰 걸로. 나라고 생각하고 안아 봐. 나도, 린리라고 생각하고 커다란 베개 꼭 안을 테니까."

시키는 대로 호텔의 커다란 베개를 안았다.

"내 등을 쓰다듬듯이, 베개를 쓰다듬어 봐, 천천히. ……어때, 쓰다듬고 있어?"

"응, 쓰다듬고 있어. ……다마키는 오늘도 이런저런 일이 많았지? 용케 버티고 있네, 고생 많았어, 대단해."

다마키가 품속에 있는 양 베개를 꼭 껴안고 격려하는 마음으로 부드럽게 쓸었다.

"음, 느껴져…… 린리의 따뜻한 마음도, 배려도, 커다란 손바닥의 온기도 느껴져. 내 손은 어떨까, 전해지려나, 전해졌으면 좋겠는데…… 린리는 늘 지나치게 애써왔어. 우는소리를 할 줄 모르는 사람이니까, 어느새 지나치게 애쓰고 마는 거야. 하지만 괜찮아, 나한테는 조금도 노력하지 않아도 돼. 당신이 어떤 모습이든 나는 좋으니까. 오늘은 그만 푹 자……."

불을 끄고 귓가에 울리는 연인의 목소리를 들으며 베개를 쓰다듬는다.

마침내 그녀의 등을 쓰다듬는 듯한, 자신도 그녀에게 부드러운

애무를 받는 듯한 기분이 든다.

"아아, 느껴져…… 따뜻하고, 기분 좋아, 편안해."

"그치? 이것만으로도 만족스럽잖아. 이것만으로도 함께 있는 의미가 있는 거야. 알겠지?"

"응…… 알았어. 고마워."

"린리, 사랑해."

"응…… 다마키, 사랑해."

어둠 속에서 연인의 달콤한 속삭임이 가슴을 채운다. 등을 쓸고 있는 손가락 끝으로 그녀의 사랑이 전해져온다. 이 세계에 같이 있을 수 있다는, 다만 그것만으로도 기쁨이 넘쳐난다.

9

너무 추워서 경련이 멎지 않는다. 이런 데서 뭘 하는 거야. 용서를 받겠다느니 구해주겠다느니…… 바보 아냐? 죽으면 아무 소용없는데.

옆에 누운 류스케를 만져보았다. 오싹할 만큼 차디차다. 주머니에서 스마트폰을 꺼내 손전등 기능을 켰다. 낯이 창백하다. 볼을 살짝 건드리며 말을 걸었다.

"류스케, 이봐, 대답해 봐, 류스케, 잠들면 큰일 난다니까. 어이, 류스케."

상대방이 맥없이 신음했다. 차에서 끌어내 구했다고 하지만 도리어 여기서 죽을까 봐 두려웠다.

스마트폰 조명으로 발치를 비추었다. 비는 그쳤지만 바로 옆까지 물이 차올랐다.

머리 위를 비춘다. 비탈은 급하지만 올라가지 못하면 살 수 없을 게 분명하다.

스마트폰을 주머니에 넣고 손을 더듬어 류스케의 팔을 잡았다. 그의 왼팔이 얼마나 다쳤는지는 모르겠다. 아무튼 그의 두 팔을 어깨에 걸치고 몸을 기울여 업었다.

나무의 위치는 확인해 두었다. 나무에 손을 짚고 천천히 몸을 돌려 비탈을 오르는 자세를 취했다. 류스케의 체온으로 등이 따뜻해진다.

왼손으로 류스케의 넓적다리를 받치고 오른손으로 땅바닥을 짚은 채 한 걸음도 아닌 반걸음씩 내디디며 생각했다.

'이게 실화냐…… 사람을 업고 진짜 이 비탈을 오를 거냐…….'

여기서 버티고 있다가는 나도 류스케도 죽는다.

친구 같지도 않은 놈들이 무서워 주눅이 들고 눈치를 살피느라 한 여자애의 인생을 망쳐버렸다. 그 사람이 어릴 때부터 그려왔을 미래를 짓밟았다. 그 사람의 꿈을, 평온한 일상을, 죽여버렸다. 그런데도 그 사람에게 용서를 구하지 않았다. 아니, 용서받을 리가 없지만 적어도, 아무 잘못도 없는 당신에게 정말 끔찍한 짓을 저질렀습니다, 돌이킬 수 없는 짓을 저지르고 말았습니다, 라고 머리를 숙여야 했다. 그러지 않고 그 사람의 오빠에게 용서를 받으려다가…… 용서받기는커녕 오히려 죽이고 말다니, 있을 수 없는 일이다.

"이게 무슨 꼴이야. 나는 왜, 늘 실수만 하는 거야…… 전부, 내 탓인가……."

그래, 전부 내가 저지른 일이다. 그래 놓고 항상 누군가를 탓해왔다.

"하지만…… 내가 왜 이놈을 살리려는 거지…… 아빠를 죽인 놈이잖아."

그렇게 생각만 할 뿐이다. 지금 분명한 사실은 이자가 그 여자애의 오빠라는 것이다.

네가 인생을 망가뜨리고 미래를 빼앗은 사람의 오빠야. 그래서 구하려는 거잖아? 죽게 놔둬서 어쩌려고…….

발이 미끄러졌다. 오른손만으로는 지탱할 수 없어 중심을 잃고 이마와 코를 땅바닥에 찧었다. 진흙이 입에 들어왔다. 오른손과 이마로 버티며 몸을 일으켰다. 입안의 진흙을 뱉고 거친 숨을 몰아쉰다.

이렇게 애쓰는 게 무슨 의미가 있나. 학교도 직장도 못 다니고 꿈도 없는데. 그 여자애의 인생만이 아니라 나도 주위사람도 다 망쳐놓았다.

그만 포기해. 살아 있어 봤자 아무것도 못해. 이 세상에서 내가 할 수 있는 일은, 이제 아무것도…….

그러다가 다시금 깨달았다.

등이 따뜻하다. 류스케의 체온이다.

그는 아직 살아 있다. 그의 체온으로 나도 살아 있음을 느낀다.

……나에게도 아직은 할 수 있는 일이 있는지 모른다.

몸이 불쾌하게 흔들린다. 가슴과 배가 짓눌려 토할 것 같다.

몸을 웅크리려고 하는데 머리가 딱딱한 뭔가에 닿아 있다.

"아파…… 뭐야."

"오…… 깨어났어? 류스케, 괜찮아?"

바로 옆에서 목소리가 들렸다. "다행이야. 하지만 움직이진 마. 여기까지 와서 떨어뜨리고 싶지 않으니까."

거친 숨결이 섞인 목소리를 듣다 보니 시야가 점차 열린다.

눈앞에서 사람 머리가 움직이고 있다. 그 너머로 진갈색 흙바닥 같은 것이 보인다. 자기 몸이 이상한 자세로 실려 가는 느낌이다. 팔다리를 움직이려고 하는 순간 상대방이.

"아악!"

하고 외침과 동시에 류스케의 몸이 조금 튀어올랐다가 밑으로 죽죽 미끄러졌다. 류스케 밑에 있는 상대방이 신음하며 팔다리를 버티어 간신히 추락을 막았다.

"움직이지 마…… 제발…… 이러다 우리 둘 다 죽어…….."

아마도 상대방에게 업힌 것 같다. 상황이 왜 이렇게 되었는지는 알 수 없지만, 아무튼 몸이 움직이지 않도록 고개만 가만히 돌려 뒤를 보았다.

주위가 희뿌옇게 보인다. 뒤쪽으로 숲이 이어지고 그 안쪽은 하얀 구름 같은 것에 가려져 있다.

아래쪽으로 시선을 내리니 급한 비탈 밑에 연못이 있는지 물이 차 있었다. 비탈을 10미터쯤 더 내려갔다면 물에 빠졌을 것이다.

고개를 돌리고 시선을 올린다. 비탈은 5미터쯤 더 올라가면 끝난다. 거기까지 올라가면 안전한 걸까…….

"……이게, 어떻게 된 거야."

"나중에 얘기하자…… 그러니까, 지금은 움직이지 말아 줘…….."

"너…… 혹시, 사토? ……뭐야, 내려놔. 내려놓으라고."

상대방을 밀어내려고 했지만 양쪽 허벅지를 잡은 손이 더욱 힘을 주었다. 상대방은 바닥에 머리를 대고 버티고 있다.

"이대로 올라가게 놔둬…… 제발, 나 할 일이 있단 말이야……해야 할 일이 있어…….."

"웃기지 마, 네가 뭘 하든 내가 무슨 상관이야. 내려놔."

"사죄하고 싶어."

"뭐?"

"사죄하게 해줘…… 그 사람에게, 네 동생에게, 사죄하고 싶다. 용서는 바라지 않아. 다만, 당신은 전혀 잘못이 없다고 말하고 싶어. 모든 건 우리 탓이었다고…… 몹쓸 짓을 해서, 힘들게 해서, 미안하다고, 진심으로 사죄하고 싶다. 그렇게 말한다고 끝날 일이 아니라는 건 알지만, 아무튼 그 사람에게 내가 할 수 있는 일은 일단 사죄하는 거니까. 하지만…… 죽으면, 그럴 수 없잖아. 그러니까, 부탁이야. 움직이지 말아줘…….."

뭐라고 하는 거야. 뭐야 이 자식…… 마음이 복잡하게 뒤엉켜, 움직이면 위험하다는 건 알지만, 몸을 기대고 있는 것도 못 견디게 싫어져서 저도 모르게 상체를 젖혔다.

그 순간, 신토가 중심을 잃었는지 두 사람은 함께 비탈을 죽죽 미끄러졌다.

10
장

저
마
다
의 내일

1

"다시 한 번, 하시모토 류스케가 남자를 찌르던 상황을 말씀해주시겠습니까."

구라오카가 구스모토 게이타로에게 물었다. 그는 상처가 가벼워 오후에 퇴원하기로 되어 있다. 병실이 좁아 병원 내 소회의실을 빌렸다.

구스모토에게 벌써 세 번이나 진술을 들은 수사본부의 수사원 두 명도 구스모토의 모친과 함께 동석했다. 부친은 업무 때문에 오지 못했다고 한다. 모친의 동석은 구라오카 측에서, "걱정이 많으실 테니까" 하며 요청한 것이었다.

"사건 당시처럼 여기 두 사람 앞에 서서 어떻게 했는지를 말씀해주세요."

수사원 한 사람을 류스케 역으로, 다른 한 사람을 이자키 역으로 정하고 류스케가 뒤에서 이자키를 찌르는 장면을 재현해 달라고 한 것이다. 이자키 역이 등을 떠밀려 무릎을 찧으며 엎어진다.

"이대로라면 찔린 남자는 앞으로 고꾸라지게 됩니다. 어머님 보시기에도 그렇죠?"

모친을 굳이 대화에 끌어들여 구스모토가 진술을 회피할 수 없게 했다.

"아, 예."

모친이 고개를 끄덕인다.

"앞으로 고꾸라진, 즉 엎드린 자세에서는 범인이 가슴을 찌를 수 없습니다."

구라오카가 구스모토를 쳐다보았다. 상대방은 불안하게 눈길을 깔고 있다.

"남자가 무릎을 꿇자 범인이 앞으로 돌아가 밀어서 넘어뜨린 거죠. 그러니까……."

"물론 그렇게 하면 바로 눕게 되지만, 왜 엎드린 자세보다 바로 누운 자세를 만들었을까요?"

"글쎄…… 심장을 찌르고 싶었기 때문일까요. 너무 분해서 반드시 죽이겠다는 마음이었을 테니까."

"그렇군요. 하지만 말입니다. 당신 말대로라면 범인은 남자를 뒤에서 찌르고 나서 굳이, 무릎을 꿇은 남자와 당신들 두 사람 사이로 나와서, 다시 남자 쪽으로 돌아선 뒤 어깨나 머리를 밀어서 자빠뜨렸다는 게 됩니다."

구라오카의 이야기에 따라 류스케 역이 무릎 꿇은 이자키 역의 옆을 지나 구스모토와 마주선다. 그리고 몸을 빙글 돌려 이자키 역과 마주보고 어깨를 밀었다. 이자키 역은 바로 눕는 자세로 자빠진다.

"범인이 정면으로 돌아 나올 때 두 사람은 왜 도망치지 않았을 까요? 그렇죠, 어머님? 눈앞에서 사람을 찌른 자가 칼을 들고 자 기들 앞으로 다가온 겁니다. 보통은 무서워서 도망치게 되잖아 요?"

구스모토의 모친은 고개를 끄덕이고 곤혹스런 표정으로 아들 을 쳐다보았다. 구스모토도 곤혹스러워하며 눈을 깔았다.

"참고로, 현장 사진을 보며 아까 증언하신 겁니다만…… 당신 들 두 사람이 서 있던 장소와 범인이 남자를 찌른 장소를, 증언대 로 짚어보면……."

구라오카는 상공에서 드론으로 촬영하여 확대한 현장 사진을 구스모토에게, 그리고 모친에게도 보여주고, "경찰이 남자 사체 를 발견한 장소와 맞지 않습니다. 지금 말씀하신 대로라면 남자 는 당신에게서 먼 방향으로 자빠지게 됩니다. 그렇죠? 하지만 사 체가 발견된 장소는 당신 쪽으로 쓰러져야 하는 곳입니다. 그렇 다면, 이렇게 해야 앞뒤가 맞습니다."

이자키 역이 일어나 구스모토에게 등을 보이고 섰다. 구스모 토 옆에서 류스케 역이 뛰어나와 이자키 역의 등을 찌른다. 이자 키 역이 무릎을 꿇는다. 류스케 역이 이자키 역의 옆을 지나 앞으 로 돌아가 어깨를 민다. 이자키 역은 뒤에 서 있던 구스모토의 발 옆으로 쓰러진다. 구스모토는 짤막한 비명을 지르며 뒤로 물러섰 다.

"자, 이다음 어떻게 가슴을 찌른 겁니까? 당신이 했던 세 번의 진술에 따르면 모두 범인이 선 자세에서 덮치듯이 달려들어 남자 가슴을 두 차례 찌릅니다. 그게 틀림없습니까?"

"……틀림없습니다. 선 자세로 가슴을 칼로 찔렀습니다."

"무릎도 꿇지 않았군요. 찌른 것은 한손으로인가요 양손인가요?"

"한손입니다. 처음 찌르고…… 우리가, 그만둬, 하지 마, 라고 말하자 다시 한 번 찌르고는 경황이 없는 표정으로 아악, 소리치며 우리한테 칼을 휘둘렀습니다."

"찔린 남자는, 셔츠 위에 재킷을 입고 있었어요. 첫 번째 찔린 것은 재킷에도 흔적이 남아 있습니다. 그래도 칼날이 다 박히도록 찔렀다고 생각될 만큼 상처가 깊어요. 어머님, 저희가 실험을 해봤습니다. 서 있는 자세로는 그렇게 찌르기가 힘들다고 합니다. 가령 이런 식으로 찌르지 않으면 그런 상처가 남지 않아요."

류스케 역이 자빠진 이자키 역을 깔고 앉아 칼을 양손으로 잡고 심장을 겨냥해 내리찍는 시늉을 했다.

"게다가 찌른 뒤 칼을 비틀어 올리듯이 뽑았어요. 이건 한손으로는 무리입니다."

류스케 역이 칼을 비틀며 뽑아내는 시늉을 한다. 선 자세로, 더구나 한손으로는 어려운 동작처럼 보인다.

"그리고 다음은, 재킷이 방해가 되었는지, 그걸 피해서 셔츠 위에 두 번째…… 그때 당신들 두 사람은 도망치지 않고 머물러 있었다는 거죠. 두 번째 공격도 깊숙이 찔렸다가 비틀며 뽑아냅니다."

류스케 역이 이자키 역을 깔고 앉아 똑같은 행동을 반복한다.

"강력한 살의죠. 완전히 죽일 작정이었습니다. 경황이 없는 상태에서 할 수 있는 행동이 아닙니다. 더구나 몸을 깔고 앉은 다음 당신 쪽을 향해 올 때까지 당신들에게 도망칠 시간은 충분히 있었습니다."

류스케 역이 칼을 뽑는다. 호흡을 한 번 하고 나서 일어선다. 구스모토 쪽으로 돌아서기까지 시간이 걸린다. 구스모토는 내내 눈길을 내리깔고 어깨를 떨고 있다.

"구스모토 군, 방금 그 진술로 충분합니까? 이 살인 현장에는 목격자가 있습니다. 전에 당신 동급생이던 사토 신토 군이 지켜보고 있었을 가능성이 높아요. 신토 군이 증언하면 거기서 무슨 일이 있었는지 알 수 있겠지요. 그의 증언을 듣고 나서 할까요, 아니면 지금 당신 스스로 진실을 말하겠습니까? 이것이 재판에서 당신의 상황을 좌우하게 될지도 모릅니다."

"저어, 변호사를⋯⋯."

구스모토의 모친이 주뼛거리며 말하자 구라오카가 그녀에게 돌아서며 대답했다.

"네, 불러드리죠. 다만, 이제는 예전처럼 도망칠 수 없을 겁니다. 원래는 그때 정면으로 죄를 대면했다면 이번 사건은 일어나지 않았을 겁니다. 부모님으로서 아드님에게 자기가 저지른 행동에 어떻게 책임져야 하는지 가르쳐주시기 바랍니다."

수사본부가 술렁거렸다.

"구스모토가 불었다. 이자키를 살해한 진범은 요네다다"라는 목소리가 실내에 어지러이 오간다.

사건의 진상은 중간 단계까지는 요네다와 구스모토가 진술했던 바와 같다. 즉, 제대로 사죄한다면 돈은 필요 없다고 류스케가 말하자 숨어 있던 이자키가 튀어나와 류스케를 난폭하게 때린다. 이자키가 요네다 일행에게 돈을 요구하고, 류스케의 가족과 여동생을 단단히 협박해 놓겠다고 말한다. 그러자 류스케가 배낭에서 칼을 꺼내 들고 이자키를 위협하며, 중요한 건 사죄다, 라고 말한다.

여기부터는 두 사람의 진술과 달라진다. 이자키가 웃으며 류스케 쪽으로 돌아서서 그의 배를 발로 걷어차고 칼을 빼앗아 뒤쪽으로 던져버린다. 요네다가 그 칼을 주워 여전히 류스케를 구타하고 있던 이자키를 등 뒤에서 찌른다⋯⋯.

구스모토에 따르면 요네다는 전부터 갑자기 사람이 이상하게 변하며 대담한 행동을 보일 때가 많았다고 한다.

요네다는 등을 찔려 무릎을 꿇은 이자키의 앞으로 돌아가서 어깨를 발로 차서 자빠뜨리고 몸뚱이를 깔고 앉았다. 그러더니 있는 힘껏 두 번 찌르고 칼을 비틀며 뽑았다. 요네다는 "완전히 보내버리지 않으면 나중에 골치 아파" 하고 중얼거렸다. 이어서 구스모토에게 다가와 "꼼짝하지 마"라고 경고하고 옆구리를 찔렀다. 이어서 자신의 왼쪽 어깨와 왼팔을 찔렀다. "대충 구르고 와. 피와 흙으로 옷이 더러워지도록"이라고 시키고 요네다 자신도 흙바닥과 콘크리트 바닥을 굴렀다. 구스모토도 시키는 대로 했다.

그 후 요네다는 쓰러져 있는 류스케의 팔을 잡고 일으켜 세워 이자키의 피가 고인 곳으로 밀어서 넘어뜨리고 복부를 발로 찼다.

그리고 자기가 휘두른 칼을 셔츠로 닦아 지문을 지우고 이자키의 피를 칼날과 칼자루에 묻힌 뒤 류스케의 손에 쥐어주었다.

"이제 돈이나 사죄를 강요당할 일 없을 거다."

요네다는 웃으며 말하고 구스모토와 함께 현장을 벗어나 경찰에 전화했다.

"요네다는 아직 자백하지 않았나요?"

고구레 관리관이 수사원들에게 물었다.

"구스모토가 불었다는 정보가 새어나갔는지, 지금 변호사가 놈에게 한 마디도 진술하지 말라고 시켰답니다."

마키메가 대답했다. "갑자기 면회를 거부해서 구라오카도 접근하지 못하고 있습니다."

"열쇠는 사토로군."

노기가 말했다. "사토에게 반드시 목격 증언을 받아내야 해."

"그런데 사토가 정말 목격했다면 왜 하시모토를 데리고 도망쳤을까."

하치오지 남서 서장이 의문을 제기했다. "두 사람은 역시 한패고, 사토의 부친도 둘이 공모해서 살해했기 때문에 경찰에 잡히고 싶지 않은 건가······."

"아뇨. 하시모토가 이자키와 손을 잡고 있었다는 게 밝혀졌으니까 사토와 손잡았을 가능성은 희박합니다."

노기가 고개를 갸웃거리며 말했다. "아니면 하시모토와 요네다가 만나기로 했다는 말을 요시카와에게 전해 들은 사토가 무슨 만남인지 궁금해서 현장에 숨어 있었다. 그래서 사건을 목격했다······ 그러나 자기가 증언을 해도 믿어주지 않을 거라고 생각했다면."

"그건 또 왜죠?"

하고 마키메가 물었다.

"예전 준강간 사건, 약물을 탄 사람은 자기가 아니라고 여러 번 주장했는데도 믿어주지 않았다고 한다. 그게 영향을 미쳤을까······ 다른 이유가 있는 건가."

노기가 성긴 머리카락을 그러 올리며 덧붙였다. "하지만 이번에는 여러 가지가 연결되어 있으니."

"아무튼 사토 마사타카 살해 사건에서도 이제 요네다라는 새로운 가능성이 드러났군."

서장이 조금 긴장한 얼굴로 물었다. "피해자 체내에서 놈의 DNA가 나왔나?"

"전에도 보고했습니다만, 두 번 검사했는데 다른 사람의 체액은 나오지 않았습니다."

마키메가 새삼 서장에게 말했다. "고통만 주려고 그랬겠지요."

"좋아, 그럼 요네다 쪽을 다시 조사해봅시다."

고구레가 수사원들에게 힘주어 말했다. "피해자가 살해되기 전후 요네다의 동선, 당일의 알리바이, 관계가 있다 싶은 것들은 전부 사소한 거라도 확인해주세요."

이자키 살해 사건의 진범이 요네다라는 소식은 이미 문자로 받았다.

구스모토를 자백시킨 사람은 구라오카라고 했다.

"한 건 하셨네요."

시바는 옆에 앉아 있는 구라오카에게 말했다.

두 사람은 요네다가 입원한 병원 중정에서 벤치에 나란히 앉아 있었다.

구스모토는 이미 퇴원해서 모친과 함께 임의동행 형식으로 하치오지 남서로 가고 있다. 그 정보가 요네다에게 들어가 변호사가 달려왔고 갑자기 면회를 거부하는 중이다.

"이걸 좀 보실래요? 이번 여행에서 알아낸 사실입니다."

시바는 벤치에 놓은 노트북 화면을 구라오카에게 돌렸다.

내용을 읽은 구라오카가 미간에 주름을 모으고 숨을 멈춘 채 입을 벌리더니 얼굴을 들고 시바를 쳐다보았다.

"그러니까, 이건, 무슨 뜻이지?"

"두 사람의 반응이 왜 다른 사람들과 달랐는지, 이 사실을 보면 납득이 가지 않습니까?"

"음, 그렇군. 하지만 그게 이번 사건과 연관이 있나?"

"아직 모르겠습니다. 다만…… 신토는 모든 일이 생각처럼 되지 않아 자포자기하고 있었고 아버지는 그런 아들을 심하게 꾸짖었다, 아니 집요하게 질책하고 있었다. 한편 이자키는 돈에 쪼들린 데다 사토 신토의 약점을 알고 있었다……."

어, 하고 구라오카가 불쑥 외치며 벤치에서 일어섰다.

"내가…… 증거를 봤었군. 자네도 봤고 말이야. 하지만 내가 더 결정적인 증거를 보고 있었어. 그래…… 동기도 알고 있어. 그런데, 이게 뭐야…… 도대체……."

2

도로 가장자리에 손이 걸렸다. 다리로 버티며 몸을 있는 힘껏 끌어올린다.

등에 업힌 류스케도 오른손을 뻗어 도로 가장자리에 손가락을 걸고 몸을 끌어올린다.

신토는 가까스로 비탈을 벗어나 기진맥진하며 도로에 엎드렸다. 그의 등에서 류스케가 데굴데굴 굴러 도로에 벌렁 누웠다.

비는 그치고 해는 구름에 숨어 있지만 주변은 밝다.

두 사람의 거친 숨소리에 새소리가 뒤섞인다. 잠시 후 신토는 젖은 도로를 짚고 몸을 일으켰다. 어깻숨을 들썩이는 류스케에게,

"괜찮아?" 하고 물었다.

"……어."

"돌아가게 되면…… 먼저 네 동생과, 부모님께 사죄하러 가겠어. 용서받을 거라고 생각하지 않아. 그래도, 사죄하고 싶어. 사죄하는 것 말고는 지금 내가 할 수 있는 게 없으니까."

"……네 양심의 가책을 달래려고 사죄하는 건 의미 없어."

"그런 생각 안 해. 사죄한다고 괴로움이 가벼워질 거라고는 생각하지 않아. 오히려 더 무거워질 것 같아. 직접 얼굴을 보고 사죄한다는 것은, 그런 거라고 생각해. 어떻게 속죄할 것인지는 이

제부터 생각해야겠지. 그다음 경찰에 가서 내가 목격한 것을 다 말하겠어. 너는 아무 짓도 하지 않았는데 요네다가 찌르고 너에게 죄를 뒤집어씌우려고 했어. 내가 말해도 경찰은 믿지 않겠지…… 나는, 네 동생이 마신 우롱차에 약물을 타지 않았어. 이건 정말이야. 나는 계속 그렇게 말했지만 경찰은 믿지 않았고 요시카와, 요네다, 구스모토를 믿더군. 그러니까, 내 말은 믿지 않겠지만…… 다 촬영해 두었거든, 이 스마트폰으로——"

청바지 뒷주머니를 더듬었지만 감촉이 없다.

"어, 어디 갔지…… 설마……."

주위를 둘러봐도 아무것도 보이지 않았다. 도로에서 얼굴을 내밀고 비탈 아래를 내려다보았다. 비탈 중간의 작은 바위에 스마트폰이 걸려 있었다. 아, 있다, 하며 상체를 내미는데 손을 짚은 곳이 무너져 공교롭게도 흙더미가 떨어졌다. 스마트폰이 바위를 떠나 그대로 비탈을 미끄러져 물에 빠졌다.

"젠장, 가져올게."

비탈로 다리를 내밀어 내려가려고 했다.

류스케가 오른손을 뻗어 신토의 어깨를 잡았다.

"가지 마. 위험하잖아. 돌아와."

"응? 하지만……."

"됐으니까 올라와. 이리로 돌아오라니까."

강한 말투에 신토는 도로 위로 몸을 옮겼다.

"거기에 증거 영상이……."

"네가 목격했잖아. 경찰에 그대로 말하면 돼."

"아니, 경찰은 분명히 믿어주지 않을 거야——"

"내가 믿어. 나를 살리려고 한 너를 믿는다. 네가 한 짓은 용서하지 않아. 용서하지 않지만…… 네가 하는 말은 믿는다. 그러니까, 내려가지 마."

그의 확고한 말투에 신토는 가슴속에서 뜨거운 것이 치받는 느낌이 들었다.

지금까지 어느 누구도 믿어주지 않았는데…… 쏟아지려는 눈물을 간신히 참으며 숨을 깊이 들이마시고 말했다.

"하나, 하나만, 대답해주었으면 해."

신토가 류스케의 눈을 쳐다보며 물었다. "우리 아빠를…… 아버지를, 죽였냐?"

류스케는 신토를 똑바로 마주보며 조용히 고개를 저었다.

"죽이지 않았어. 나는 아무 짓도 안 했어."

신토의 눈에서 눈물이 흘러넘쳤다. 참고 참았던 감정이 봇물 터지듯 흘러나왔다.

죽음의 위기를 스스로 벗어나고 한 생명을 살려낸 안도감인지…… 함께 위기를 헤쳐 나온 상대방이 아버지를 죽이지 않았다는 사실을 알고 마음이 풀어졌는지…… 신뢰를 얻은 기쁨인지 아버지의 죽음에 대한 슬픔이 생겨났는지…… 신토 자신도 알 수 없는 눈물이었다.

구름이 걷히고 아침 햇살이 두 사람을 비스듬히 비추었다. 새

소리가 계곡을 건너간다.

마침내 멀리 차량 소리가 들려왔다.

3

구라오카는 시바와 따가운 햇볕 아래 나란히 서서 노기에게 전화로 뭔가를 요구하고 있었다.

"허어, 그야, 자네가 그리 판단했다면, 감식반을 보낼 수도 있지만…… 그게 사실인가, 구라?"

"시바의 판단이기도 합니다. 그러니, 감식을 부탁드립니다."

두 사람과 조금 떨어진 곳에서, "그럼 저희가 잘 모시겠습니다." "잘 부탁드립니다" 하는 인사가 오가고 휠체어를 뒤에 태운 승합차가 출발한다.

"하지만 믿기질 않아, 구라. 그러니까 자백받기 전에는 아무한테도 말하지 말게."

"저도 믿기지 않지만…… 틀림없어 보입니다. 곧 데리고 가겠습니다."

시바가 팔꿈치로 쿡 찔러서 구라오카는 전화를 끊고 고개를 들었다.

"오래 기다리게 해서 죄송해요."

차를 배웅하고 돌아온 사토 에마가 안색을 살피는 표정으로 구라오카 일행을 쳐다보며 물었다.

"그럼 정말, 신토는 괜찮은 거군요? 무사한 거죠?"

"예. 저체온과 탈수 증상 외에 찰과상이나 타박상도 꽤 있다고 하지만 생명에는 지장이 없고 의식도 있어서 대화하는 데도 문제가 없답니다."

"그럼, 먼저 엄마한테 전화해주면 좋았을 텐데……."

"휴대폰을 분실했다고 합니다. 치료 후 경찰의 사정청취도 있을 테니까요."

"그런가요…… 어쨌든 무사해서 정말 다행입니다."

에마가 깊이 안도한 모습으로 한숨을 쉬다가 말했다. "아, 이런 실례를, 어서 들어오세요."

구라오카 일행은 그녀를 따라 집 안으로 들어갔다. 이곳은 가나가와의 시어머니 집이며, 시어머니는 방금 요양원 차량에 태워 보낸 참이다. 일주일 체험 입원으로, 요양원이 마음에 들면 그대로 같은 병실에서 지낼 수 있는 프로그램으로 계약했다.

"소식을 전해주러 먼 길을 와주셔서 정말 고맙습니다. 바로 신토를 보러 갈 수 있나요……? 아아, 우선은 앉으세요, 금방 차를."

거실에서 주방으로 가려고 하는 에마를 구라오카가 손을 들어 막았다.

"중요한 말씀이 있어서 왔습니다. 그냥 앉으시죠. 자."

식탁을 가운데 두고 서로 맞은편 의자에 앉았다.

"신토 군에 대하여 또 한 가지 중요한 소식이 있습니다. 신토 군은 그야말로 죽을지 살지 알 수 없는 상황에서 자신을 비롯한 사람의 생명이 가진 무게와 귀중함을 깊이 느꼈던 것 같습니다.

자기가 저지른 죄를 지금 바로 진심으로 사죄하고 싶다…… 피해를 당한 여성에게, 그녀의 부모에게, 직접 사죄하러 가고 싶다, 앞으로도 속죄할 길을 찾으며 살아가고 싶다…… 그렇게 말하고 있다고 합니다."

"오……."

에마는 반가운 듯이 눈을 크게 뜨고 손으로 입을 막았다. "정말인가요…… 신토가 정말 그런 말을…… 직접 만나 사죄하고, 앞으로도 속죄의 길을……."

"예. 사정청취를 하는 경관의 눈을 똑바로 보며 몇 번이나 그렇게 말했다더군요."

"다행입니다…… 정말, 다행입니다……."

에마의 눈에서 눈물이 떨어졌다. 틀림없는 기쁨의 눈물로 보였다.

"사토 에마 씨…… 바로 그것이, 남편 마사타카 씨를 죽인 동기군요."

에둘러 묻기보다 직접적인 편이 그녀에게는 좋겠다고 생각하고 단도직입적으로 말을 꺼냈다.

고개를 숙이고 눈물을 훔치던 에마가 한 박자 뜸을 두었다가 고개를 들었다. 눈물도 기쁨의 표정도 가시고 없다.

"당신은 장기요양 5등급인 시어머니를 돌보고 있죠. 매일 차를 타고 네리마에서 가나가와를 오갔다는 이웃들의 증언도 있습니다. 하지만 마사타카 씨가 행방불명 된 뒤로는 차를 탄 흔적이 없어요. 이웃들도 잠복 감시하던 수사원도 차가 늘 차고에 주차되어 있었다고 했습니다. 이곳에 올 때는 전차와 버스를 이용하셨고, 최근에는 늘 이 집에 묵었습니다. 간병을 하자면 도구가 여러 가지 필요하겠지요. 식료품을 사올 때도 차가 있으면 편리한데 요즘 전혀 차를 이용하지 않으시더군요. 왜일까…… 그건, 사용할 수 없었기 때문 아닙니까? 마사타카 씨 사체를 실어 나른 차여서, 무서우니까."

에마가 말없이 눈을 감았다.

"곧 경찰이 차량을 조사할 겁니다. 타이어 등에 남아 있는 진흙이 마사타카 씨 사체가 유기된 장소의 진흙과 일치하는지, 짐칸에 사체 운반에 사용된 물건이나 마사타카 씨의 체액 같은 것이 남아 있지 않은지 확인할 거예요. 86킬로그램이나 나가는 남성을 알몸으로 만들고 양손을 뒤로 돌려 테이프를 감는 것도, 교살한 사체를 살해 현장에서 유기 현장으로 옮기는 것도 혼자 힘으로는 어렵지 않을까 생각했습니다. 한데 사체에서 수면제 성분이 검출되었어요. 집에서 수면제를 탄 술로 재운 뒤 알몸으로 만드는 일은 아내인 당신에게는 그리 어려운 일이 아니었을 겁니다. 끈으로 교살하는 것도, 가령 끈 한쪽을 테이블 다리에 묶고 다른 한쪽을 양손으로 세게 당기면 여성이라도 충분히 가능하다고 봅니다. 마사타카 씨가 죽은 뒤 어떤 도구를 이용해서 직장에 상처를 냈는지는 모르겠지만, 그것은 경찰의 시선을 남성 용의자로 쏠리게 하려는 거였나요? '눈에는 눈'이라고 쓴 종이를 남긴 것도 수사의 혼선을 노린 겁니까?"

그녀는 눈을 감은 채 입을 열지 않았다. 구라오카가 말을 이었
다.

"사체를 옮기는 일이 가장 힘들었을 겁니다. 가령 식탁에서 술
을 마시는 그를 의자에 앉은 채 그대로 잠들게 놔두고, 바닥에 시
트를 깔았겠지요. 그 위에 눕히고 필요한 작업을 한다면 옮기기
나 유기하기가 쉬워지니까요. 물론 차 짐칸에 싣고 내리는 일은
여자 힘으로는 어렵습니다. 그러나 당신은 경험이 있었어요. 도
구도 있었고. 지금도 가지고 있습니까?"

구라오카는 의자에서 일어나 맹장지가 활짝 열려 있는 옆방으
로 들어갔다.

환자용 침대에는 더이상 고령의 노파가 없지만 침대 옆에는 그
때와 마찬가지로 몇 가지 돌봄 용품과 함께 파워 어시스트 슈트
가 놓여 있었다.

환자를 침대나 휠체어로 옮길 때나 대소변을 보게 할 때, 목욕
시킬 때처럼 근력이 필요한 일을 수월하게 도와주는 장치이다.
동력형이라 불리는 모터식이어서 근력이 부족한 사람이라도 체중
이 무거운 환자를 들어 올릴 수 있다.

"이 집에 처음 왔던 날 저녁, 체구가 작은 부인이 자리보전 중
인 시어머니를 돌보려면 역시 이런 보조 장치가 필요하겠구나 생
각했지만, 어리석게도 바로 잊어버리고 말았습니다. 부인은 이

보조 장치를 이용해서 환자를 돌봐온 오랜 경험이 있습니다. 80 킬로그램이 넘는 사체를 차량 짐칸에 싣는 것뿐 아니라 어둡고 좁은 도로에서 사체를 내리는 일은 쉽지 않았을 테지만, 간병 요령을 아는 부인은 이 슈트 덕분에 가능했을 겁니다. 유기 현장은 목격당할 염려가 없는 장소로 점찍어 둔 곳이었나요? 아침에 남편이 출근한 것처럼 위장하고 회사 사람과 통화할 때는 내내 거짓말을 했습니다. 파출소에 신고한 것도 부인이었죠. 사체를 빨리 발견하기를 바란 겁니까?"

구라오카는 의자로 돌아와 그녀의 말을 기다렸다.

에마는 한참을 조용히 숨만 쉬었다. 긴장했다가 힘을 뺀 것처럼 어깨가 내려왔다.

"어시스트 슈트를 사용해서 시어머니만 돌본 건 아닙니다. 시아버지도 십 년을 간병했어요. 두 분은 원래 병약한 체질이어서, 신혼 때부터 늘 간병해 왔다고 해도 과언이 아닙니다. 지금과 달리 시아버지를 돌볼 때는 고무밴드 같은 엉성한 것밖에 없었죠. 남편은 전혀 거들지 않아서 정말 힘들었지만 하다 보니 자연히 간병 요령도 터득하게 되었습니다. 남편을 죽인 방법은 말씀하신 것과 거의 같습니다. 수면제는 제가 불면증으로 병원에 다니면서 처방받은 약을 사용했습니다. 사체를 버린 곳은 예전에 길을 잘못 들었다가 기억에 담아 둔 곳입니다. 파출소에 전화한 이유는 아무래도 남편이 불쌍하니까, 빨리 발견되기를 바랐기 때문입니다."

목소리는 담담하고 감정이 조금도 담기지 않은 것처럼 들렸다.

"하루는 어떤 남자가 남편을 찾아왔습니다. 넉살좋게 생긴 사람인데, 현관으로 나가지 불러내서는 남편에게 여자가 있었다고 말하고 사진을 보여주더군요. 회사나 인터넷에 퍼뜨리고 아들에게도 보여주겠다고 하면서 돈을 요구했습니다. 남편은 은행카드를 여러 장 들고 나가서 적지 않은 돈을 주었다고 합니다. 남자는 그 후 찾아온 적이 없습니다. 하지만 제 마음은 가라앉지 않았습니다. 결혼한 이래 하루도 빠짐없이 시부모를 간병하고 수발하는 일을 혼자 도맡아왔습니다. 남편은 그런 건 여자 일이라면서 전혀 도와주지 않았습니다. 그래놓고 밖에 여자를 두고 있었다니…… 쌓이고 쌓인 불만이 폭발하는 느낌이었어요."

"왜, 복잡한 눈속임을 꾸미셨습니까."

"아들이 있고 시어머니 간병도 있으니 체포되면 곤란하다고 생각했어요. 정말 죄송했습니다. 신토도 무사히 돌아왔고 시어머니도 시설에 맡겼습니다. 이대로 시설에서 지낼 수 있게 해주셨으면 합니다. 거기에 필요한 예금은 충분합니다. 지금 출두할까요…… 조금 준비가 필요하니 잠시 기다려주실 수 있나요?"

그녀가 일어서려고 했다.

"사토 씨, 그게 아니잖아요. 그게 이유는 아니잖습니까."

구라오카는 그녀를 가로막듯이 상체를 내밀며 강하게 말했다.

"부인은, 저에게 말했었죠. 행방을 감추었던 신토 군이 이 집에 나타났다가 경찰을 보고 달아났을 때 말입니다. 부인은 신토 군에게 아버지 시신에 합장하고 앞날을 제대로 생각해 나가자고 타일렀다고…… 사체에서 '눈에는 눈'이라는 메시지가 나왔다는 말에 신토 군이 '나 때문에 아빠가 살해되었다고 생각하는구나'라고 소리친 그때── 자기도 나쁜 짓을 했다고 생각하기 때문 아니냐고, 피해 여성과 부모에게 진심으로 사죄하지 않은 것을 후회하기 때문이라고…… 그러니 지금이라도 사죄하러 가자, 속죄하겠다는 마음으로 그쪽에게 도움이 되는 일을 행동으로 보여주자, 그렇게 해서 네 인생을 깨끗하게 다시 일으켜 세우자…… 그렇게 권했다고 하셨죠. 바로 그것이 진정한 동기였던 게 아닙니까."

에마가 눈길을 내리고 입술을 꼭 깨물었다.

"부인은, 신토 군에게 이런 말도 했죠. 신토 군이 '아빠와 변호사가 절대로 사죄하지 말라고 했잖아'라고 반론한 뒤였나요? 피해 여성은 생각하지 않느냐고. 그리고, 저에게 이렇게 말했죠. 자기 생각밖에 못하는 한심한 아들이라고. 하지만 그렇게 키운 부모가 잘못이라고. 바로 이것이 남편을 죽이기에 이른 진짜 동기였던 게 아닙니까. 피해자에게 진지하게 사죄하지 못하게 가로막고, 아들의 갱생을, 새출발을 방해하는 남편이란 존재를 희생해서…… 아들이 자기가 저지른 죄를 제대로 받아들이고 진지하게 피해 여성을 생각해 속죄하는 인간이 되기를 바란 게 아닙니까? 부인을 처음 만난 날, 마사타카 씨 사체에서 '눈에는 눈'이라고 적힌 종이가 나왔다고 밝히자 부인은 벌떡 일어나 아드님 이름을 부르며 혼절했죠. 그건 연기가 아니라 신토 군이 재기하기를 바라는 간절한 마음에 부인도 모르게 그렇게 했던 게 아닙니까……
동시에 아무리 아들을 위해서라지만 용서받지 못할 죄를 저질렀
다는 자책감의 무게 때문에 혼절했던 게 아닐까요?"

에마는 고개를 숙인 채 꼼짝도 하지 않는다.

"사토 에마 씨."

시바가 조용히 입을 열었다. "저는 네 명의 대학생 부모들 중에
서 왜 부인만 사죄하려고 했는지 의아했어요. 하시모토 류스케가
찾아왔을 때 부인은 남편과 변호사의 충고도 무시하고 진심으로
사죄하기도 했습니다. 그리고 사토 마사타카 씨는 피해자에게 사
죄하자고 아들에게 권하는 부인을, 실제로 하시모토 류스케에게
사죄한 부인을 심하게 꾸짖었어요…… 제삼자가 보면 부인의 생
각이 옳지만, 아들을 위해서 사죄하지 않는 편이 좋다고 변호사
가 권하면 보통은 변호사 조언을 따르잖아요. 한편 마사타카 씨
는 회사에서는 이성적이고 일도 잘하는 분이었다고 들었습니다.
그런데 이 사건에서는 매우 감정적이었습니다. 게다가 마사타카
씨는 왜 그렇게 기이하게 살해되었을까요. 무엇이 부인과 마사타
카 씨를 다른 사람들과 다르게 만들었을까…… 그것이 궁금해서
두 분의 고향에 다녀왔습니다."

"네……?"

에마가 고개를 들었다. 눈을 홉뜨고 입술은 소리치려는 것처럼
떨린다.

"두 분의 과거…… 이십구 년 전 사건을 알 수 있었습니다."

그녀가 넋 나간 모습으로 의자에서 일어섰다. 눈에 핏발이 서고 있다.

구라오카는 그녀가 실신하지나 않을지 걱정돼서 뒤로 돌아가 어깨를 잡고 의자에 앉으라고 권했다. 그녀는 맥없이 앉아 고개를 떨어뜨렸다.

시바가 구라오카를 쳐다보았다. 구라오카가 고개를 저어 보이자 시바는 고개를 끄덕여 대답했다.

이십구 년 전 사건을 굳이 꺼내서 그녀에게 들려줄 필요는 없다.

에마는 대학 2학년이던 열아홉 살 때, 대학생 다섯 명에게 폭행을 당했다.

세월이 많이 흘러 상세한 상황은 알 수 없지만 대학생들은 결국 기소유예 처분을 받았다.

아마 가해자와 그 부모들은 피해자 에마에게 직접 사죄하지는 않았던 것 같다…… 당시의 일을 기억하는 전직 경찰관은 그렇게 말했다.

〈피해자 이름은 이미 지난 사건이기도 해서 자연스럽게 알려지고, 여자가 먼저 유혹했다는 둥 원래 나쁜 여자였다는 둥 2차 피해도 심각했어요. 잔인하게 폭행당한 여학생을 동정하지는 못할망정 범죄를 저지른 남자애들을 옹호하는 사람들이 많았습니다. 개중에는 젊은이라면 그 정도는 팔팔한 게 좋다는 식으로 말하는 지역 정치인도 있었지요. 세상 인심이 너무 박하구나 생각해서

기억에 남아 있지요.〉

당시 에마는 이미 마사타카와 교제 중이었다고 한다. 마사타카는 취직해서 가나가와에 살고 있었기 때문에 장거리 연애였다. 에마가 중학생일 때 과외 선생으로 온 대학생 마사타카를 만났다는 이야기를 마사타카의 친척에게 들었다.

마사타카의 숙모에 따르면 마사타카와는 이십오 년 이상 교류가 없었으며, 폭행을 당한 여자와 결혼하려는 마사타카를 주변 사람들은 '왜 굳이'라며 회의적으로 바라보았지만 마사타카가 그런 시선을 뿌리치고 결혼했었다고 한다.

〈책임감을 느낀 걸까요. 신부가 고등학생일 때 부친이 타계했고 모친도 결혼 전에 타계했어요. 마사타카의 부모는 원래부터 병치레가 잦아서 그 여자가 결혼 전부터 자주 집에 와서 수발을 들어주었어요. 범죄를 저지른 청년들이 고등학교 교사였던 마사타카 부친의 제자들이어서 고소하기가 곤란한 점도 있었던 것 같고…… 마사타카도 그런 점이 미안해 결혼했던 건지도 모르죠.〉

결혼을 계기로 마사타카는 부모를 자기가 사는 관동으로 모셨고 고향과는 거의 인연을 끊다시피 했다.

아들 신토가 비슷한 사건의 가해자임을 알았을 때 에마의 충격과 절망은 매우 깊었을 것이다. 폭행당한 기억에 시달리면서도 어렵게 낳은 아들을 깊이 사랑했을 게 틀림없다. 그런 아들이 여자애를 폭행하다니…… 잘못 키운 걸까, 내가 무엇을 잘못했을까 자책하고…… 한편 피해자에게 제대로 사죄하기를 바랐다.

"신토가 피해자에게 진심으로 사죄하고 자기 삶을 돌아보고 다시 출발하기를 바랐습니다."

에마가 속삭이듯 말하기 시작했다. "그러나 남편은 피해 여성에게 사죄하기를 거부했고⋯⋯ 신토를 갱생의 길로 이끌기보다 감정적으로 혼내고, 무의식이었는지 모르지만⋯⋯ 그야말로 아이가 자살이라도 하겠다 싶을 만큼 몰아세웠습니다."

너무나 잔인한 운명을 저주하고 싶었던 것은 에마만이 아니라 마사타카도 마찬가지였을 것이다.

마사타카는 예전에 애인을 폭행한 자들과 아들이 겹쳐보였는지 모른다. 혹독하게 꾸짖고 어떤 변명도 듣지 않았다. 약물을 타지 않았다는 말도 믿어주지 않았다. 동시에 에마나 자신은 가해자들에게 사죄 한 마디 듣지 못했는데⋯⋯ 왜 우리는 사죄해야 하나, 하는 생각을 품었는지도 모른다.

"시아버지 시어머니 간병이나 수발은 아무리 힘들어도 버틸 수 있었습니다. 남편에게 여자가 있다는 것도 알고 있었습니다. 그래도, 나 같은 여자를 아내로 맞아주었으니까, 하며 참을 수 있었습니다. 하지만⋯⋯ 아들이 인생을 새출발하도록 돕기는커녕 계속 혼내고 자포자기할 때까지 궁지로 몰아세우니, 그것만은 용서할 수 없었습니다. 당신도 사실은 신토가 제대로 살아주길 바라죠? 재기하기를 바라죠⋯⋯? 그러니 부모 된 사람으로서 자식을 위해 희생해주세요⋯⋯ 그렇게 속으로 사죄하며 계획을 추진했습니다."

구라오카는 시바가 에마의 이야기를 녹음한다는 걸 알았지만 잠자코 있었다.

"신토가 죄의 무게를 새삼 깨닫게 하려면, 자신이 책임지려고 하지 않았던 탓에 아빠가 살해되었다고 생각할 수밖에 없는 방식이 좋겠다고 생각했습니다. 형사드라마 같은 것을 보고 대략적인 계획을 세웠습니다. 남편이 폭행당한 것처럼 꾸민 것은 범인이 깊은 원한을 품고 있었다고 생각하기를 바라서였습니다. 어디서나 쉽게 구할 수 있는 도구를 사용했을 텐데, 지금은 기억나지 않아요. 그때 바로 버렸을 겁니다. 몸속에 종이를 남긴 것도 같은 이유에서입니다. '눈에는 눈'이라는 말도 오래 생각할 것 없이 바로 떠올랐어요."

"몸 안에 남긴 종이를 경찰이 찾아내지 못할 경우는 생각하지 않았습니까?"

구라오카의 질문에 에마는 고개를 살짝 기울였다.

"아뇨, 경찰 분들이 우수하니까 금방 발견할 거라고 생각했습니다."

구라오카는 범인이 경찰을 잘 모르는 자일 것 같다고 이야기했었다.

그리고 굳이 묻지는 않았지만, 남편이 폭행당한 것처럼 꾸민 이유가 강한 원한을 품은 범인상을 만들기 위해서뿐이었을까…….

그녀의 마음속에서 폭행당할 때 느꼈던 분노와 복수심이 그 순간 분출했을 수도 있지 않을까…….

부부관계 때 자신을 폭행한 남자들과 남편이 겹쳐져 보여, 끔찍한 기억을 되살리면서도 우리는 부부니까, 하며 괴로운 시간을 견뎌낸 경험이 있었는지 모른다…… 또 부부관계를 거부하거나 힘들어하는 아내 모습에 남편이 발끈해서 비난한 적이 있었을지도 모른다…….

오랜 세월 축적되어 온 분노가 그 순간에 무의식적으로 드러났을 가능성이, 어떤 도구를 썼는지 기억하지 못하면서도 바로 버렸다는 말이나 '눈에는 눈'이라는 메시지가 깊이 생각할 것도 없이 즉각 떠올랐다는 진술에서 느껴졌다.

에마가 갑자기 양손으로 자기 얼굴을 가렸다. 울음을 참는지 호흡이 거칠어졌다.

"신토에게, 예전 그 사건을 얘기할 건가요……? 제가 당한 일을……."

에마는 갑자기 고개를 격하게 저으며 손을 내리고 말했다. "아뇨, 안 돼요. 부탁합니다. 신토한테는 말하지 않을 수 없나요? 엄마가 당했던 일을 자기가 가해자가 되어 저질렀다는 걸 알면…… 충격이 커서 재기하지 못할지도 몰라요. 지금도 격하게 아픈 일입니다. 드러내지 않을 수는 없나요?"

그녀의 떨리는 목소리에서, 이십구 년 전에 받은 거대한 상처가 지금도 피를 흘리며 강한 통증을 만드는 게 전해졌다.

그 상처를 더 파내는 데 무슨 의미가 있을까…… 자식에게 상처를 보이고 싶지 않은 어머니의 심정도 이해할 수 있다.

시바가 구라오카를 쳐다보고는 녹음기를 껐다. 시바의 배려였다.

"사토 씨, 사실 시바는 휴가 중입니다. 부인 고향에 간 것도 업무가 아니고요. 그러니 그곳에서 보고 들은 일은 어디에도 보고할 의무가 없습니다."

네……? 에마가 의아하다는 표정으로 구라오카를 쳐다보고 시바에게 시선을 향했다.

"이제 저와 함께 경찰서에 가실 겁니다. 부인이 방금 진술하신 것처럼 시아버지와 시어머니 간병을 오랜 세월 혼자 도맡아왔는데 남편이란 사람은 밖에 여자를 두고 있더라. 그 사실을 알고 참고 참았던 분노가 마침내 폭발해서 범행을 저질렀다…… 아들도 있고 시어머니 간병도 그만둘 수 없어 체포를 피하려고 이런저런 눈속임을 썼다…… 다른 수사원과 검찰관에게 그렇게 이야기해주십시오."

"네? 저어…… 그 말씀은……."

"저희가 수집한 증거로는, 그런 내용밖에 다다르지 못합니다. 다만."

구라오카가 숨을 깊이 들이쉬며 말했다. "그래도, 사랑하는 엄마가 아빠를 죽인 거니까, 신토 군에게는 큰 충격일 겁니다. 부인의 부모 된 책임은 끝나지 않습니다. 면회 오는 아들을 격려하고 편지라도 써서 계속 이끌어 주십시오. 그리고, 출소하시면……."

구라오카는 뜻하지 않게 가슴이 먹먹해져서 잠시 말을 잇지 못했다. "출소하시면 부인을 맞아줄 신토 군과 함께 피해 여성과 그 가족에게 사죄하십시오. 조금이라도 속죄해주십시오."

에마는 눈물을 글썽이며 입술을 꼭 닫고 고개를 숙였다.

구라오카도 더는 말이 나오지 않았다.

"저는 휴가 중인지라."

시바가 입을 열었다. "경찰이 아니라 한 인간으로서 말씀 드리겠습니다."

에마가 시선을 조금 들었다.

"아무 잘못도 없는 분이 무거운 상처를 안고 수치심까지 느끼며 시부모님을 오랜 세월 간병하고 돌봐온 것. 남편을 내조하고 아들을 귀하게 키우고 가정을 꾸려온 것. 정말 쉽지 않았을 거라고 생각합니다. 그 괴로움과 아픔을 저로서는 짐작하기도 힘듭니다. 잘 견뎌내며 살아오셨습니다. 정말로 잘 살아오셨습니다."

시바가 정중하게 고개를 숙였다.

에마의 눈에서 눈물이 떨어졌다. 차마 참지 못하겠는지 입에서는 울음이 새어나왔다. 그녀는 얼굴을 가리지도 않고 어린애처럼 소리 내어 울었다.

피해를 당한 이십구 년 전부터 내내 눌러왔던 인내가 이제야 풀리고 마음껏 울 수 있게 되었는지도 모른다.

4

요다는 부하 가와베를 데리고 지바 시내의 한 아파트를 방문했다.

"깜빡 잊고 얘기하지 못했는데, 다테하나가 어제 벌써 병원 정원을 산책할 만큼 회복됐대."

승강기 안에서 요다가 가와베에게 말했다.

"네, 정말요? 그거…… 다행이군요."

"다테하나가 다치기 전까지 조사해서 전해준 내용이니까, 그녀를 실망시키지 말아야겠지."

"예. 최대한 상대방 기분을 배려해보겠습니다."

"자네, 다테하나가 입원한 병원에서 구라오카 경부보를 만났었다고?"

"아, 예, 우연히……."

"업무도 아닌 일을 시켜서 미안했다고 사과하더군."

"……저어, 말씀하신 게 그게 전부인가요?"

"뭐가 더 있었나?"

"아뇨, 아무것도."

가와베가 빨개진 볼을 양손으로 가볍게 치며 말했다. "이자키 살인 건은 어떻게 되었습니까? 그때 구라오카 경부보를 오쿠타마까지 차로 태워다 드렸었는데."

"그 건은 강물 수위가 내려가면서 사토 신토의 스마트폰을 무사히 회수하고 영상도 복원했다더군. 사토나 구스모토의 증언대로 요네다의 범행 장면이 다 찍혀 있었던 모양이야. 아무튼 지금은 눈앞에 닥친 우리 일이나 확실히 하자고. 자, 갑시다."

승강기를 내려 요시카와 다쿠미의 숙모 집으로 갔다. 거실로 안내받아 들어가 보니 다쿠미의 여동생 하루카가 소파에 앉아 기다리고 있었다. 요다와 가와베는 다쿠미의 숙모가 권하는 대로 하루카 맞은편에 앉고 하루카 옆에 숙모가 앉았다. 인사를 마치자 잠시 근황을 물은 뒤,

"오늘은 커터나이프가 박힌 봉제인형 건으로 찾아뵈었습니다."

가와베가 용건을 꺼냈다. "그때는 불안하셨을 겁니다. 경찰에서도 여러 가지로 조사해 보았습니다. 그날 하루카 씨는 학교가 오전에 끝나서 도서관에 들렀다가 오후 2시에 귀가했다고 하셨죠. 한데 말씀하신 도서관의 CCTV에서는 하루카 씨 모습이 확인되지 않더군요."

"네? 그게 무슨……."

하며 숙모가 가와베와 하루카를 번갈아 쳐다보았다.

"그 봉제인형은 정품이 아니라 가품입니다."

가와베는 개의치 않고 계속 말했다. "알고 있었죠? 아버님이 사 년 전 선물로 사온 인형인데, 당신은 한눈에 가품인 줄 알고 아버님에게 화를 냈고, 그렇지만 버리기도 미안해서 낡은 장난감을 보관하는 벽장 속 상자에 넣어두었다…… 부모님이 그렇게 증

언하셨습니다. 그 봉제인형이 지금도 벽장 속에 있는지 부모님에게 조사해달라고 요청할 수도 있지만, 일단은 직접 이야기를 듣는 편이 좋겠다고 생각해서 이렇게 찾아왔습니다. 하루카 씨, 당신이 봉제인형을 커터로 찌르고 협박문과 함께 상자에 담아 전표를 붙여서 자택 현관 앞에 가져다 놓았군요."

하루카는 입을 꼭 다문 채 팔짱을 끼고 외면하고 있다.

"저는, 요즘 십대 여자애들이 하는 생각을 이해하려고 하기보다는 그저 귀찮다, 어차피 모른다고 치부해온 경향이 있어요. 그래도 이번에는 만약 내가 당신 처지였다면 어땠을지를 최대한 생각해보았습니다. 오빠 사건 때문에 얼마나 힘들었을까요. 학교에서도 힘든 일을 겪는 바람에 부모가 이혼해서 당신 이름을 어머니 성으로 개명시키고 고등학교도 멀리 떨어진 지방고로 입학했다고 들었습니다. 그런데 최근 사건이 일단락되었다는 이유로 부모님이 재결합할 예정이라고 하니…… 나라면 이게 뭐하는 짓인가 하고 생각했을 것 같습니다. 지금까지 내가 무슨 심정으로 지내왔는지 알기나 하나, 고등학교에서도 그놈의 여동생이라는 소문이 다시 돌지 모르는데, 내 두려움과 불안을 너무 몰라주네…… 하지만 당신은 그런 걱정을 부모님에게 말할 수 없었어요. 혼인 관계를 복원하려는 부모의 뜻을 훼방 놓는 형국이 되니까. 그래서 꾹 참았지만, 결국 못 견디게 두려워서 일단은 재결합을 포기하게 만들려고 한 가지 꾀를 떠올렸다…… 아닌가요? 그게 아니라면."

요다가 가와베 어깨에 손을 올렸다. 가와베가 이야기를 멈추었다.

고개를 돌린 하루카의 눈에서 눈물이 흘러 볼을 타고 떨어졌다.

하나의 범죄가 얼마나 많은 사람들에게 상처를 주고 슬프게 하는지. 요다는 암담한 심정에 깊은 한숨을 지었다.

5

가을 햇살이 쏟아지는 신주쿠 가부키초의 병원 부지. 걸즈 생추어리 캠핑카 앞을 무대로 삼아 댄스 퍼포먼스가 한창이다.

지금까지 이런저런 방식으로 걸즈 생추어리와 관계를 맺어온 소년소녀들이 각자 연습해온 퍼포먼스를 자랑하는 자리였다.

일요일이기도 해서 잔디 무대 앞에는 퍼포머들의 가족과 친구, 지나가던 행인들이 저마다 다양한 모습으로 앉아서 박수를 치고 응원 구호를 외치며 즐기는 중이다. 바로 옆에는 푸드트럭이 음료와 스낵을 제공하고 있다.

이다음은 구라오카의 딸 유나가 친구 이시조노 마오를 비롯한 동급생들과 힙합댄스를 공연할 예정이다. 구라오카의 아내와 아들은 이미 맨 앞에 자리를 잡았다.

구라오카는 시바와 요다, 그리고 다테하나와 함께 푸드트럭 앞 높은 테이블 옆에 서서 스테이지로 시선을 향하고 있다.

시바는 마오가 걱정되어 보러 왔고 요다와 다테하나는 생활안전과 경관으로서 전부터 걸즈 생추어리 활동에 흥미가 있었다고 한다. 마침 시바와 걸즈 생추어리 이야기를 나누다가, "이번 이벤트에서 구라오카 씨 따님이 댄스를 공연합니다"라는 말을 듣고 다테하나의 재활을 도울 겸 요다가 데려왔다.

"그래, 컨디션은 정말 어때. 이렇게 멀리 나와도 괜찮아?"

구라오카가 다테하나에게 물었다.

"네, 신경은 다치지 않았다고 하니까 이제는 체력만 회복하면 업무에 복귀할 수 있습니다. 며칠간 푹 쉬고 말았으니 훈련에 박차를 가하지 않으면 다음 올림픽에도 제대로 대비할 수 없겠어요."

"완전하게 복귀하면 악 소리 나게 단련시켜 줄 테니까 초조해하지 말고 차분하게 건강이나 회복하라고."

"네. 그러고 보니 히로에 씨도 서두르지 않고 고향에서 지아키 짱과 새출발하겠다고 하더군요."

"음. 과실치상은 기소유예가 되었고 이혼도 결정되었으니 그 사람도 심기일전해야겠지."

야스하라 고조는 구라오카가 권유한 대로 히로에와의 이혼서류에 순순히 도장을 찍었다. 지금은 구치소에서 재판을 기다리고 있다. 반성하고 예전과는 다른 길을 걸을 작정이라고 했다.

사토 에마도 구치소에서 재판을 기다리고 있다. 간병으로 인한 피로와 불륜 상대에 대한 질투 등 오랜 세월 억눌러 온 감정이 폭발했다는 진술에 따라 기소되었다. 구치소에서 매일 남편을 위해 기도하고 있다고 한다.

아들 신토는 어머니께 자주 면회를 가고 있다. 하시모토 가에도 사죄하기 위해 고후를 방문했다고 한다. 피해 여성은 만날 수 없었지만, 류스케가 중개해준 덕분에 부모에게 진심을 담아 사죄했다고 들었다. 앞으로도 기회가 될 때마다 사죄하러 찾아갈 생각이며, 속죄할 수 있는 방법을 생각해 나가고 싶다고 한다.

류스케의 부상은 왼팔 골절로 그쳤고 다행히 뇌진탕 후유증은 없었다. 경찰에서 이자키와의 관계에 대하여 여러 번 사정청취에 응하고 협박으로 간주될 수 있는 행동에 대해 주의를 받았지만 범죄로 기소되지는 않았다. 지금은 전에 다니던 운송회사에 근무하며 현지의 성범죄 피해자 모임이나 당사자 그룹에 부모와 함께 참가하며 동생을 위해 할 수 있는 일을 모색하고 있다고 한다.

요네다 도시후미는 살인으로, 구스모토 게이타로는 공범으로 함께 기소되었다. 특히 요네다는 위장 공작 건도 있어서 매우 무거운 형이 언도될 것으로 예상되었다. 요네다의 조부와 정치인의 연줄은 이제 힘을 발휘하지 못할 뿐만 아니라 후원회를 비롯하여 모든 주변 관계가 끊겼다고 한다. 물론 그 정치인과 야쿠모는 이 건으로 전혀 타격을 받지 않았다.

"저어, 지바에 있는 하루카 짱은 그 후 괜찮은가요?"

문득 생각이 난 듯이 다테하나가 물었다.

"음, 별 문제 없다는군."

요다가 대답했다. "지금도 숙모 집에서 그대로 어머니 성을 갖고 고등학교에 다니고 있어."

요시카와 다쿠미의 여동생 하루카는 경찰에 주의를 받았을 뿐 입건되지는 않았다.

다쿠미와 부모는 하시모토 가에 연락하여 가까운 시일 안에 함께 사죄하러 가겠다고 전했다.

"오래 기다리셨습니다!"

걸즈 생추어리 대표 구루미야 다마키가 4인분 음료를 쟁반에 내왔다. "먼 길 와주셔서 감사합니다."

시바가 말없이 쟁반에서 음료를 집어 들고 한 명씩 앞에 놓아주었다. 다마키와 그의 허물없는 모습으로 다테하나도 사정을 눈치 챘는지 작은 한숨을 지었다.

"이시조노 마오 짱은 지금도 쉘터 아파트에 있어요."

다마키가 구라오카에게 말했다. "여자애 여섯 명이 함께 묵는데, 기숙사 같아서 애들도 웃음이 많아졌어요. 아이 어머니와의 대화는 장기전이 될 것 같습니다만."

"저어, 이 단체의 활동을 잠깐 설명해주실 수 있나요?"

요다가 다마키에게 물었다. 다테하나와 함께 걸즈 생추어리 활동 내용에 귀를 기울인다.

구라오카는 시바의 팔꿈치를 툭 쳐서 따로 불러내어,

"묻고 싶은 게 있는데."

하며 무대로 시선을 향한 채 말했다. "이번 수사본부에서 나와 자네를 한 조로 묶은 것은 야쿠모 씨가 아니라 자네의 희망이었다고 들었네. 왜지?"

"아…… 예전에 수사 1과에서는 유명했던 분이라기에 어떤 분인지 궁금했을 뿐입니다. 그리고 아주 오래 전에 올림픽 선발이 걸린 유도 선수권 시합을 본 적이 있는데 그때 기억이 남아 있었기 때문인지도 모르죠…… 그 시합, 형편없이 깨졌었죠."

구라오카는 머리를 북북 긁었다.

"자네, 당시 초등학생이었을 텐데. 젠장, 못 볼 걸 보여주고 말 았군."

"한쪽 다리를 질질 끌었었죠? 그건 왜 그랬던 겁니까. 그 전날 러닝 중에 누군가를 구해주다가 다쳤다는 이야기를 노기 과장에게 들었습니다만. 그렇게 중요할 시기에 뭘 했던 겁니까."

"노기 과장이 공연한 말을 했군. 그건 전혀 관계없어. 그저 내가 미숙했을 뿐이지. 뭐, 올림픽에 나갈 그릇이 아니었던 게지."

"정말이지, 당신이란 분은……."

시바는 얼굴을 돌리고 구라오카를 놔둔 채 무대 쪽으로 걸어갔다.

그날, 열두 살이던 시바는 할머니와 산책을 했다. 할머니가 갑자기 쓰러져, 할머니, 할머니, 하고 몇 번을 불러도 대답은 돌아오지 않고 소리쳐도 누구 하나 다가와 주지 않았다.

그때 어디선가 한 청년이 뛰어왔다. 할머니 상태를 살피더니 주머니에서 휴대전화를 꺼내 "구급차를 불러!" 하며 시바에게 건네주고 심장마사지를 시작했다. 할머니가 호흡을 멈췄는지 심장마사지와 번갈아가며 입으로 바람을 불어넣기도 했다. "꼬마야, 할머니한테 말을 걸어. 이쪽으로 돌아와서 계속 말을 걸어" 하고 청년은 말했다. 시바는 할머니를 열심히 불렀다. 마침내 구급차가 도착했을 때, 할머니는 다시 호흡을 찾았다.

주위에 인파가 모였다. 돌계단이어서 구급차가 가까이 올 수 없었다. "내가 옮겨드릴게" 하며 청년이 할머니를 안아 올려 돌계단을 내려가는데 구경꾼 가운데 누군가가 "유도선수 구라오카 맞죠? 내일 올림픽 선발 대회, 파이팅하세요!"라고 소리쳤다. 그 말을 들은 몇 사람이 "뭐? 누구라고?" "올림픽?" 하며 알지도 못하면서 얼굴을 보려고 앞으로 밀고나왔다. 소년 시바는 밀려 넘어질 뻔해 재빨리 청년의 팔을 잡았다. 할머니를 안고 있던 청년은 중심을 잃어 다리를 급하게 내디디다가 발목을 심하게 접질렸다.

억, 하고 청년이 숨을 삼켰다. "괜찮아요?" 하고 울상이 되어 묻는 시바에게 청년은 "아무렇지도 않아"라며 미소를 보이고 주위 사람들에게 "위험하니까 길을 비켜주세요" 하고 호소하며 밑에서 기다리던 구급용 들것에 할머니를 뉘었다. "할머니와 같이 가렴" 하고 청년이 말해서 시바도 구급차에 탔다. 청년은 웃는 낯으로 힘내, 하며 주먹을 불끈 쥐어 보이며 배웅해주었다. 할머니는 병원에서 의식을 찾았다.

이튿날 텔레비전에서 올림픽 선발을 겸한 유도 선수권대회가 중계될 때 시바는 화면을 뚫어져라 쳐다보았다. "경시청의 구라오카"라고 몇 번이나 소개된 선수는 틀림없이 할머니를 구해준 청년이었다.

청년은 왼쪽 발목에 테이핑을 한 모습이었다. 시바는 그 선수를 열렬히 응원했다. 청년은 다리를 다쳤으면서도 아픈 티조차 내지 않고 준준결승과 준결승을 역전으로 이겼다. 마지막 한 판만 이기면 올림픽 선수로 선발되는 마지막 결승전에서 접질린 발목을 움직이지 못하게 되어 한판을 빼앗겼다. 그는 잠시 큰 대 자로 누워 있었다. 시바는 울었다. 할머니를 구하지 않았다면 틀림없이 이길 수 있었을 텐데, 얼마나 억울할까. 하지만 다시 일어선 청년은 밝게 웃고 있었다. 인터뷰에서 발목 부상은 시합과 관계없다고 대답하고, 패인은 자신이 미숙해서라고 성실한 눈빛으로 대답했다.

할머니는 그 뒤로 십 년을 살았다. 시바에게 구라오카라는 이름은 늘 동경의 대상이었다. 경찰의 길을 택한 것도 그를 만나 인사하고 싶었기 때문이다. 자신이 올림픽에 출전할 가능성이 높아졌을 때는, 꼭 선수로 선발되자고 다짐했다. 올림픽에 출전할 수 있었던 것은 그분 덕분입니다, 라고 인터뷰에서 구라오카의 이름을 밝히고 싶었다. 그러나 꿈은 이루어지지 않았다. 크게 다치는 바람에 굴절된 인생을 살아 왔지만, 이번에 구라오카와 함께 수사본부에서 활약할 기회가 생기자 꼭 파트너가 되고 싶었다. 그의 파트너가 되어 자신이 경찰관이 되었던 원점을 떠올린다면 스스로 인생을 바꿀 수 있지 않을까 하고 기대했다.

"린리, 무슨 일이야?"

문득 어깨에 손이 놓였다. 다마키가 가까이 다가서며, "자기가 갑자기 이쪽으로 오는 바람에 구라오카 씨가 당황하던데. 무슨 일 있었어?"

"아니…… 기억이 났을 뿐이야. 누군가에게, 필요한 사람이라는 거, 정말 기쁜 일이라는 말."

"어머, 갑자기 뭔 소리야."

다마키가 쑥스러운 듯 시바의 어깨를 때렸다. "근데, 요즘 린리가 밝아졌네."

"어……? 그런가?"

"응, 느낌이 좋아…… 오, 유나 짱 차례다."

댄스를 하던 그룹이 무대에서 내려가고 유나와 마오가 속한 그룹이 등장했다.

"아빠!"

관객석 맨 앞쪽에 있던 구라오카의 아들 렌이 뒤를 돌아보며 손짓했다. 아내 아야노도 돌아다보고 있다.

손을 흔들어 주며 시바가 있는 곳으로 걸어오던 구라오카가 문득 미간을 찡그렸다.

"어허, 저런저런, 저 애들, 배꼽이 다 보이네. 저러면 안 되지."

시바는 저도 모르게 웃으며 말했다.

"정말이지, 당신이란 분은…… 그러다 또 따님한테 왕따 당합니다."

구라오카가 "시끄러" 하며 쓴웃음을 짓고 무대 앞으로 걸어간다. 요다와 다테하나도 무대 쪽으로 다가가고 시바와 다마키도 뒤를 따랐다. 가을 하늘 아래 경쾌한 힙합 음악이 흐르기 시작했다.

감사의

말씀

지금으로부터 25년 전, 어릴 때 학대를 당했던 남녀 세 명을 주인공으로 하는 이야기를 발표했다.

학대만이 아니라 요즘 언론에 자주 등장하는 각종 폭력을 겪은 인물이 여럿 등장하는 허구의 미스터리 소설이기는 하지만, 최대한 현실을 반영하여 신체적 폭력만이 아니라 정신적 폭력을 다루어보려고 노력했었다.

집필 과정에서 이른바 양지에서는 잘 보이지 않는 다양한 학대나 폭력은, 가해가 일어나던 '당시의 피해'도 심각하지만, 일어난

후에 이어지는 '이후의 피해'도 마찬가지로 심각하다는 것을 알게 되었고, 동시에 그런 피해를 낳는 토양이랄까 문화적 배경이 '당시의 피해'에나 '이후의 피해'에나 존재하고 있음을 알게 되었다.

나라 전체, 사회 전체에 면면히 이어져 온 남녀차별…… 그리고 차별이라고까지 말할 수는 없어도 오랜 세월 상식이나 관행으로 치부되어 온 관습, 암묵적 양해에 따른 성 역할, '남성다움' '여성다움'이라는 행동거지와 이를 수용하는 방식 등이 그것이다.

당시 젠더라는 단어는 널리 사용되지 않았다. 마땅한 어휘가 없으면 실태를 알아도 사람들이나 사회에 제대로 전할 수 없다는 개운치 못함, 안타까운 위화감을 늘 내면에 품게 되었다. 피해자는 자신이 당한 것이 범죄 혹은 범죄에 준하는 행위였다고 타자에게 제대로 전하지 못하고 그냥 참거나 아무 허물도 없는 자신을 책망하고 말 염려가 있다. 가령 성희롱이라는 어휘가 생겨나기 전이 그러했다.

나는 그 소설에서 독자에게 '당시의 피해'와 '이후의 피해'를 전하고자 고심했으나, 그런 피해를 낳는 토양과 문화적 배경이 존재한다는 사실을 구체적인 형태로 빚어서 주제로 제시하는 데까지는 미치지 못했다. 당연히 역량이 부족한 탓도 있었지만, 젠더나 남녀 성차라는 어휘가 일반적이지 않았던 그 시절에는 설사 표현을 하더라도 독자에게 충분히 전해지지 않을 염려가 있었다.

주인공 가운데 한 사람이 만나게 되는, 성 피해를 당한 과거가 있는 여성이 '나의 주인은 나니까 남편을 '주인'이라고는 부르지 않기로 했다'라는 일화로 문화적 배경 가운데 하나를 상징적으로 표현하고자 했지만, 졸저의 소개나 취재에서 그 점을 제대로 짚어서 다룬 적은 없었다.

그로부터 4반세기가 지난 요즘, 텔레비전에서 거리 인터뷰 같은 것을 보면 젊은 여성이 남편을 '우리 주인主人'이라고 부르는 일은 줄어든 것 같다. 그 대신 '우리 단나旦那'라는 말은 여전히 종종 들린다. 물론 '단나'도 본래 대등한 관계를 표현하는 어휘는 아니다. 그리고 중년 여성들이 여전히 습관적으로 '우리 주인'이라고 말하는 것을 볼 때마다 안타까운 마음이 든다.

그런 대등하지 않은 관계를 감추고 있는 어휘를 무의식적으로 구사하는(암암리에 요구받는) 문화가 여성이나 어린이에 대한 범죄와 폭력을 낳는 요인 가운데 하나이다……라고 말해도 대부분의 사람들은 당혹스러워할 뿐이다.

하지만 어휘는 사람들의 일상과 사회의 양상을 속박하기도 하고 특정 방향으로 유도하는 힘을 갖고 있다. 사소해 보일지 모르지만 호칭 하나의 영향은 결코 작지 않다.

그런 점들을 답답하게 생각하며 지내는 동안에도 여성이 피해를 보는 사건은 늘 일어나고 있었다. 게다가 언론이나 일부 정치인과 문화인사가 가해자가 아니라 피해자 여성을 책망하는 믿기 힘든 부조리한 상황도 벌어지고 있었다.

그런 상황을 안타까운 심정으로 바라보면서, 이런 현상의 배경을 소설로 승화하는 방법을 놓고 고민하고 있을 무렵, 《올요미모노》 담당편집자 가와무라 유리코 씨가 차기작의 힌트를 얻으라며 책 몇 권을 건네줬다.

그중에 제목이 끌려서 『설교하고 싶어 하는 남자들(한국어판: 남자들은 자꾸 나를 가르치려 든다)』(리베카 솔닛)을 읽는데, 이내 머릿속에 불꽃이 튀는 듯했다. 그리고 내면에 소용돌이치던 것들이 이야기의 꼴을 갖추고 시작부터 끝까지 정연하게 전개되었다.

아아, 이런 기세라면 오래 묵은 위화감과 답답함의 뿌리를 구체적인 주제로 설정하는 대중소설을 독자에게 전할 수 있겠구나 생각했다. 가와무라 씨에게 플롯을 이야기하자 그녀가 여성으로서 어릴 때부터 지금까지 체험하고 고민하고 일상생활에서 느껴온 젠더에 관한 문제 대부분이 이야기에 들어가게 될 거라며 호응해 주었다. 그것이 본 소설의 원형이다.

가와무라 씨의 뒤를 이은 《올요미모노》의 시마다 유키 씨, 단행본 담당 나이토 준 씨에게 작품에 관한 의미 있는 의견과 소감뿐만 아니라 여성으로서 체험하고 목격해온 젠더 갭을 보여주는 사례들을 상세하게 들을 수 있던 것도 큰 도움이 되었다.

또 문예춘추의 아키즈키 슈마 씨, 다케다 노보루 씨에게도 진지한 조언을 얻었다. 교정 담당자들은 늘 그랬듯이 종종 정확한 지적과 제안으로 표현을 살려주었다.

이 이야기를 시작할 때 일러스트레이터 야마세 쓰네코 씨의 그림을 볼 기회가 있었다. 특히 순수한 아름다움과 복잡한 내면을 느끼게 하는 그림 속 여성에 매혹되어 이 소설에 꼭 사용하고 싶었다. 《올요미모노》 연재에서 아름답고도 자극적인 속표지 삽화를 그려준 데 이어서 이 소설의 표지도 현대사회의 문제를 표현한 훌륭한 그림으로 장식해주어서 더없이 행복할 따름이다.

문예춘추 스태프 분들, 야마세 씨, 가족과 친구를 비롯한 응원해준 분들…… 그리고 이 이야기를 쓸 수 있게 해준 많은 인연들에게 진심으로 감사드린다.

덴도 아라타

편집자

후기

박근혜 씨가 탄핵되던 그해에 저는 북스피어 독자교정 행사 때문에 캐나다에 다녀왔습니다. 당시로서는 꽤 화제가 되어 '10박 12일 캐나다 여행, 한 출판사의 거짓말 같은 독자 이벤트'라는 제목으로 일간지에 기사가 실리기도 했지요. 일정은 10박 12일이었지만 그중 교정을 보는 데는 반나절밖에 걸리지 않았습니다. 나머지는 노는 데 썼어요. 저를 포함한 5명이 캠벨리버에서 경비행기를 타고 날아가면 나오는 세일컨에서 주로 시간을 보냈습니다. 전화는 아예 터지지 않고 와이파이도 운이 좋아야 겨우 잡히는 오지인데 벌목산업이 퇴락한 이후 몇몇 가구가 펜션을 운영하며 먹고사는 곳입니다. 당시 이 펜션들은 잠만 재워주는 게 아니라 오지의 특성을 십분 활용하여 '〈쥬라기공원〉에 필적할 만한 자연친화적 어드벤처'를 제공함으로써 전 세계 관광객들을 불러 모으고 있었습니다.

그렇다면 대관절 그 어드벤처란 무엇이냐. 그리즐리베어를 코앞에서 구경시켜 주는 것입니다. 동물원 철창 같은 데 가둬놓고 들이미는 게 아니라 숲에서 노닐고 있는 곰과 맞닥뜨리게 해주지요. 참고로 그리즐리는 '공포스럽다'는 뜻의 형용사 grisly에서 유래한 이름이라고 합니다. 그렇잖아도 오지마을인 곳에서 산속으로 한참을 더 들어가 꼬박 하루를 기다린 끝에 그것과 마주한 순간 제 머릿속에서는 '아아 이것이야말로 재주는 곰이 넘고 돈은 딴놈이 벌어간다는 속담철학적 지혜를 실천하고 있는 관광산업의 현장이로구나' 하고 솔직하게 감탄했습니다. 일생에 한 번쯤은 해볼 만한 경험이에요.

사건은 밴쿠버에서 벌어졌습니다. 독자교정 행사 마지막 날, 우리 일행은 각자 알아서 하루를 보내기로 했습니다. 마침 시간이 나면 들러볼까 싶은 곳이 있었어요. 로마의 콜로세움을 본떠 만들었다는 밴쿠버 공립 도서관입니다. 1869년에 문을 연 이곳은 열람의 편의성과 디지털 자료 보유 현황, 방문객들의 활용도 측면에서 세계 최고의 공공도서관으로 평가받은 곳이었지요. 우리가 묵던 민박집에서 멀지 않더군요. 저는 택시를 탔습니다. 요금은 10달러가 조금 넘었던 걸로 기억합니다. 팁까지 감안해서 넉넉하게 50달러짜리 지폐를 건네주었습니다. 택시기사가 마술사 후디니와도 좋은 승부가 될 만한 행각을 벌인 건 바로 그 순간이었어요.

뒤에 앉아 있던 저에게 지폐를 받기 위해 몸을 틀었다가 원위치하는 찰나에 기사는 난데없이 재채기를 했습니다. 그러고는 '응? 이상한데?' 하는 느낌으로 다시 지폐를 보여주었지요. 저도 '왜? 뭐가 이상한데?' 하는 표정으로 운전기사의 손에 들린 지폐를 쳐다보았습니다. 그것은 5달러짜리였어요.

이를 한국적 상황에 맞게 각색하면 다음과 같습니다. 미터기 요금이 1만 2천원임을 확인한 손님이 5만원짜리 지폐를 건넨다. 뒤쪽으로 몸을 틀었던 기사가 하필 왼손으로 돈을 받자마자 거스름돈을 꺼내려다가 재채기를 한다. 순간 멈칫. 그러고는 지폐를 다시 보여주며 이렇게 말한다. "손님, 뭔가 착각하셨나 봅니다. 5만 원이 아니라 5천 원을 주셨네요."

하지만 저는 단언할 수 있습니다. 당시 제 수중에는 50달러 지폐 두 장이 전부였기 때문입니다. (해외여행에서 단위가 큰 지폐를 사용할 때는 늘 조심하시길.) 한국과 달리 이곳에서는 택시를 이용할 때도 팁을 줘야 한다는 걸 알고 있었어요. 잔돈을 미리 바꿔서 탈까 고민하다가 팁 계산이 귀찮아서 '50달러를 내면 알아서 거슬러 주겠지' 하고 방심했는데 이런 일이 벌어지고 말았던 것입니다. 각 나라의 관광지에서 대물림하는 수법인지 모르겠지만 똑같은 일을 터키에서도 겪은 바 있습니다. 사기지요. 문제는 그걸 어필할 방법이 없었다는 겁니다. 제 외국어는 박근혜 대통령의 한국어 실력과 비슷한 수준이었거든요. 택시기사가 시비조로 무슨 얘기인가를 지껄이더군요. "나 바빠, 얼른 돈 내고 내려"라는 뜻인 듯했습니다.

그때 제 입에서 튀어나온 영어는 정확히 이랬습니다. "You are liar." 머릿속으로는 "내가 빙다리 핫바지로 보이냐? 어디서 약을 팔아. 내가 50달러 냈다는 데 내 돈 모두 하고 손모가지를 건다. 쫄리면 뒈지던지" 같은 대사를 유장하게 읊조렸지만 현실적으로 표현할 수 있는 건 고작해야 "너는 거짓말쟁이다"였습니다. 험악하게 생긴 운전기사는 저에게 가운데 중지를 펼쳐 보이며 F가 들어간 욕을 퍼붓더군요. 말이 통하지 않는 상대의 욕설을 들은 저는 무력했습니다.

이런 게 인종차별이구나. 그 뒤로 백인 (어른) 남자와 맞닥뜨리면 덜컥 겁부터 났어요. 캐나다에서 밤늦게 돌아다니면 폭행을 당할지도 모르겠구나. 실컷 두드려 맞아도 어디 가서 하소연조차 못하겠구나. 급기야 '캐나다는 무서운 나라'라는 결론에 이르게 되었습니다.

저로서는 상당히 충격적인 일이었는데, 귀국한 후에 대학 동기 모임에서 그 얘기를 했을 때 돌아온 여자 (사람) 친구의 반응이 "뭘 충격적이기까지. 한국에서는 여자들이 늘 겪는 일인데"여서 놀랐던 기억이 있습니다. 더욱 놀라운 점은 그 친구가 사례로 든 대상이 가까운 남자들이었다는 것입니다.

'한국 여성의 전화'가 조사한 보고서에 따르면, 지난해에만 최소 138명의 여성이 남편이나 남자친구에게 살해당했다고 합니다. 살인미수까지 포함하면 568명. 공식적으로 신고한 수치가 이 정도니까 실제로는 훨씬 더 많으리라 짐작합니다. 그들은 왜 아내와 여자친구를 죽이거나 죽이려 했을까. 체포된 남자들이 경찰서에서 자백한 이유는 기가 막힙니다. "잠자는데 불을 켜서", "텔레비전 전원을 끄지 않아서", "휴대전화 잠금을 풀어주지 않아서", "내 말을 듣지 않아서", "맞아야 말을 들을 거라고 생각했기 때문"이라는군요.

남자들은, 자신이 남자라는 이유로 가부장제 사회에서 당연히 누릴 자격이 있다고 생각하는 것들을 누리지 못했다 여겼을 때 여성을 때리고 죽였습니다. 좌절하거나 분노한 남자들의 막무가내식 보복은 마치 천부적 권리를 행사하듯 약하고 만만한 여성을 상대로 너무도 쉽게 자행되었지요. 음. 오랫동안 "가정에는 폭력이 없을 것이라는, 가정은 휴식처라는 이데올로기"와 맞서며 "결국 여성이나 아이처럼 가족 안에서도 입장이 약한 사람에게 괴로움만 강요해 가는 꼴이 되어 문제를 해결하기는커녕 오히려 악화시킬 뿐"이라 주장해 왔던 작가 덴도 아라타가 이 소설 『젠더 크라임』을 쓴 것은 어쩌면 필연이었는지도 모르겠어요.

"밖에 나가서 마음대로 해도
남자는 어차피 어린애니까라는 핑계로 용서를 받지.
여자는 그렇게는 안 돼."(『영원의 아이』 중)

일본에서 덴도 아라타가 주목받은 것은 1996년. 그 해에 야마모토 슈고로 상을 수상하며 작가로서 인정받기 시작합니다. 이후

과작寡作임에도 발표하는 소설마다 평단의 찬사와 함께 높은 판매고를 기록했지요. 무척이나 예리한 감각으로 세부를 들여다볼 줄 아는 작가라는 것이, 제가 덴도 아라타로부터 받은 첫 번째 인상이었습니다.

학교 폭력, 성범죄, 아동학대와 같은 사회 문제는 그 배경에 다양한 요인들이 복합적으로 얽혀 있고 그것은 어느 나라 어느 사회나 다 마찬가지일 겁니다. 하지만 이런 일이 일어나는 까닭은 전적으로 가정에 문제가 있기 때문이며 결국 가족이 화목해지면 만사오케이일 거라는 식의 암묵적인 동의가 당시 일본 사회에 만연해 있었던 모양입니다.

"괜찮아, 어쨌든 가족이니까, 아버지를 중심으로 질서가 잡히고 윗사람을 공경하고 여기저기 엇나가지만 않으면 평화롭고 안전해……, 와 같은 말만으로는, 결국 여성이나 아이처럼 가족 안에서도 입장이 약한 사람에게 괴로움만 강요해 가는 꼴이 되어 문제를 해결하기는커녕 오히려 악화시킬 뿐"이라고, 어느 인터뷰에서 덴도 아라타는 말했습니다.

가족 파시즘은 공고하고 "가정에는 폭력이 없을 것이라는, 가정은 휴식처라는 이데올로기"와 맞서기란 지금보다 더 요원한 일이었을 겁니다. 그는 쇼크를 줘서라도 이 문제를 환기시키고 공격적인 표현을 사용해서라도 "가족 환상이라는 벽을 깨고 싶었다"고 합니다. 덴도 아라타는 그런 각오로 소설을 써내려갑니다.

흔히 '말로 표현할 수조차 없다'는 레토릭을 사용하는데, 작가

라면 그 '말로 표현할 수 없는' 무언가를 표현하여 자신이 말하고
자 하는 바를 독자들이 확실하게 납득할 수 있도록 해야겠지요.
그의 작품을 한 권이라도 읽어보신 분이라면 동의해 주시겠지만,
덴도 아라타는 철저하게 피해자의 위치에 서서 예리한 감각으로
그들의 입장을 납득시킬 수 있는 지점까지 독자를 이끌어 가기
위해 노력합니다.

예컨대 '일본 문단 최대의 사건'으로까지 불린 『영원의 아이』는
학대를 받아 깊은 상처를 입고, 자신을 부정적으로 보고 있는 아
이들이 주인공입니다. 작가는 열두 살 소녀에게 가해진 폭력과,
같은 또래 두 소년이 겪어야 했던 학대를 추체험하는 정신적 작
업을 3년에 걸쳐 지속했는데 훗날 "솔직히 내가 죽는 게 먼저인
가, 이 이야기가 세상에 나오는 게 먼저인가, 그런 느낌을 받았
다"고 술회한 바 있지요.

자신과 아무런 관계가 없는 타인의 죽음을 애도하기 위해 전국
을 떠도는 청년의 이야기를 그린 『애도하는 사람』의 경우, 주인공
시즈토의 어머니가 암에 걸렸는데 그녀의 내면을 쓸 때는 3개월
밖에 살지 못한다고 스스로에게 암시를 걸었다더군요. "그랬더니
실제로 배가 콕콕 쑤시고 아팠다. 큰일이다, 진짜 암에 걸렸나 보
다, 라는 생각에 하루하루가 두려웠다"고 합니다.

덴도 아라타가 사회적으로 이어져 내려온 남녀 차별과, 성차
를 둘러싼 암묵적 양해 등에 대해 고민하기 시작한 것은 25년 전.
『영원의 아이』에서 아동학대를 소재로 글을 쓰던 중에, 사람을 학

대하는 행위의 배후에 대해 생각하게 되면서였습니다. 하지만 당시에는 젠더 문제에 대해 말해도 전달되지 않을 것이라는 우려가 있었고 언어화할 만큼의 기술도 없었다고 스스로를 평가했던 모양이에요. 그 뒤로 꾸준히 젠더에 관한 책을 읽었고 어느 순간 갑자기 톱니바퀴가 돌아가더니 남성적 사고방식이 짙게 배어 있는 경찰 조직을 무대로 성범죄에 맞서는 작품의 얼개가 떠올랐다고 합니다.

"적혀 있지 않은 소견이란 게 뭐지?"
"강간 말입니다."
"강간, 이라니, 이건 남자인데?"(『젠더 크라임』중)

인적이 드문 제방 아래에서 한 남자의 시신이 발견되며 이야기가 시작됩니다. 알몸으로 발견된 중년 남성은 손이 묶인 상태였지요. 범인의 흔적을 찾지 못해 고심하던 담당 형사는 부검의가 작성한 소견서에서 의아한 대목을 찾아냅니다. 옷이 벗겨진 여성 시체는 우선 강간을 의심하면서 왜 남성 시체는 강간 여부를 의심하지 않는 거지? 이에 다시금 살핀 시체의 항문에서 쪽지가 발견되고, 쪽지에는 범인이 남긴 듯한 메시지가 적혀 있지요.

"눈에는 눈."

그 메시지의 의미는 곧 판명됩니다. 피해자는 집단 강간 사건 가해자의 아버지였던 것이죠. 사건을 추적하는 형사들과 함께 독자들은 집단 강간 사건의 진상과 피해자와 그 가족, 가해자와 그 가족의 '이후'를 엿볼 수 있습니다. 그리고 직면하게 되는 것은 일상에서 '당연하다'고 받아들였던 남녀 간의 불평등과 역할 강요, 차별의 연장선상에 성범죄가 있다는 사실입니다. 혹은 남성이 여성에게 가한 폭력을 근본적으로 왜곡시켜 왔던 사회적 분위기가 강간과 같은 범죄들을 단순한 오해와 술이 초래한 해프닝 정도로 전환시키기도 한다는 사실이죠. 그들은 남성 가해자를 감싸는 사회구조 덕분에 강간을 실행에 옮길 수 있고 또 그러한 구조 내에서 보호를 받습니다. 심지어 그러한 구조가 그들을 부추기기도 하죠.

이를 잘 보여주는 것이 작품 속에 그려진 호칭 문제입니다. 일본에서는 자신의 남편을 "슈진=주인(主人)"이라 부르고 상대방의 남편을 "고슈진"이라 부르더군요. 한자를 보면 '주인(主人)'이라는 뜻입니다. 부부는 대등한 관계여야 하는데 호칭 속에 당연하다는 듯이 상하관계, 아니 주종관계가 있습니다. 그러고 보니 작년에 한 일본 여성이 '이것은 실제로 벌어졌던 무서운 이야기예요'라며 트위터에 쓴 글이 떠오르네요. 본인이 직접 겪었는지 친구에게 전해 들었는지 모르겠지만 대략 이런 내용이에요. 그날 아침부터 감기몸살에 시달린 아내는 집에서 종일 앓아누워 있었다고 합니다. 모처럼 직장에서 일찍 돌아온 남편이 "그래도 밥은 먹어야지"라고 말해줘서 간신히 몸을 일으켜 부엌 의자에 앉았지만 식탁에는 아무것도 차려져 있지 않았대요. 이를 의아해하자 그러더랍니다. "왜 가만히 있어, 밥 안 할 거야?" 당시 이 트윗은 수천 알티 (RT)를 기록했는데 젠더 고정관념의 만연함에 대한 성토였겠지요. 바로 이 남편을 빼다박은 듯한 '경시청 최고의 수컷고릴라' 구라오카는 경찰 후배나 동료들이 두려워하는 존재지만, 자기가 식구들의 존경은커녕 바보 취급을 당하고 있다는 것, 자신이 없어도 집안 일은 잘 돌아간다는 것, 가장이 무슨 생각을 하는지 가족 누구도 관심을 갖지 않는다는 것을 깨닫고 어째서인지 의아해합니다. 혼란스러운 와중에 '정치적으로 올바른' 형사 시바와 파트너로 일하며 점차 자기 안에 숨어 있던 '차별'을 하나씩 발견해 나가지요.

  "경찰 소설의 핵심은 직업에 대한 자부심과 의지를 관철하는 자세라고 생각해요. 하지만 저는 기본적으로 자신의 직업에 대해 의구심을 갖는 사람들을 좋아합니다. 그것은 변화하고 싶다는 의지가 있다는 증거니까요. 마초적인 구라오카도 성차가 만들어내는 세상의 불균형을 이해하고 싶어 하고, 시바도 구라오카와 함께라면 변화할 수 있을지도 모른다고 은근히 생각하고 있어요. 구라오카는 중요한 대목에서 성범죄를 경시하는 풍조는 특정한 사람이 아니라 우리의 죄라고 말합니다.
  '그것은 여자라는 성을 무의식중에 낮춰보기 때문이겠죠. 성범죄라고 해도, 겨우 그것쯤이야, 하는 마음이 있기 때문이죠. 한 사람의 인생을 망치고 영혼을 죽이는 것이나 다름없는 잔인한 범죄라는 생각을 했다면 제대로 된 경찰의 역할대로 검찰과 재판에 맡겼겠죠. 이것은 부장님만이 아니고 정치가만도 아니고 이 나라의 바탕에 있는 우리의, 죄입니다.'

이 대사가 나왔을 때 저 스스로도 큰 발견을 함과 동시에 깊이 납득했어요. 그동안 젠더 크라임에 대해 계속 생각해왔지만, 사회나 타인만 탓하는 것이 아니라 드디어 제대로 자신에게 창槍을 겨눌 수 있게 되었습니다. 이 소설을 쓰길 정말 잘했다는 생각이 드는 순간이기도 했어요."

되풀이하지만 남자들이 여자들을 죽이는 이유는 나라를 팔아 먹어서가 아니라, 잠자는데 불을 켰다거나 텔레비전 전원을 끄지 않았다거나 휴대전화 잠금을 풀어주지 않았다는 '사소한 이유' 때문이고, 살인도 불사하는 까닭은 자신이 남성이라는 이유로 가부장제 사회에서 당연히 누릴 자격이 있다고 생각하는 것들을 누리지 못했다 여겼기 때문입니다. 그 가부장적 인식을 만드는 시발점이 일상에 녹아 있는 '불편부당한 호칭' 같은 작은 문제들임을 작가 덴도 아라타는 환기시키고 있습니다. 스스로는 어떠한 편향도 없다고 믿고 싶어 하는 사람들이 단단한 편견에 여전히 갇혀 있음을 보여주는 것이지요. 그리하여 구라오카 같은 남자들이 죄다 죽거나 변하지 않는 한 일본은 더 이상 나아지지 않는다("이 나라를, 이 사회를, 지금이 상태로 물려줄 겁니까? 우리의 죄를 자식들에게, 손자들에게 짐 지울 겁니까"), 변화가 퍼져나간다면 사람이 사람을 학대하고 괴롭히고 죽이는 세상을 조금씩 바꿔나갈 수 있다는 견해를 조심스럽게 피력합니다. 구라오카와 함께 스스로의 관점도 바뀌었다는 작가 덴도 아라타는 취재를 하는 과정에서 여러 번 공고한 벽에 부딪쳤지만, 그때마다 세계는 한번에 바뀌지 않으니까 작은 것부터 하나씩 바꾸자(일단은 호칭부터)고 다짐했다더군요. 세계를 바꾸기는커녕 제 앞가림하기에 바쁜 저도 이 소설을 읽고 나서 다짐해 봅니다. 어떤 경우에도 동의 없이 타인의 몸을 만지지 말고 성적인 말로 상대를 불편하게 하지 말자. 그리고, 죽이지 말자.

　삼송 김 사장 드림.

젠더 크라임

초판 1쇄 발행 2025년 2월 14일

지은이   덴도 아라타
옮긴이   이규원

발행편집인   김홍민 · 최내현
책임편집   조미희
편집   김하나
표지디자인   이혜경디자인
마케터   마리
용지   한승
출력(CTP)   블루엔
인쇄 제본   대원문화사

펴낸곳   도서출판 북스피어
출판등록   2005년 6월 18일 제105-90-91700호
주소   (10595) 경기도 고양시 덕양구 동송로 23-28 305동 2201호
전화   02) 518-0427
팩스   02) 701-0428
홈페이지   https://blog.naver.com/hongminkkk
전자우편   editor@booksfear.com

ISBN 979-11-92313-63-4 (04080)
      979-11-91253-37-5 (세트)